LA GUERRE DES BLOCS

Jonathan Bier

Traduction :
Cédric L
William Casteleyn
Laurent Askuwheteau
Elias Noschis
Alexandre Gonzalez

Edition :
Ludovic Lars
Edouard Gallego

KONSENSUS NETWORK

Traduction : Cédric L., William Casteleyn, Laurent Askuwheteau, Elias Noschis, Alexandre Gonzalez

Edition : Ludovic Lars, Edouard Gallego

Conception de la couverture : Konsensus Network

Mise en page : Josefina Alonso

ISBN 978-9916-749-13-5 Paperback

978-9916-749-14-2 E-book

KONSENSUS NETWORK ★ https://konsensus.network

Table des matières

INTRODUCTION

Ce livre relate la guerre des blocs qui a fait rage d'août 2015 à novembre 2017 au sein de la communauté de Bitcoin. En apparence, la bataille portait sur la quantité de données autorisées dans chaque bloc de Bitcoin (la taille des blocs), mais elle a révélé des enjeux bien plus profonds, comme la question de savoir qui contrôle les règles du protocole Bitcoin. Il n'est pas possible de couvrir toutes les péripéties de ce conflit extrêmement complexe, ni toutes les querelles liées, mais je vous propose ici une chronologie des événements les plus importants. Ce livre présente quelques-unes des grandes figures qui ont marqué le conflit et couvre certaines des phases les plus aiguës de la lutte, au front comme dans les coulisses. Le récit de ce livre comprend des discussions avec les acteurs clés des deux camps impliqués dans la guerre, et explore leurs motivations, leurs stratégies et leurs cheminements de pensée au fur et à mesure que cette épuisante campagne se déroulait.

Au moment de la rédaction de ce livre, au début de l'année 2021, la bataille à propos de la taille des blocs de Bitcoin semble être de l'histoire ancienne. Cependant, les nouveaux venus dans l'écosystème pourraient sous-estimer le niveau d'intensité avec lequel elle a été menée et l'hostilité réciproque entre les deux camps. Le degré d'acharnement et de persévérance dont les belligérants ont fait preuve au cours de cette période était frappant, et indiquait l'importance qu'avait Bitcoin à leurs yeux et à quel point il était vital pour eux de s'assurer qu'il évolue de la manière qu'ils jugeaient nécessaire. Il est peut-être difficile de s'en rendre compte aujourd'hui, mais Bitcoin est passé assez près d'un effondrement catastrophique.

Par commodité, dans ce livre, les deux camps sont appelés les « partisans des gros blocs » (*big blockers*) et les « partisans des petits blocs » (*small blockers*)[1], bien qu'en réalité il s'agisse d'une simplification excessive, les groupes n'étant pas homogènes. Les comptes rendus fournis dans ce livre sont restitués de mémoire. Je m'excuse par avance pour les inexactitudes que pourraient contenir mes souvenirs.

---

1. Dans ce livre, les termes small blockers et big blockers sont parfois traduits ou bien laissés tels quels afin d'alterner et alléger le propos. (NdT)

1

PREMIÈRE ATTAQUE

LE samedi 15 août 2015, a eu lieu un évènement qui a pris l'écosystème de Bitcoin par surprise et a profondément ébranlé la communauté. Deux des développeurs de Bitcoin les plus importants et respectés à cette époque, Mike Hearn et Gavin Andresen, ont chacun apporté publiquement leur soutien à une version nouvelle et incompatible de Bitcoin. Ce nouveau client s'appelait Bitcoin XT. Bitcoin avait apporté tellement d'espoir, d'enthousiasme et d'opportunités pour de nombreuses personnes, et maintenant il devenait manifeste que cet acte allait certainement provoquer le désordre, mettre le système en danger et le mener éventuellement à la catastrophe. Le lundi suivant, le journal britannique The Guardian titrait ainsi :

> « *La guerre des Bitcoins a commencé* [1] » (*"The Bitcoin wars have begun"*)

À première vue, la guerre semblait se concentrer sur une seule problématique relativement limitée, à savoir la limite maximale de la

---

1. https://www.theguardian.com/technology/2015/aug/17/bitcoin-xt-alternative-cryptocurrency-chief-scientist

taille des blocs de Bitcoin. Bitcoin XT était une proposition visant à augmenter la quantité d'espace disponible dans les blocs. En 2015, la limite de taille des blocs était de 1 Mo et Bitcoin XT voulait augmenter cette limite à 8 Mo et ensuite la doubler tous les deux ans, pour atteindre une limite d'environ 8 000 Mo en 2036. La raison invoquée était que les blocs devaient devenir plus gros à mesure que le système se popularisait, et la limite de taille des blocs était presque atteinte, ce qui se traduirait par des blocs pleins. Les partisans de l'augmentation faisaient valoir qu'une plus grande capacité était nécessaire pour que Bitcoin puisse s'adapter à la demande et qu'il devienne un système de paiement international compétitif. D'après eux, si la limite était régulièrement atteinte, le réseau deviendrait difficile d'utilisation et trop onéreux, ce qui nuirait aux perspectives de croissance du système. Pour Gavin et Mike, nous nous dirigions vers une crise, où les utilisateurs risquaient de se détourner du réseau, et il fallait agir. Les opposants de Gavin et Mike étaient préoccupés par la sortie du client incompatible, craignant qu'il ne divise le réseau en deux, provoquant chaos et confusion.

Cette guerre à propos de la taille des blocs allait faire voler en éclats l'écosystème et le diviser pendant les deux années suivantes. À mesure que la guerre progressait, il s'est avéré que la lutte était peut-être plus complexe et ne se réduisait pas à la taille maximale des blocs : la bataille allait jusqu'au cœur même de l'ADN de Bitcoin. La controverse portait essentiellement sur quatre sujets quelque peu interdépendants :

1. **Le niveau d'espace disponible dans chaque bloc de Bitcoin** — En substance, si l'état final devait consister en un surplus de capacité disponible dans les blocs, ou en des blocs constamment pleins ;

2. **La façon de modifier les règles du protocole Bitcoin** — Si les règles de validité des blocs Bitcoin devaient changer plutôt facilement, ou si elles devaient être plus robustes et seulement changer dans des circonstances exceptionnelles, avec un large soutien de toutes les parties prenantes ;

3. **L'importance des nœuds des utilisateurs ordinaires** — L'étendue du pouvoir des nœuds de validation appartenant aux utilisateurs ordinaires finaux dans l'application des règles du protocole Bitcoin ;

4. **Les préférences temporelles** — Si Bitcoin correspondait à une *startup* technologique qui devrait privilégier l'acquisition de parts de marché à court terme, ou s'il s'agissait d'un projet à long terme, d'une nouvelle monnaie internationale, et s'il fallait penser aux décennies à venir avant de prendre des décisions.

À ce stade, cependant, l'attention se portait surtout sur la stricte question de la limite de taille des blocs. Il y avait un accord presque unanime dans la communauté sur le fait que la limite de 1 Mo était trop petite. Néanmoins, il n'y avait aucun consensus sur ce qu'elle devrait être ou comment la changer. La plupart des gens semblait aussi s'accorder sur le fait que l'augmentation proposée dans Bitcoin XT était trop agressive et que quelque chose de plus modéré était nécessaire.

Le coup d'envoi de cette guerre a été donné par Mike et Gavin, qui faisaient partie du camp dit des « *big blockers* », ou partisans des gros blocs, dans le conflit. Ils se devaient de faire le premier pas : après tout, leurs opposants étaient en faveur du *statu quo*. Mike et Gavin avaient fait cette proposition plusieurs mois auparavant, mais c'est en août 2015 que le client a officiellement été publié et qu'ils ont encouragé les gens à l'utiliser. Ce moment a marqué formellement le début des hostilités. Cela ne veut pas dire que Mike et Gavin considéraient ce qu'ils faisaient comme un acte hostile ou agissaient de manière malveillante ; utiliser le registre guerrier est simplement le moyen que j'ai choisi pour présenter cette dissension dans ce livre.

Bitcoin XT était une implémentation logicielle de la proposition d'amélioration de Bitcoin numéro 101 (ou BIP 101), l'une des nombreuses propositions qui visaient à augmenter la taille limite des blocs. Cette proposition avait été officiellement publiée par Gavin Andresen, quelques mois plus tôt, le 22 juin 2015. Le logiciel ne pouvait pas se contenter d'augmenter la limite ; il avait besoin d'une méthode d'activation, un système permettant de s'assurer que le réseau de Bitcoin adopte lui-même les nouvelles règles. La méthode d'activation choisie dans ce cas nécessitait une date butoir et un seuil de signalement des mineurs. La date d'activation la plus proche était le 11 janvier 2016, soit environ cinq mois plus tard. En outre, l'activation nécessitait un vote des mineurs de Bitcoin. Ces derniers devaient signaler dans leurs blocs produits qu'ils avaient mis en application la proposition. Si 750 blocs signalaient un soutien dans une fenêtre glissante de 1 000 blocs, alors la mise à niveau serait activée. Ensuite, il y aurait un délai supplémentaire de deux semaines avant que la règle n'entre en vigueur et que la taille limite des blocs soit finalement augmentée. Si les mineurs n'atteignaient pas le seuil de 75 %, alors la proposition serait considérée comme un échec.

Le logiciel Bitcoin XT a suscité une vive controverse au sein du camp dit des « petits blocs », principalement parce qu'il s'agissait d'une mise à niveau incompatible avec le réseau. En substance, cela signifiait que toute personne qui faisait fonctionner un nœud Bitcoin validant toutes les règles devrait mettre à jour son logiciel. Si un consensus n'était pas atteint pour la mise à niveau, d'après la vision des partisans des petits blocs, Bitcoin pourrait être divisé en deux cryptomonnaies différentes. Il s'agirait alors d'un embranchement divergent, ou *hardfork*[2], la forme la plus extrême possible de mise à niveau. Ce type de mise à jour peut essentiellement modifier Bitcoin de n'importe quelle manière, qu'il s'agisse de l'augmentation du plafond de la quantité de Bitcoins au-delà de 21 millions, ou encore de confisquer des fonds à un détenteur pour les donner à quelqu'un d'autre. De nombreux *Bitcoiners* partaient du principe que l'on ne pouvait pas, ou que l'on ne devrait pas, procéder à un embranchement divergent sans s'assurer du large soutien des utilisateurs du réseau au préalable. Pour eux, c'était cette caractéristique qui donnait au système sa résilience : elle faisait que personne ne pouvait leur confisquer leurs fonds et garantissait la robustesse du plafond des 21 millions. Cette caractéristique était considérée comme la raison d'être de Bitcoin. Certains estimaient par conséquent que faire pression en faveur d'un *hardfork* sans consensus préalable constituait une attaque contre le réseau. D'autres n'étaient manifestement pas d'accord : ils pensaient que Bitcoin devait être flexible pour réussir et se développer et, en ce qui concerne le sujet en question à savoir la limite de taille des blocs, qu'il ne s'agissait pas d'un changement majeur. Ces derniers considèrent que l'argument de l'augmentation du plafond au-delà de 21 millions n'était qu'une simple illustration du sophisme de la pente savonneuse et qu'il constituait une diversion.

La tension autour de cette question couvait depuis des années au sein de la communauté, tapie dans l'ombre. À ce stade, cependant,

---

2. Dans ce livre, les termes *hardfork* et *softfork* sont ou bien traduits par « embranchement divergent » et « embranchement convergent » (recommandations de l'OQLF), ou bien laissés tels quels afin d'alléger le propos. (NdT)

cette différence idéologique apparaissait désormais au grand jour et était exposée à la vue de tous. Le système étant ouvert, il n'était plus possible de dissimuler ce désaccord au public.

Le 24 août 2015, neuf jours seulement après la sortie de Bitcoin XT, une lettre de soutien a été publiée par certaines des plus grandes entreprises du secteur :

> « Notre communauté se trouve à la croisée des chemins. Le débat sur la voie à suivre a été sain dans l'ensemble, et nous n'avons pas imposé nos propres positions, ni interféré dans le discours. Jusqu'à aujourd'hui, notre participation a consisté à écouter, étudier et tester.
>
> Nous pensons que ce travail est terminé et qu'il est temps de communiquer notre point de vue de manière claire et transparente. Après de longues conversations avec les développeurs, les mineurs, nos équipes techniques et d'autres acteurs du secteur, nous pensons qu'il est impératif pour notre réussite d'augmenter la taille maximale des blocs.
>
> Nous soutenons la mise en œuvre de la BIP101. Les arguments de Gavin sur la nécessité d'avoir des "gros blocs" et sur la faisabilité de leur implémentation – tout en conservant la décentralisation de Bitcoin – nous ont semblé convaincants. La majorité des mineurs soutiennent déjà la BIP101 et les blocs de 8 Mo, et nous pensons qu'il est temps pour le secteur de s'unir derrière cette proposition.
>
> Nos entreprises seront prêtes pour des blocs plus gros d'ici décembre 2015 et nous exécuterons alors le code adéquat. À mesure que notre communauté grandit, il est – plus que jamais – essentiel d'atteindre un consensus fort pour garantir la fiabilité

> *du réseau. Nous nous engageons à prendre en charge la BIP101*
> *dans nos logiciels et nos systèmes d'ici décembre 2015, et nous*
> *encourageons les autres à nous rejoindre*[3]. »

Cette lettre était signée par les PDG de BitPay, Blockchain.info, Circle, Kncminer, itBit, Bitnet, Xapo et BitGo. Ces entreprises n'étaient pas seulement certaines des plus grandes entreprises de l'écosystème, mais elles étaient aussi (pour beaucoup) bien financées et bénéficiaient d'un soutien considérable de la part de sociétés de capital-risque. BitPay était l'un des plus gros processeurs de paiement pour les commerçants et Blockchain.info était le premier fournisseur de portefeuilles de Bitcoin. Cette lettre n'a fait qu'enflammer la situation. S'il était vital pour le secteur de s'engager dans le développement et de faire avancer les choses, certains considéraient qu'il s'agissait précisément d'une approche inadaptée. Bitcoin était censé être géré de manière communautaire et bottom-up par les utilisateurs. La pression exercée de haut en bas par les grandes entreprises discréditait l'intérêt même de Bitcoin. Selon les partisans des petits blocs, Gavin aurait dû concentrer ses efforts sur la sensibilisation des utilisateurs en premier lieu, en essayant d'obtenir leur adhésion à des blocs plus gros avant de demander au secteur d'utiliser le nouveau client incompatible. Selon eux, cette démarche aurait probablement été à la fois plus éthique et, surtout, plus efficace.

On peut également penser que Gavin a été poussé par son amour-propre. Après de nombreuses années de disputes frustrantes, il était peut-être désireux de montrer son pouvoir et son influence aux autres développeurs. Il avait fait pression pour obtenir le soutien de ceux qu'il considérait comme les principales personnes influentes

---

3. https://blog.bitmex.com/wp-content/uploads/2017/09/industry-letter.pdf

de l'écosystème et du secteur. C'était l'occasion pour Gavin de montrer aux développeurs qui s'opposaient à lui qu'ils ne comptaient guère, et que les principales entreprises du secteur ne savaient même pas qui ils étaient. Ses opposants en étaient sans doute encore plus furieux, affirmant que ces acteurs du secteur étaient sans importance.

Le moment est probablement venu de parler un peu de Gavin Andresen. Bitcoin a, bien sûr, été créé par Satoshi Nakamoto. Plus précisément, Satoshi a conçu le système, écrit et publié l'implémentation de référence initiale (et imparfaite) de Bitcoin, et a rédigé le livre blanc. Un peu moins de deux ans après le lancement du réseau, en décembre 2010, Satoshi a quitté le projet. À partir de ce moment, Satoshi n'a plus contribué au code et a cessé de faire des commentaires sur le forum. Gavin explique comment, dans son esprit, il a pris la relève du projet :

> *« Au fil du temps, [Satoshi] s'est fié à mon jugement en ce qui concerne le code que j'écrivais. Et finalement, il m'a joué un tour en me demandant si cela ne posait pas de problème s'il mettait mon adresse de courriel sur la page d'accueil du site de Bitcoin, et j'ai accepté, sans savoir qu'il enlèverait la sienne. J'étais la personne que tout le monde contactait lorsqu'ils voulaient en savoir plus sur Bitcoin. Satoshi a commencé à se mettre en retrait, et à me mettre en avant en tant que chef de projet [4]. »*

Au moment de cette supposée passation de pouvoir, le logiciel de Bitcoin était publié sur Sourceforge et, en janvier 2011, deux personnes étaient répertoriées comme mainteneurs, Satoshi et Gavin. La version des faits de Gavin est bien sûr contestée et ses opposants affirment qu'il n'y a aucune preuve de Satoshi de cette

---

4. https://www.huffingtonpost.co.uk/entry/gavin-andresen-bitcoin_n_3093316

prétendue passation. En particulier, la revendication du statut de « chef de projet » semble improbable et n'est pas étayée. Bitcoin n'a pas de chef. Gavin avait le contrôle du dépôt logiciel de Bitcoin sur Sourceforge, puis sur GitHub, jusqu'à ce qu'il le remette à Wladimir Van Der Laan plusieurs années plus tard, en avril 2014. Le contrôle d'un dépôt logiciel n'implique évidemment pas le contrôle de Bitcoin, car les utilisateurs de Bitcoin peuvent utiliser le logiciel qu'ils souhaitent, à partir de n'importe quel dépôt. Cette idée fausse a perduré pendant des années. Quoi qu'il en soit, il est probable que l'affirmation de Gavin selon laquelle il y a eu une transition entre Satoshi et lui soit quelque peu véridique, même si les revendications du rôle de chef sont légèrement exagérées.

Cependant, c'est passer complètement à côté de l'essentiel que de se concentrer sur le récit controversé de la transition entre Satoshi et Gavin, ou sur le rôle technique et le pouvoir de Gavin en ce qui concerne le dépôt logiciel de Bitcoin. Même si les deux camps n'ont cessé d'en parler, cela n'avait pas vraiment d'importance. L'influence inestimable de Gavin était due à sa personnalité et à ses qualités de dirigeant. Cependant, cet argument était plus difficile à formuler, et les gens se sont donc concentrés sur la façon dont Satoshi lui avait confié le projet. Pour comprendre le rôle de Gavin dans la communauté à l'époque, il est essentiel de connaître sa personnalité. Dans ses messages publics et lors des évènements, il apparaissait comme patient, réfléchi, calme et pragmatique : des traits de personnalité et des qualités de dirigeant qui lui ont permis de se démarquer des autres développeurs plus que tout le reste. Lorsque Gavin parlait, les gens l'écoutaient : il avait l'air raisonnable et prenait le temps d'expliquer les choses. Cette attitude contrastait fortement avec celle de certains autres développeurs, qui étaient parfois considérés comme intolérants à l'égard de ceux qui avaient un niveau de connaissances techniques moindre, ou préféraient rester dans l'ombre. Gavin avait ce niveau apparent d'influence sur la communauté technique en raison de ce qu'il était et non à cause d'une passation de pouvoir.

Gavin a également contribué de manière importante à Bitcoin au cours des premières années. En 2010, il a acheté 20 000 Bitcoins pour 50 dollars. Il a ensuite créé un « robinet à Bitcoin » (*Bitcoin faucet*) : il s'agissait d'un site web qui distribuait gratuitement des Bitcoins. Tout ce que les gens avaient à faire, c'était de remplir un Captcha pour recevoir environ cinq BTC gratuitement. Ce site a grandement contribué au succès du réseau à ses débuts en distribuant des pièces à un grand nombre de personnes. À l'époque, les gens ne comprenaient pas vraiment Bitcoin et il était peu probable qu'ils envoient de l'argent réel quelque part pour acquérir des Bitcoins, le système n'ayant pas encore fait ses preuves. Remplir un Captcha, en revanche, était accessible à n'importe qui. Gavin a également cofondé la Fondation Bitcoin en 2012, dont il était membre du conseil d'administration. En plus de plusieurs autres fonctions, l'une des principales responsabilités de la fondation était de soutenir financièrement Gavin pour qu'il travaille au développement de Bitcoin. Il a donc été le premier développeur de Bitcoin rémunéré. Gavin est resté à la fondation, avec le titre de scientifique en chef, jusqu'au milieu de l'année 2017.

On ne saurait trop insister sur le respect que Gavin inspirait à de nombreux membres de la communauté de Bitcoin. Beaucoup le considéraient comme « l'homme fort » de Bitcoin. Des conflits profonds couvaient au sein de la communauté technique, mais les simples utilisateurs n'en savaient pas grand-chose. Pour beaucoup, Gavin était le personnage clé de l'écosystème. C'est dans ce contexte qu'il faut juger la décision de Gavin de soutenir le Bitcoin XT de Mike et d'encourager les gens à l'utiliser. Cette décision a eu l'effet d'une bombe du fait de qui Gavin était. Si quelqu'un d'autre l'avait fait, les répercussions n'auraient pas été aussi importantes et aucun des événements qui ont suivi n'aurait eu lieu.

Quant à Mike Hearn, il a également été l'un des premiers développeurs de Bitcoin, commençant à travailler sur Bitcoin sur son temps libre alors qu'il travaillait chez Google. Cependant, Mike n'a pas été aussi impliqué que Gavin dans l'implémentation de référence principale. Il était perçu comme un *outsider* et un preneur de risques, contrairement à Gavin, qui apparaissait comme plus conservateur, plus modéré et partisan du consensus. Mike a beaucoup travaillé sur Bitcoinj, une bibliothèque Java permettant de gérer le protocole Bitcoin qui a rendu possibles les portefeuilles mobiles de l'époque. Il s'agissait assurément d'une contribution importante et impressionnante pour l'écosystème.

Lorsque la guerre s'est intensifiée en août 2015, la bataille n'a jamais été aussi intense et hostile que sur les réseaux sociaux. Les deux principales plateformes pour discuter de Bitcoin à l'époque étaient le forum BitcoinTalk et le subreddit de Bitcoin, /r/bitcoin. Le débat sur Reddit et BitcoinTalk s'intensifiait depuis un certain temps, mais le lancement de Bitcoin XT a réellement accéléré la virulence des échanges. Globalement, la plupart des messages étaient en faveur de blocs plus gros. Le message en faveur des gros blocs était clair et simple : Bitcoin avait besoin de plus de capacité. Pour le simple utilisateur, les arguments qui allaient à l'encontre de cette idée étaient généralement très complexes et quelque peu déroutants. De plus, 1 Mo semblait être un chiffre particulièrement faible, alors que l'histoire de l'informatique était caractérisée par une croissance exponentielle de la capacité. De nombreuses personnes se sentaient frustrées et, au cours de l'été 2015, les forums de Bitcoin étaient remplis de messages de soutien pour des blocs plus gros et pour des clients incompatibles. Il y avait tellement de messages répétitifs qu'il devenait de plus en plus difficile de trouver d'autres nouvelles liées à Bitcoin. En conséquence, la modération sur ces forums s'est intensifiée. Cette modération ne faisait qu'exaspérer encore plus certains des partisans des gros blocs : à leurs yeux, la politique de modération, ou ce qu'ils appelaient la censure, empêchait Bitcoin d'évoluer. BitcoinTalk et /r/bitcoin étaient contrôlés par la même personne, utilisant le pseudonyme Theymos. Son vrai nom est Michael Marquardt. Il avait été l'un des pionniers du secteur, en gérant Bitcoin.it (le wiki de Bitcoin) ainsi que les deux principaux forums. Theymos avait également créé le premier explorateur de blocs en ligne, une page web où l'on pouvait consulter des informations sur les transactions en Bitcoins. Ce site a joué un rôle crucial dans le développement initial de l'écosystème et dans l'éducation des gens sur le fonctionnement de Bitcoin. Son explorateur de blocs en ligne, blockexplorer.com, a finalement été supplanté par Blockchain.info aux alentours de 2011, en raison des graphismes innovants et supérieurs de Blockchain.info. Theymos semblait surtout sympathiser avec le camp des petits blocs, du moins en ce qui concerne le fait d'obtenir un accord généralisé au sein de la communauté avant de déployer des clients incompatibles.

Le 17 août 2015, deux jours après le lancement officiel de Bitcoin XT, Theymos a annoncé une nouvelle politique de modération sur Reddit. Cette politique s'est avérée extrêmement controversée et clivante. Le lancement du client Bitcoin XT a également entraîné une forte augmentation du nombre de messages, suivie par la modération agressive de ces messages, ce qui a nécessité une explication.

« r/Bitcoin existe pour servir Bitcoin. XT, si (ou quand) son hardfork est activé, divergera de Bitcoin et créera un réseau / une monnaie séparé(e). Par conséquent, XT et les services qui le soutiennent ne devraient pas être autorisés sur r/Bitcoin. Dans le cas extrêmement improbable où la grande majorité de l'économie de Bitcoin basculerait vers XT et où XT serait largement perçu comme le vrai Bitcoin, alors la situation s'inverserait et nous ne devrions autoriser que les contributions liées au XT. Dans ce cas, la définition de "Bitcoin" aurait changé. Il n'est pas logique de soutenir deux réseaux / monnaies incompatibles — il n'y a qu'un seul Bitcoin, et r/Bitcoin ne sert que pour Bitcoin.

Si un hardfork bénéficie d'un accord quasi-unanime de la part des experts de Bitcoin et qu'il est également soutenu par la grande majorité des utilisateurs de Bitcoin et des entreprises, nous pouvons prédire avec une grande précision que ce nouveau réseau / cette nouvelle monnaie s'imposera dans l'économie et deviendra la nouvelle définition de Bitcoin. (Les mineurs n'ont pas d'importance à cet égard, il ne s'agit pas à proprement parler d'un vote.) Ce type de hardfork peut probablement être adopté sur r/Bitcoin dès qu'il aura été déterminé que celui-ci n'est pas absolument contraire à l'esprit de Bitcoin (inflation non planifiée, par exemple). Pour l'instant, il y aura toujours trop de controverse autour d'un hardfork qui augmente la taille max. des blocs, mais cela changera probablement avec la poursuite du débat et de la recherche, et avec la raréfaction de l'espace de bloc. Je pense qu'une certaine augmentation pourrait faire l'objet d'un consensus dans les 6 mois, même si elle devrait être beaucoup moins importante que celle de XT pour que tout le monde soit d'accord aussi rapidement.

Il y a une différence substantielle entre discuter d'une proposition de hardfork de Bitcoin (ce qui était auparavant toujours autorisé ici, même si je suis en désaccord avec beaucoup de choses publiées) et promouvoir un logiciel qui est programmé pour diverger vers un réseau / une monnaie concurrent(e). Ce dernier point va clairement à l'encontre des règles établies de r/Bitcoin, et bien que la technique derrière Bitcoin continuera à fonctionner correctement quoi qu'il arrive, la tentative même de scinder Bitcoin de cette manière nuira à son écosystème et à son économie.

[...]

Si 90 % des utilisateurs de r/Bitcoin trouvent que ces mesures sont intolérables, alors je veux que ces 90 % partent. Ce sera mieux pour tout le monde. Je ne veux pas que ces personnes créent des fils de discussion qui enfreignent les règles, qui exigent des changements, qui demandent des votes positifs, qui lancent des attaques personnelles contre les modérateurs, etc. Sans véritables arguments, vous ne convaincrez personne de sensé — vous ferez perdre du temps à tout le monde. Les règles temporaires contre les discussions sur la taille des blocs et sur la modération sont en partie conçues pour inciter les personnes qui devraient quitter r/Bitcoin à le faire effectivement, afin que nous puissions nous remettre à discuter de l'actualité de Bitcoin en toute sérénité[5]. »

Les nouvelles règles pour le subreddit de Bitcoin étaient relativement claires : étant donné que Bitcoin XT ne faisait pas l'objet d'un consensus parmi les utilisateurs, et qu'il constituait un changement

---

5. https://www.reddit.com/r/Bitcoin/comments/3h9cq4/its_time_for_a_break_about_the_recent_mess/

incompatible qui donnerait naissance à une nouvelle monnaie, la promotion du logiciel était interdite sur le subreddit. Ces mesures ont manifestement exaspéré bon nombre des « partisans des gros blocs ». Pour ces derniers, le Reddit de Bitcoin était le principal forum de discussion de la communauté, et militer pour le changement qu'ils souhaitaient sur ce forum était exactement la façon dont ils imaginaient qu'un tel changement se produirait. Les arguments d'opposition à la censure ont commencé à prendre de l'ampleur et se sont avérés tout à fait convaincants. Si l'on ne pouvait pas faire campagne pour un changement en raison d'un manque de consensus, comment pourrions-nous jamais atteindre le consensus ? C'était une situation inextricable ! Qui était Theymos pour décider de l'atteinte du consensus ? « Bitcoin m'appartient autant qu'il lui appartient ! » Si leurs arguments étaient si solides, pourquoi recourir à la censure ? « Si Bitcoin est si fragile qu'il nécessite cette censure, c'est qu'il est peut-être finalement assez faible et inutile. S'ils veulent interdire Bitcoin XT, c'est qu'il doit donc être bon… » Etc.

Pour vraiment comprendre le degré de colère contre Theymos, il faut prendre en compte le profil-type des *Bitcoiners*, du moins de ceux qui étaient suffisamment engagés pour suivre ce débat. Il s'agissait généralement d'anarcho-capitalistes ou de libertariens, qui soutenaient fermement la liberté d'expression. Il est aisé de comprendre pourquoi le message d'opposition à la censure résonnait dans cette frange de la communauté. Par ailleurs, de nombreuses personnes avaient rejoint Bitcoin parce qu'elles se sentaient exclues du système financier existant. Les banques centrales s'étaient engagées dans des politiques avec lesquelles de nombreux *Bitcoiners* n'étaient pas du tout d'accord, par exemple des programmes d'assouplissement quantitatif ou d'autres politiques monétaires expansionnistes. Les *Bitcoiners* avaient généralement l'impression que leur voix était ignorée (ou qu'elle était jugée sans intérêt) lorsqu'ils exprimaient leur opposition à ces politiques. C'est la raison pour laquelle de nombreuses personnes sont devenues des *Bitcoiners*. « Cette fois-ci, c'est notre monnaie, pas la leur ! Cette fois-ci, notre voix comptera ! » Leur frustration et leur colère d'avoir été réduits au silence dans le monde de Bitcoin ont donc été très fortes.

Cette politique de modération a entraîné une fragmentation de la communauté de Bitcoin. Les *big blockers* se sont progressivement déplacés vers un autre subreddit Bitcoin, /r/btc. Ils ont aussi progressivement quitté BitcoinTalk pour se rendre sur des forums alternatifs tels que Bitco.in. Le niveau de dialogue entre les camps s'est progressivement réduit et les gens ont passé plus de temps à parler à ceux avec qui ils étaient d'accord. La communauté s'est donc beaucoup dégradée et le biais de confirmation est devenu un problème majeur.

Il est facile de rendre Theymos responsable de cette division. Cependant, en observant la façon dont les autres communautés évoluent sur les réseaux sociaux, on peut se dire que cette division était probablement inéluctable. Les gens ont tendance à aimer lire des choses qu'ils approuvent et à suivre des personnes avec lesquelles ils sont d'accord. Le biais de confirmation est très présent sur les réseaux sociaux et provoque une polarisation. L'exemple le plus emblématique est sans doute celui de la politique, où les gens de droite comme de gauche continuent de lire, sur la plateforme de leur choix, des anecdotes authentiques qui confirment leurs hypothèses et leurs idéologies initiales. Les gens s'enferment de plus en plus dans leurs opinions et ne s'exposent que peu aux arguments opposés. Arrivées à ce stade, avec l'exposition à des tonnes et des tonnes d'informations, les personnes de part et d'autre d'un conflit ont du mal à croire que quelqu'un puisse légitimement avoir un point de vue opposé. Les opposants sont donc souvent considérés comme stupides, corrompus ou malintentionnés. Cette dynamique a rapidement commencé à se manifester dans le cas de Bitcoin. Étant donné que la même dynamique semble se produire sur tous les réseaux sociaux, il est peut-être naïf d'accuser Theymos d'être à l'origine de ce phénomène, même si, bien sûr, il a joué un rôle dans la division de la communauté, tout comme beaucoup d'autres dans les deux camps.

En relisant l'article sur la politique de modération de Theymos, il est évident qu'il contient de nombreuses nuances qui n'ont pas été largement appréciées à l'époque. À bien des égards, il s'est avéré qu'il avait raison et qu'il était en avance sur son temps. Bitcoin XT aurait bien pu donner naissance à une nouvelle cryptomonnaie concurrente, en l'absence de consensus. Il était peut-être judicieux de décomposer le processus de mise à niveau en deux étapes : d'abord, obtenir un consensus des utilisateurs concernant le changement, et ensuite seulement préconiser l'utilisation du nouveau client incompatible. Aujourd'hui, le processus de mise à niveau semble plus clair. Si l'on veut publier un client incompatible, il y a deux voies possibles :

1. Créer une nouvelle cryptomonnaie alternative à Bitcoin, ce qui ne nécessite pas un accord généralisé au sein de la communauté ; ou

2. Faire campagne pour obtenir un consensus avant de recommander à quiconque d'utiliser le nouveau client. Ce n'est que si un large consensus est atteint que les utilisateurs exécuteront le nouveau client, et la nouvelle monnaie serait alors connue sous le nom de Bitcoin.

Il est désormais largement admis que le non-respect de l'une de ces deux voies peut entraîner une scission délicate et désordonnée. Malheureusement, à l'époque, beaucoup de ces nuances n'étaient pas appréciées ou connues. C'est pourquoi les partisans des gros blocs ont emprunté une voie plus confuse, hésitant sur l'exigence d'accord unanime.

Au début du conflit, il semblait évident que les *big blockers* étaient en train de gagner la guerre et de progresser. Ils semblaient avoir un message clair et simple, et la majorité des utilisateurs étaient de leur côté. Par ailleurs, le message d'opposition à la censure gagnait du terrain.

Cependant, il apparaissait également que beaucoup d'entre eux estimaient, lorsqu'ils étaient interrogés, que la proposition d'augmentation de la taille des blocs de Bitcoin XT était peut-être trop agressive, dans la mesure où elle prévoyait de faire croître la taille des blocs jusqu'à 8 Go dans les 20 années suivantes selon un programme fixe. Après tout, qui était Mike Hearn pour décider de ce point ? Et comment aurait-il pu savoir ce qui allait se passer à l'avenir, surtout dans un écosystème connu pour ses changements rapides et imprévisibles ? Pour beaucoup, une augmentation plus simple et plus modérée avait davantage de sens. Si presque tout le monde souhaitait une augmentation de la limite, beaucoup semblaient penser que Bitcoin XT échouerait et qu'une autre proposition plus modérée finirait par être acceptée. Pour la plupart des partisans des gros blocs, Bitcoin XT était une étape nécessaire pour lancer le débat et servir de catalyseur permettant d'encourager une contre-proposition. Il s'agissait peut-être de la première des nombreuses erreurs d'appréciation du camp des partisans des gros blocs. Peut-on réellement essayer de gagner une guerre en perdant la première bataille ?

2

VERS LA GUERRE

Au début de Bitcoin, entre 2009 et début 2011, l'écosystème entier se résumait juste à un seul logiciel, le client Bitcoin. Le logiciel existait initialement pour Microsoft Windows et comprenait le portefeuille, le nœud complet et le mineur. Il n'y avait pas d'applications mobiles, pas de commerçants, pas de sites de paris, pas de marchés du *darknet*, pas de produits négociés en bourse, pas de plateformes d'échange, pas d'investisseurs institutionnels ; seulement une application informatique primitive et basique. Tout ce qu'on pouvait faire, c'était miner des Bitcoins, les envoyer et les recevoir. À l'époque, Bitcoin était particulièrement inutile et, à première vue, le système ne semblait pas avoir beaucoup de valeur, ni même de potentiel. Pour être intéressé par l'écosystème, il fallait avoir de l'imagination. Il fallait anticiper et conceptualiser la manière dont le système se développerait et changerait avec le temps. Il fallait émettre une succession d'hypothèses sur l'évolution de Bitcoin. Nombre de ces hypothèses n'ont jamais été testées ou discutées de manière approfondie ; elles étaient justes considérées comme allant de soi et acceptées. En 2015, Bitcoin existait déjà depuis cinq ou six ans et, pour ceux qui se consacraient à l'écosystème, cela représentait une période assez longue pour tirer des conclusions. En réalité, de nombreux membres de la communauté entretenaient des hypothèses différentes et contradictoires sur le fonctionnement de Bitcoin, et l'étendue de ces désaccords n'avait jamais été révélée. Désormais, ces désaccords remontaient à la surface et, compte tenu de l'importance de Bitcoin pour ces personnes, les résultats risquaient d'être désagréables et imprévisibles.

Également, le prix du Bitcoin s'était considérablement apprécié, passant de quelques centimes en 2010 à environ 220 dollars lors de l'été 2015. De nombreux belligérants participant au conflit avaient donc bénéficié d'un avantage financier considérable en investissant tôt dans le Bitcoin. Une conséquence malheureuse de cette situation est que certains membres de la communauté sont devenus trop confiants, voire un peu arrogants. Par exemple, supposons que quelqu'un ait décidé d'investir au début de l'année 2011, alors que le prix du Bitcoin était inférieur à 1 $. Il aurait pu fonder cet investissement sur certaines hypothèses et une vision particulière. Il aurait pu garder les Bitcoins jusqu'en 2015 et voir son investissement être multiplié par plus de 200. Cette situation était susceptible d'avoir une influence psychologique : les hypothèses formulées en 2011 étaient-elles tout de même correctes ? Après tout, elles avaient permis de réaliser des gains très importants. Cet investisseur risquait maintenant de considérer qu'il avait une très bonne compréhension de Bitcoin et qu'il savait ce qu'il y a de mieux à faire à l'avenir, croyant qu'il avait bien compris Bitcoin en 2011 parce qu'il avait réalisé des gains très importants. Malheureusement, ces gens n'avaient peut-être pas compris que d'autres personnes ayant des visions très différentes et contradictoires avaient également investi dans le Bitcoin en 2011, annulant ainsi cette logique quelque peu imparfaite et biaisée. Il s'est souvent avéré que ces gens pensaient que les autres investisseurs de la première heure étaient tous d'accord avec eux et que ceux qui faisaient partie de l'autre camp dans la guerre des blocs étaient des nouveaux venus. Cela explique en grande partie comment la guerre des blocs s'est intensifiée et est devenue si cruelle, si rapidement.

Il n'est pas inutile de rappeler ici les débuts historiques de Bitcoin. Lorsque Bitcoin a été lancé, il n'y avait pas de limite de taille des blocs, même s'il est probable que des blocs plus gros, peut-être de plus de 32 Mo, auraient perturbé le système. La limite a été introduite pour la première fois par Satoshi au cours de l'été 2010. Le 15 juillet 2010, Satoshi a ajouté la ligne de code suivante au dépôt logiciel :

```
static const unsigned int MAX_BLOCK_SIZE = 1000000;
```
[1]

Le logiciel contenant cette mise à niveau a ensuite été publié le 19 juillet 2010. La nouvelle limite de 1 Mo n'est entrée en vigueur que le 7 septembre 2010, à la hauteur de bloc 79 400 (à savoir 79 400 blocs depuis le lancement de Bitcoin). Ce type de mise à niveau s'appelle un embranchement convergent, ou *softfork*, c'est-à-dire une nouvelle règle resserrant les restrictions sur la validité des blocs. Il s'agit d'un *softfork* car l'ajout ou l'abaissement de la limite resserre les règles. L'augmentation de la limite assouplirait les règles et serait donc appelée un *hardfork*, ou embranchement divergent. Tout le monde doit passer à un nouveau logiciel pour suivre la nouvelle chaîne dans le cas d'un embranchement divergent. Cependant, cette terminologie *softfork* / *hardfork* n'était pas connue à l'époque et n'a été utilisée qu'à partir d'avril 2012 [2]. Cet embranchement convergent de la limite de taille des blocs a été la première nouvelle règle de Bitcoin à être assortie d'une certaine méthode d'activation, en l'occurrence

---

1. https://github.com/bitcoin/bitcoin/blob/a30b56ebe76fffff9f9cc8a6667186179 413c6349/main.h#L18

2. https://gist.github.com/gavinandresen/2355445

une date butoir, où les nouvelles règles sont entrées en vigueur à partir d'une certaine hauteur de bloc. Satoshi n'a jamais fourni de raison claire justifiant une taille limite des blocs à l'époque. De nombreux partisans des gros blocs soutiennent que la mesure n'était que temporaire, bien qu'aucune note de l'époque que j'ai pu trouver ne l'indique.

L'événement important suivant, qui était largement mentionné par les *big blockers*, s'est produit le 4 octobre 2010. Un mois à peine après l'entrée en vigueur de la limite de taille des blocs, l'un des développeurs de Bitcoin, Jeff Garzik, a proposé de la retirer et d'augmenter la limite[3]. Il a présenté un correctif du logiciel supprimant la règle des 1 Mo et a affirmé que cela permettrait à Bitcoin de s'adapter au volume de transactions de Paypal. Même si Jeff savait qu'un tel problème ne se posait pas au début, il le jugeait important du point de vue du marketing et du discours. À peine un quart d'heure plus tard, Theymos a répondu en indiquant que « l'application de ce correctif vous rendra incompatible avec les autres clients Bitcoin ». Satoshi est ensuite intervenu dans la conversation :

> « +1 theymos. N'utilisez pas ce patch, il vous rendra incompatible avec le réseau, à votre détriment. Nous pourrons introduire un changement plus tard si nous en ressentons le besoin. »

Le lendemain, Satoshi a fait un commentaire supplémentaire, qui constitue aujourd'hui l'une des déclarations les plus largement citées par les partisans des gros blocs :

> « Il peut être introduit progressivement, comme suit :

> if (blocknumber > 115000)

---

3. https://bitcointalk.org/index.php?topic=1347.msg15121#msg15121

maxblocksize = largerlimit

Il peut commencer à être intégré dans des versions bien antérieures, de sorte qu'au moment où il atteindra le numéro de bloc et entrera en vigueur, les anciennes versions qui ne l'auront pas seront déjà obsolètes.

Lorsque nous approcherons du numéro de bloc limite, je pourrai envoyer une alerte aux anciennes versions pour m'assurer qu'elles savent qu'elles doivent être mises à jour. »

Il convient de noter qu'à l'époque, la hauteur de bloc était de 83 500 ; par conséquent, la hauteur 115 000 était de 31 500 blocs dans le futur, soit environ sept mois plus tard. Pour les *big blockers*, l'intention de Satoshi était claire. Satoshi n'a introduit la limite que comme une mesure temporaire et fournissait déjà des instructions sur la façon de l'augmenter, avec un plan clair en place.

Toutefois, en général, les partisans des gros blocs ne tenaient pas systématiquement compte de l'ensemble du contexte. On peut interpréter ce dialogue comme le fait que Satoshi s'opposait au correctif visant à augmenter immédiatement la taille limite des blocs, du fait qu'il rendrait les nœuds incompatibles avec le réseau. Satoshi adoptait ensuite une position plus prudente et poursuivait en décrivant comment on pourrait augmenter la limite si on le souhaitait, avec certains mécanismes de sécurité pour assurer une mise à niveau en douceur. Ce récit ressemble davantage à ce que disaient les partisans des petits blocs.

La citation suivante de Satoshi, largement évoquée par les *big blockers*, date de novembre 2008, avant même le lancement de Bitcoin, dans laquelle il parle d'un réseau capable de gérer autant de transactions que Visa, soit 100 millions par jour. Cette citation était très importante pour les partisans des gros blocs et s'alignait clairement sur nombre de leurs ambitions pour Bitcoin :

« Bien avant que le réseau n'atteigne cette taille, les utilisateurs pourront sans risque utiliser la vérification de paiement simplifiée (section 8) pour vérifier qu'il n'y a pas de double dépense, ce qui nécessite seulement d'avoir la chaîne des entêtes de blocs, soit environ 12 Ko par jour. Seules les personnes essayant de créer de nouvelles pièces auront besoin de faire fonctionner des nœuds de réseau. Au début, la plupart des utilisateurs feront fonctionner des nœuds de réseau, mais à mesure que le réseau grandira, au-delà d'un certain point, cette tâche sera de plus en plus déléguée à des spécialistes disposant de fermes de serveurs de matériel spécialisé. Une ferme de serveurs n'aura besoin que d'un seul nœud sur le réseau et le reste du réseau local se connectera à ce nœud.

La bande passante n'est peut-être pas aussi prohibitive que vous le pensez. Une transaction typique est d'environ 400 octets (la cryptographie sur les courbes elliptiques est agréablement compacte). Chaque transaction doit être diffusée deux fois, disons 1 Ko par transaction. Visa a traité 37 milliards de transactions dans son exercice comptable de 2008, soit une moyenne de 100 millions de transactions par jour. Ce nombre de transactions nécessiterait 100 Go de bande passante, soit la taille de 12 DVD ou de 2 films de qualité HD, ou encore la valeur d'environ 18 $ de bande passante au prix actuel.

Si le réseau devait atteindre une telle taille, cela prendrait plusieurs années, et d'ici là, l'envoi de 2 films en HD sur Internet ne semblerait probablement pas être un gros problème [4]. »

---

4. https://www.mail-archive.com/cryptography@metzdowd.com/msg09964.html

Bien entendu, les partisans des petits blocs avaient également une réponse à apporter. Ils affirmaient que Satoshi avait fait ces commentaires en supposant l'existence de la technique de vérification de paiement simplifiée (SPV). Cela signifiait que les portefeuilles légers pourraient recevoir la preuve d'une double dépense dans un bloc invalide et ne seraient donc pas tenus, dans des circonstances normales, de vérifier toutes les transactions. Cette technique n'a pas encore été développée et est peut-être impossible à mettre en œuvre. Par conséquent, certains *small blockers* avançaient que les affirmations de Satoshi à propos de la concurrence de débit avec Visa n'étaient plus valables. On peut considérer qu'il s'agit là d'un argument quelque peu tatillon et d'une interprétation stricte de la signification de la SPV.

La réponse à Satoshi ci-dessous se trouvait dans le fil de discussion original où Bitcoin a été annoncé pour la première fois, des mois avant son lancement. La toute première réponse à Satoshi lorsqu'il a annoncé Bitcoin provenait d'un certain James A. Donald, qui exprimait déjà des inquiétudes quant à la capacité du réseau, un jour à peine après l'annonce de l'idée :

> *« Pour détecter et rejeter un événement de double dépense en temps voulu, il faut disposer de la plupart des transactions passées des pièces impliquées dans la transaction, ce qui, naïvement mis en œuvre, nécessite que chaque pair dispose de la plupart des transactions antérieures, ou de celles qui ont eu lieu récemment. Si des centaines de millions de personnes effectuent des transactions, cela représente beaucoup de bande passante — chacun doit avoir connaissance de toutes les transactions, ou d'une partie substantielle de celles-ci [5]. »*

---

5. https://www.mail-archive.com/cryptography@metzdowd.com/msg09963.html

En ce qui concerne les citations de Satoshi utilisées par les partisans des petits blocs, la plus référencée est sans doute celle où Satoshi a qualifié tout client concurrent de « menace pour le réseau » et a mentionné que le fonctionnement de base de Bitcoin était « gravé dans le marbre », lors d'une discussion avec Gavin en juin 2010 :

« La nature de Bitcoin est telle que, une fois la version 0.1 publiée, son fonctionnement de base était gravé dans le marbre pour le reste de son existence. C'est pour cette raison que j'ai voulu le concevoir pour qu'il supporte tous les types de transactions possibles et imaginables. Le problème était que chaque élément nécessitait un code de prise en charge et des champs de données spécifiques, qu'il soit utilisé ou non, et ne couvrait qu'un cas particulier à la fois. Cela aurait signifié une explosion de cas particuliers. La solution a été script, qui généralise le problème de sorte à ce que les parties contractantes puissent décrire leur transaction sous la forme d'un prédicat que le réseau de nœuds évalue. Les nœuds n'ont besoin de comprendre la transaction que pour évaluer si les conditions de l'expéditeur sont remplies.

Le script est en réalité un prédicat. Il s'agit simplement d'une équation qui est évaluée comme vraie ou fausse. Prédicat est un mot long et peu familier ; c'est pourquoi je l'ai appelé script.

Le destinataire d'un paiement effectue une vérification du modèle du script. Actuellement, les destinataires n'acceptent que deux modèles : le paiement direct et l'adresse bitcoin. Les versions futures pourront ajouter des modèles pour d'autres types de transactions et les nœuds utilisant cette version ou une version plus récente pourront les recevoir. Toutes les versions de nœuds sur le réseau peuvent vérifier et traiter toutes les nouvelles transactions dans des blocs, même si elles ne savent pas comment les lire.

La conception prend en charge une grande variété de types de transactions possibles que j'ai conçus il y a des années. Transactions de dépôt fiduciaire, contrats cautionnés, arbitrage par un tiers, signature multipartite, etc. Si Bitcoin s'impose à grande échelle, ce sont des choses que nous voudrons explorer à l'avenir, mais il fallait les concevoir toutes dès le départ pour s'assurer qu'elles seraient possibles plus tard.

Je ne crois pas qu'une deuxième implémentation compatible de Bitcoin sera un jour une bonne idée. Une grande partie du fonctionnement dépend du fait que tous les nœuds obtiennent des résultats identiques, si bien qu'une deuxième implémentation serait une menace pour le réseau. La licence MIT est compatible avec toutes les autres licences et tous les usages commerciaux, et il n'est donc pas nécessaire de la réécrire de ce point de vue [6]. »

Satoshi a fait de nombreux commentaires au cours des deux premières années de son implication dans l'écosystème, dont beaucoup pourraient être considérés comme soutenant l'un ou l'autre camp dans cette guerre. En général, on peut dire que les citations de Satoshi indiquent qu'il semblait soutenir globalement les partisans des gros blocs sur la stricte question de la taille limite des blocs et du volume des transactions, mais il semblait plutôt soutenir la position des partisans des petits blocs en ce qui concerne leur perspective sur la flexibilité des règles de Bitcoin. À ce stade, le débat devenait presque religieux, les deux camps se penchant sur chaque citation

---

6. https://bitcointalk.org/index.php?topic=195.msg1611#msg1611

de Satoshi à la recherche de commentaires ou d'interprétations soutenant leur cause.

Ce que Satoshi pensait ne doit cependant pas être considéré comme particulièrement important. De nombreux small blockers étaient d'avis que Satoshi n'avait plus aucune importance. Du moins, que ses opinions qui dataient de cinq ans ne devaient pas compter, car beaucoup de choses avaient changé depuis. Aujourd'hui, nous en savons probablement beaucoup plus sur Bitcoin que Satoshi à l'époque, grâce à l'expérience acquise en voyant le réseau en action. « Bitcoin n'est pas une religion et Satoshi n'est pas un prophète, affirmaient souvent les partisans des petits blocs. Les décisions devraient être prises sur la base de la seule valeur scientifique ; ce que Satoshi a dit ne fait aucune différence. » Cependant, Bitcoin présente bel et bien des caractéristiques similaires à celles d'une religion et c'est ce que de nombreuses personnes ressentaient. Après tout, les religions ont beaucoup de succès ; peut-être que ces caractéristiques ont contribué quelque peu au succès de Bitcoin.

Satoshi a effectivement semblé contribuer au débat en 2015. Le jour de la publication de Bitcoin XT, un courriel a été envoyé à partir de l'une de ses adresses de courrier électronique (satoshi@vistomail.com), reprenant le raisonnement des *small blockers* et affirmant notamment qu'il avait changé d'avis sur le passage à l'échelle :

> *« J'ai suivi les récents débats sur la taille des blocs par le biais de la liste de diffusion. J'avais espéré que le débat serait résolu et qu'une proposition d'embranchement obtiendrait un large consensus. Cependant, avec la sortie de Bitcoin XT 0.11A, il semble peu probable que cela se produise, et je suis donc*

contraint de partager mes inquiétudes sur cet embranchement très dangereux...

Les développeurs de ce Bitcoin-imposteur prétendent suivre ma vision originelle, mais rien ne saurait être plus faux. Lorsque j'ai créé Bitcoin, je l'ai conçu de manière à rendre difficile les modifications ultérieures des règles de consensus sans accord quasi unanime. Bitcoin a été conçu pour être à l'abri de l'influence de meneurs charismatiques, même s'ils s'appellent Gavin Andresen, Barack Obama ou Satoshi Nakamoto. Presque tout le monde doit se mettre d'accord sur un changement, et ce, sans être forcé ou contraint. En procédant à un embranchement de cette manière, ces développeurs violent la "vision originelle" qu'ils prétendent défendre.

Ils utilisent mes anciens écrits pour faire des affirmations sur ce que Bitcoin était censé être. Cependant, je reconnais que beaucoup de choses ont changé depuis cette époque, et que de nouvelles connaissances ont été acquises et qu'elles contredisent certaines de mes premières opinions. Par exemple, je n'avais pas anticipé le minage en coopératives et ses effets sur la sécurité du réseau. Faire de Bitcoin un système monétaire compétitif tout en préservant ses propriétés de sécurité n'est pas un problème trivial, et nous devrions prendre plus de temps pour trouver une solution robuste. Je pense que nous avons besoin d'une meilleure incitation à la gestion d'un nœud complet pour les utilisateurs, plutôt que de compter uniquement sur leur altruisme.

Si deux développeurs parviennent à modifier Bitcoin et à redéfinir ce qu'est "Bitcoin", en dépit d'une critique technique généralisée et en recourant à des tactiques populistes, alors je n'aurais d'autre choix que de déclarer que Bitcoin est un projet qui a échoué. Bitcoin était censé être à la fois techniquement et socialement robuste. La situation actuelle est très décevante [7]. »

La plupart des partisans des gros blocs ont immédiatement rejeté le courriel en le qualifiant de faux. Cependant, les entêtes de l'e-mail semblaient indiquer qu'il provenait bien de Vistomail. Il reste par conséquent trois possibilités : 1) le compte de Satoshi a été piraté ; 2) les administrateurs de Vistomail ont envoyé le courriel ; ou 3) cet e-mail provenait véritablement de Satoshi. La deuxième semble extrêmement improbable : il est donc vraisemblable que ce message soit authentique, ou bien que le compte ait été piraté. L'hypothèse du piratage de compte est certainement possible, puisque l'autre compte de courrier électronique de Satoshi (satoshi@gmx.com) avait été piraté par quelqu'un qui avait réussi à réinitialiser le mot de passe. Quoi qu'il en soit, cela n'avait pas vraiment d'importance. Si un individu tel que Satoshi avait une telle influence sur le système qu'il pouvait à lui seul le sortir de cette crise, alors Bitcoin n'avait pas réussi à dépasser le stade de dépendance à un individu. Bitcoin devait être robuste en lui-même pour résister aux pressions immenses auxquelles il serait exposé en tant que système monétaire controversé et révolutionnaire, sans dépendre d'une seule personne, qui pourrait être facilement arrêtée ou disparaître à tout moment. C'est peut-être la raison pour laquelle Satoshi a disparu en premier lieu. J'aurais aimé dire que c'est là que l'implication supposée de Satoshi dans cette histoire s'est arrêtée. Cependant, malheureusement, Satoshi, ou plus précisément les allégations concernant Satoshi, sont revenues plus tard dans l'histoire.

Alors qu'en 2010 ces problèmes de passage à l'échelle faisaient l'objet de discussions, il n'y avait pas de désaccords importants : tout le

---

7. https://lists.linuxfoundation.org/pipermail/bitcoin-dev/2015-August/010238.html

monde se contentait d'apprendre. En avril 2011, les choses semblaient avoir un peu changé et est apparu un profond désaccord sur le passage à l'échelle, les frais de transaction et l'incitation à long terme du minage. Tout le monde restait poli et civilisé, mais une divergence d'opinion fondamentale paraissait émerger. L'utilisateur de BitcoinTalk « Vandroiy » a posé une question : il a demandé, en substance, quelle serait l'incitation des mineurs lorsque la subvention des blocs s'épuiserait et deviendrait faible. Bien évidemment, tout le monde connaissait la réponse à cette question, puisque le livre blanc indiquait que « l'incitation [pouvait] être entièrement financée par les frais de transaction [8] ». Cependant, Vandroiy posait une question plus complexe. Comme il l'écrivait le 22 avril 2011 :

> « L'objectif de tout petit mineur individuel est de maximiser son profit. Sa décision concernant les transactions à inclure n'entraîne pas un grand changement dans la hauteur des frais. Ainsi, le mineur inclura toutes les transactions qui paient des frais, même très faibles, afin d'obtenir un profit maximal. Il en résulte que le prix des transactions baisse. À leur tour, les mineurs qui n'étaient déjà guère rentables voient leurs revenus s'amenuiser, et abandonnent. Ceci réduit le taux de hachage, la difficulté baisse, et le cycle se répète. Selon ce raisonnement, la difficulté est susceptible de chuter à un niveau proche de zéro [9]. »

Si on analyse le point de vue de Vandroiy d'un point de vue économique, il disait essentiellement que le coût marginal de l'inclusion d'une transaction était proche de zéro et que, dans un environnement concurrentiel, le prix serait égal au coût marginal. Le marché se stabiliserait alors à des prix bas, un phénomène parfois appelé la « spirale fatale des frais » (*fee death spiral*). Cependant, il ne

---

8. https://bitcoin.org/bitcoin.pdf
9. http://archive.is/URni1

s'agissait pas d'un marché normal où le seul objectif serait d'atteindre un prix d'équilibre ; certains pensaient que ce marché avait une externalité positive, un autre objectif, qui était indiquée dans le livre blanc : inciter les mineurs.

La question de savoir s'il s'agissait ou non d'un véritable problème pour Bitcoin s'est avérée très controversée. D'après ce fil de discussion, il semble qu'à peu près la moitié des personnes pensaient qu'il s'agissait d'un problème et que l'autre moitié ne le pensait pas. Même Mike Hearn semblait initialement être d'accord avec le problème de la spirale fatale, déclarant qu'il « paraissait plausible ». Cependant, le jour suivant, le 23 avril 2011, Mike a légitimement reconsidéré sa position, et n'y voyait plus de problème :

> « L'argument de la spirale fatale suppose que j'inclurai toutes les transactions, quelle que soit la faiblesse de leurs frais / de leur priorité, parce que cela ne me coûte rien de le faire et pourquoi ne pas prendre l'argent offert ? Pourtant, la vie réelle est pleine d'entreprises qui pourraient faire la même chose mais qui ne le font pas, parce qu'elles savent que cela nuirait à leur propre activité [10]. »

La plupart des personnes qui pensaient que la spirale fatale du marché des frais constituait un problème ont semblé s'accorder sur une proposition de solution : la limite de taille des blocs empêcherait les frais de tomber trop bas, car les utilisateurs devraient faire des offres antagonistes pour obtenir de l'espace dans les blocs, qui seraient pleins. Cette limite générerait donc ce que les économistes appellent un surplus du producteur, qui pourrait financer les mineurs une fois que la subvention des blocs serait épuisée. Alors que ce désaccord semblait diviser la communauté en deux, personne

---

10. http://archive.is/URni1

ne paraissait s'inquiéter outre mesure de la situation. Au lieu de poursuivre le débat, il n'y a eu que peu de discussions publiques sur le sujet au cours des années suivantes. Les participants à la discussion semblaient partir du principe que Bitcoin évoluerait davantage dans la direction qu'ils préféraient. En 2013, Mike a semblé reconnaître que la spirale fatale des frais était un problème légitime, mais il a proposé des « contrats de garantie [11] » comme solution éventuelle, plutôt qu'une limitation de la taille des blocs.

La première preuve publique d'une campagne active concernant la question de la taille des blocs a été une vidéo produite par un développeur de Bitcoin et partisan des petits blocs, Peter Todd. En mai 2013, il a publié une vidéo de qualité professionnelle sur YouTube [12], dans laquelle il affirmait qu'il était nécessaire que la taille limite des blocs reste basse, afin de faire en sorte que les utilisateurs puissent valider toutes les transactions et de préserver la décentralisation de Bitcoin. La vidéo parlait même d'« ignorer toute personne essayant de modifier le logiciel qu'on utilise dans le but d'augmenter la taille des blocs fixée à 1 Mo ». La vidéo a été largement tournée en dérision par les *big blockers*, qui ont même pris le contrôle du site web de Peter, Keepbitcoinfree.org, et qui l'ont rempli avec du contenu favorable aux gros blocs.

Peter Todd a par ailleurs suscité la colère de nombreux partisans des gros blocs, en raison de sa position en tant que principal promoteur d'un procédé appelé « *Replace by fee* » (littéralement « remplacer par frais », abrégé en RBF). RBF permettait aux utilisateurs de remplacer une transaction en Bitcoins (avant qu'elle ne soit confirmée sur la chaîne de blocs) par une nouvelle transaction, en dépensant à nouveau la même entrée de transaction, mais avec des frais plus

---

11. https://bitcointalk.org/index.php?topic=157141.0;all
12. https://www.youtube.com/watch?v=cZp7UGgBRoI

élevés. Les mineurs qui adopteraient cette pratique RBF choisiraient d'inclure la transaction la plus chère. En revanche, les mineurs qui n'adopteraient pas ce procédé et qui utiliseraient plutôt le principe du « *first seen safe* » (FSS), incluraient la transaction qu'ils ont vue en premier. En général, Mike, Gavin et les partisans des gros blocs étaient opposés à RBF, alors que les partisans des petits blocs avaient tendance à le soutenir. Il convient ainsi d'établir une distinction cruciale entre cette question et celle de la guerre des blocs : la limite de taille des blocs faisait partie du protocole Bitcoin, alors que RBF n'était qu'une règle pratique appliquée par les mineurs. Les mineurs étaient donc libres de faire ce qu'ils voulaient en ce qui concerne RBF et il n'y avait pas besoin de consensus. Les *small blockers* attachaient une grande importance à la distinction entre les règles du protocole Bitcoin et tout autre aspect du système, tel que RBF, alors que les *big blockers* refusaient de faire cette distinction ou n'y accordaient pas la même importance. Certains considéraient qu'il s'agissait d'une différentiation arbitraire que les partisans des petits blocs avaient créée pour arriver à leurs fins. Malgré cette distinction, l'argument économique central en faveur de RBF était presque exactement le même que celui concernant la spirale fatale des frais de minage.

Les opposants à RBF estimaient que cette pratique nuisait à l'expérience de l'utilisateur et qu'elle rendait plus probable la double dépense, tandis que ses défenseurs affirmaient que les mineurs étaient de toute façon incités à choisir des transactions plus onéreuses, pour augmenter leurs profits, que la pratique était donc inéluctable, et que le comportement du logiciel pouvait aussi s'aligner sur cette réalité économique. Les partisans des gros blocs rétorquaient que les mineurs se souciaient également de l'expérience utilisateur : par conséquent, pourquoi endommageraient-ils l'expérience utilisateur du système dont ils dépendaient ?

Il me semble que la réponse à ce dilemme apparent dépend avant tout du niveau de compétitivité de l'industrie du minage. Si l'industrie du minage était fortement concentrée entre quelques petits acteurs, FSS semblait être une pratique assez logique et l'argument de la spirale fatale ne s'appliquait pas. En effet, les décisions prises par ces mineurs auraient un impact important sur l'écosystème et donc possiblement sur leurs revenus futurs en tant que mineurs. Si le niveau de concentration de l'industrie était faible, l'effet des décisions des mineurs individuels sur l'écosystème serait plus limité. Les mineurs pourraient choisir de maximiser leurs profits à court terme, plutôt que de se soucier de l'expérience utilisateur à long terme, sur laquelle leur seule action n'aurait de toute façon pas de répercussions significatives. Ce problème est parfois appelé la « tragédie des biens communs ». Si l'on pense que la tragédie des biens communs s'applique ici, la chose rationnelle peut donc être d'appliquer des pratiques de remplacement des transactions, et la spirale fatale des frais semble avoir peu de chances d'advenir.

Les disputes concernant RBF semblaient présenter des points de rupture très similaires à ceux de la question de la taille des blocs :

— Les *big blockers* donnaient la priorité au court terme, tandis que les *small blockers* se concentraient sur le long terme ;

— Les *big blockers* donnaient la priorité à l'expérience utilisateur, tandis que les *small blockers* préféraient rendre le système plus résilient ;

— Les *big blockers* donnaient la priorité à la croissance, tandis que les *small blockers* étaient plus préoccupés par la durabilité ;

— Les *big blockers* étaient plus pragmatiques et axés sur le commerce, tandis que les *small blockers* avaient un esprit plus scientifique et théorique, et étaient généralement des spécialistes très intelligents de l'informatique et de la cryptographie.

Les deux camps n'étaient pas nécessairement en désaccord sur les arguments techniques ; ils avaient simplement des préférences divergentes et pondéraient différemment l'importance de chaque élément considéré. Malheureusement, cette divergence a abouti à des conclusions distinctes qui semblaient impossibles à concilier.

Le mercredi 15 avril 2015, a eu lieu un événement officiel de la Fondation Bitcoin à Londres, appelé DevCore. Gavin y était présent, ayant pris l'avion pour prononcer son discours intitulé « Pourquoi nous avons besoin d'une plus grosse chaîne ». J'étais également présent à cet événement. Gavin s'est montré très accessible et a accepté de discuter du problème. Gavin m'a fait remarquer que la taille de 1 Mo était ridiculement petite et que de nombreuses pages web étaient plus grandes que cela. Selon lui, l'histoire des techniques de l'information se résumait à une croissance exponentielle, au fait que les choses devenaient de plus en plus rapides et de plus en plus grandes. Il a mentionné la loi de Moore à plusieurs reprises, qu'il utilisait comme exemple pour montrer comment les systèmes s'amélioraient avec le temps et comment Bitcoin finirait par avoir des blocs beaucoup plus gros, de l'ordre du gigaoctet, et qu'il n'y aurait pas de problèmes techniques de passage à l'échelle. Gavin m'a discrètement indiqué qu'il était favorable à une limite de 20 Mo, mais qu'il était prêt à faire un compromis et à opter pour 8 Mo, si d'autres se ralliaient à cette idée. Quelques jours plus tard, le 18 avril 2015, Mike et Gavin ont tenu une séance de questions-réponses en soirée à Londres. Au sujet de la taille des blocs, Gavin a déclaré ce qui suit :

> *« Il se peut que je doive jouer des gros bras et dire : "C'est comme ça que ça va se passer, et si vous n'aimez pas, trouvez-vous un*

> *autre projet." Franchement, c'est ce qui s'est passé avec le débat*
> *sur P2SH. J'ai simplement dit : "J'ai écouté tout le monde, j'ai*
> *entendu quelques propositions, et c'est comme ça que les choses*
> *vont se passer."* [13] »

Pendant qu'il faisait cette déclaration, j'ai jeté un coup d'œil rapide dans la salle. La majorité des gens semblaient heureux que Gavin ait ce pouvoir. Cependant, il y avait clairement une minorité de personnes, peut-être seulement 5 % environ, qui étaient quelque peu en colère et considéraient que Gavin faisait preuve d'arrogance en tenant ces propos ; ils avaient l'air assez mal à l'aise. Pour eux, Gavin n'était pas à la tête de Bitcoin ; s'il pouvait simplement jouer les gros bras et changer le protocole, quel était exactement l'intérêt de Bitcoin ? En mentionnant P2SH, Gavin évoquait une mise à niveau par *softfork* quelque peu litigieuse de Bitcoin de 2012, lors de laquelle des propositions se faisaient concurrence et où Gavin avait essentiellement choisi la voie à suivre [14]. Après la réunion, j'ai eu la nette impression que Mike poussait Gavin à adopter une position de plus en plus dure sur la taille des blocs, tandis que Gavin reculait un peu. Mike a même demandé si Gavin pouvait expulser les autres développeurs du dépôt principal de Bitcoin Core sur GitHub et prendre le contrôle total de ce dernier. En discutant avec eux, il semblait possible que Gavin rejoigne finalement Mike en adoptant une position plus ferme. Les deux pensaient clairement que cette prise de position de Gavin s'avérerait décisive. Quant à savoir quand et comment Gavin ferait cela, et quelle action spécifique il entreprendrait, ce n'était pas clair pour moi à l'époque.

---

13. https://www.youtube.com/watch?v=RIafZXRDH7w

14. https://bitcoinmagazine.com/technical/the-battle-for-p2sh-the-untold-story-of-the-first-bitcoin-war

Le 4 mai 2015, Gavin a publié un article de blog intitulé « Il est temps de déployer des blocs plus gros [15] ». Il s'agissait du premier volet d'une série d'articles de blog où il tentait de répondre aux préoccupations liées à l'utilisation de blocs de plus grande taille. Gavin avait clairement décidé qu'il était temps d'insister sur la nécessité d'augmenter la taille des blocs. Le 7 mai 2015, le mainteneur principal du projet Bitcoin Core sur GitHub, Wladimir Van Der Laan, a tenu les propos suivants dans un courriel adressé à la liste de diffusion de Bitcoin :

> *« Je suis mollement opposé à une augmentation de la taille des blocs dans un avenir proche. Vous trouverez quelques arguments ci-dessous. Par souci de concision, je ne tiens pas compte des problèmes pratiques et politiques inhérents à la programmation d'un hardfork [16]. »*

Bitcoin Core était le nom de l'implémentation de référence de Bitcoin, descendant du client créé à l'origine par Satoshi. Ce client s'appelait initialement Bitcoin ou Bitcoin-QT, et le nom Bitcoin Core a été adopté en février 2013 à la suite d'une suggestion de Mike Hearn [17], ce qui semble aujourd'hui quelque peu ironique. Gavin avait auparavant transféré la propriété du dépôt de Bitcoin sur GitHub à Wladimir, ce qui lui a permis de se concentrer davantage sur la recherche dans le domaine de Bitcoin. Il y a là aussi une certaine ironie, car Gavin semblait avoir cédé le contrôle afin de pouvoir effectuer des recherches sur des sujets tels que les frais de transaction et l'espace de bloc. Ce rôle a pu sembler plus important à l'époque, comparé au travail de maintenance de la gestion du dépôt ; il n'a pas été perçu

---

15. http://gavinandresen.ninja/time-to-roll-out-bigger-blocks
16. https://www.mail-archive.com/bitcoin-development@lists.sourceforge.net/msg07472.html
17. http://archive.is/kWqWo

comme un abandon de pouvoir. Plus tard, les partisans des plus gros blocs ont considéré que la décision de Gavin de céder le contrôle à Wladimir était une erreur critique. Cependant, les partisans des petits blocs soutenaient généralement que Wladimir n'avait aucun pouvoir réel et que le fait de posséder le dépôt n'était qu'un rôle de concierge. La décision finale de fusionner du code n'était prise que si le groupe de développeurs était largement d'accord, de sorte que le contrôle du dépôt n'a pas d'importance en fin de compte. En outre, et c'est essentiel, les règles de Bitcoin n'étaient pas déterminées par les changements apportés au dépôt logiciel ; elles étaient déterminées par les clients que les utilisateurs faisaient déjà fonctionner. Bien sûr, le dépôt pouvait publier de nouvelles versions du client avec des changements de protocole, mais il n'y avait pas de mise à jour automatique, et personne n'était obligé de se mettre à jour. Il s'agit là d'un autre exemple d'une distinction qui était cruciale pour les *small blockers*, mais que les *big blockers* ne voyaient ou n'acceptaient tout simplement pas. Pour les partisans des gros blocs, il y avait trop de pouvoir entre les mains de Bitcoin Core, et le groupe est donc rapidement devenu leur principal ennemi.

Quelle que soit l'opinion que l'on peut avoir sur le pouvoir du mainteneur principal d'un projet logiciel, le commentaire de Wladimir sur son opposition « molle » à une augmentation de la taille des blocs dans un avenir proche paraissait hautement significatif. Il semblait que le *hardfork* ne serait pas intégré à Bitcoin Core, malgré l'énorme pression exercée par Gavin. Ce dernier se sentait donc quelque peu limité. Le 29 mai 2015, Gavin a laissé entrevoir de façon très marquée ce qu'il prévoyait de faire : il pourrait apporter son soutien vers Bitcoin XT et appuyer le protocole Bitcoin alternatif et incompatible. Malgré le courriel ci-dessous, qui était assez clair, je n'y ai jamais vraiment cru et je n'ai jamais considéré cette affirmation comme une menace ; je pensais qu'il s'agissait d'une sorte de tactique de négociation.

« Si nous ne parvenons pas à un accord rapidement, je demanderai de l'aide pour réviser / soumettre des correctifs au projet Bitcoin-Xt de Mike qui implémentera une forte augmentation maintenant et un accroissement avec le temps, de sorte que nous n'aurons plus jamais à passer par ces rancœurs et ces débats.

Je demanderai ensuite de l'aide pour faire campagne auprès des services marchands, des plateformes d'échange, des sociétés de portefeuilles hébergés et d'autres entreprises d'infrastructure basée sur bitcoind (et de tous ceux qui sont d'accord avec moi pour dire que que nous avons besoin de plus gros blocs le plus tôt possible) d'utiliser Bitcoin-Xt au lieu de Bitcoin Core, et de déclarer qu'ils le font fonctionner. Nous serons en mesure de constater l'adoption sur le réseau en surveillant les versions des clients.

Peut-être que d'ici là, il y aura un consensus sur le fait que des plus gros blocs sont nécessaires le plus tôt possible ; si c'est le cas, tant mieux ! Le déploiement initial servira simplement de phase de test préliminaire, et tous les logiciels déjà déployés seront prêts pour gérer des blocs plus importants.

Cependant, s'il n'y a toujours pas de consensus parmi les développeurs, mais que le mouvement en faveur des "blocs plus gros maintenant" est couronné de succès, je demanderai de l'aide pour que les gros mineurs fassent de même, et utilisent le mécanisme de vote des soft-forks par version du bloc pour obtenir (avec un peu de chance) une majorité puis une majorité qualifiée disposée à produire des blocs plus gros. L'objectif de ce processus est de prouver à tous les sceptiques qu'ils feraient mieux de commencer à soutenir les gros blocs, sous peine d'être distancés, et de leur donner une chance de se mettre à jour avant que cela ne se produise.

Car si nous ne parvenons pas à un consensus ici, l'autorité ultime pour déterminer le consensus est le code exécuté par la majorité des commerçants, des plateformes d'échange et des mineurs [18]. »

Le 21 juillet 2015, Pieter Wuille, un autre développeur de Bitcoin, qui avait travaillé avec Mike Hearn chez Google dans le passé, a proposé un embranchement divergent pour augmenter la taille des blocs. Pieter était considéré comme faisant partie des partisans des petits blocs. Pour moi, il s'agissait d'une proposition de compromis, une réponse à la pression de Gavin. La proposition était numérotée BIP 103 et son texte remerciait Wladimir Van Der Laan et un développeur nommé Gregory Maxwell pour leurs suggestions [19], indiquant ainsi leur soutien éventuel. La proposition prévoyait l'activation du *hardfork* en janvier 2017, date à laquelle la limite de taille des blocs commencerait à augmenter de 17,7 % par an, et ce jusqu'en 2063. La proposition n'incluait aucune méthode d'activation. Elle semblait avoir été conçue comme un catalyseur pour la poursuite des discussions et, une fois l'accord obtenu, la méthode d'activation pourrait être déterminée.

Je considère cette proposition comme un moment important. La planification de l'augmentation de la taille des blocs semblait un peu conservatrice, mais je pensais que cela faisait partie d'une

---

18. https://lists.linuxfoundation.org/pipermail/bitcoin-dev/2015-May/008340.html
19. https://github.com/bitcoin/bips/blob/master/bip-0103.mediawiki

négociation. Je m'attendais à ce que Gavin réagisse positivement à l'offre, peut-être en faisant une contre-proposition, et que les deux camps se rapprochent progressivement l'un de l'autre. Il semblait que nous nous dirigions lentement vers une résolution. À mon grand étonnement, Gavin et les partisans des gros blocs n'ont pas bien réagi du tout à la BIP 103. Ils considéraient que l'augmentation proposée était si faible qu'elle constituait davantage une insulte qu'un progrès. Malheureusement, la BIP 103 n'a pas amélioré la situation. Avec l'augmentation annuelle de 17,7 % proposée dans la BIP 103, il semblait probable que la demande de transactions en Bitcoins dépasserait ce niveau de croissance. En revanche, les *big blockers* voulaient s'assurer du contraire : ils voulaient que la taille limite des blocs augmente plus rapidement que la demande. Si les deux camps souhaitaient deux choses opposées, un compromis pouvait-il être trouvé ?

Pour les partisans des gros blocs, la priorité était l'expérience utilisateur. Il était essentiel d'éviter les blocs pleins, sinon les utilisateurs devraient attendre un temps imprévisible pour que leurs transactions soient confirmées. Quel commerçant adopterait Bitcoin comme méthode de paiement s'il était aussi peu fiable ? Obliger les utilisateurs à se faire concurrence dans une guerre d'enchères pour l'espace de blocs priverait, par définition, certaines personnes de la possibilité d'utiliser Bitcoin, les poussant à se tourner vers autre chose. Cette éventualité était considérée comme une terrible stratégie commerciale. Quel genre de plateforme connaît le succès alors qu'elle fait délibérément fuir ses utilisateurs ?

Pour les partisans des petits blocs, ce n'était pas tellement un problème. Pour eux, les blocs pleins ne constituaient pas une situation critique, mais plutôt un signe de réussite. Ils indiquaient que Bitcoin devenait populaire ; un nouvel équilibre de l'adoption par les utilisateurs se produirait, reflétant la contrainte liée à la limite de taille des blocs. Les *small blockers* se moquaient parfois de l'argument des *big blockers* selon lequel les frais deviendraient trop élevés et provoqueraient le départ des utilisateurs, en comparant cette situation à une sorte de paradoxe : « Plus personne ne va là-bas… il y a trop de monde. »

En outre, les partisans des petits blocs avaient tendance à considérer que les blocs pleins sont de toute façon nécessaires et inéluctables à long terme. Cela était nécessaire pour éviter la spirale fatale du marché des frais lorsque la subvention par bloc serait faible. Il était également nécessaire de veiller à ce que les mineurs fassent avancer la chaîne une fois que la subvention serait devenue faible. Il était considéré comme vital d'avoir toujours un surplus de transactions n'ayant pas été incluses dans les blocs et attendant de l'être. Les mineurs étaient ainsi toujours incités à construire des blocs. S'il n'y avait pas de blocs pleins ni de transactions en surplus, pourquoi un mineur se donnerait-il la peine de miner sans revenus ? Au lieu de cela, les mineurs éteindraient leurs machines, économiseraient de l'énergie et attendraient qu'une pile de transactions se reconstitue après chaque bloc. Cela réduirait considérablement la sécurité du réseau. Les partisans des gros blocs jugeaient ce raisonnement très inapproprié. La subvention de bloc existerait pendant des décennies ; pourquoi perdre des clients aujourd'hui pour quelque chose qui pourrait être un problème dans 20 ou 100 ans ?

Les partisans des petits blocs pensaient également que les blocs pleins étaient de toute façon inéluctables. Après tout, s'il y avait de l'espace disponible, pourquoi ne pas l'utiliser ? N'importe qui pourrait stocker ce qu'il veut sur la chaîne de blocs, par exemple sa collection de musique ou des documents chiffrés. « La demande de stockage bon marché et hautement répliqué est pratiquement illimitée », affirmaient-ils. Réclamer une augmentation de la limite au-delà de la demande attendue n'avait donc pas de sens. En effet, une personne pouvait facilement remplir tout l'espace à elle seule. La réponse de la part des *big blockers* revenait à l'argument de l'incitation du minage : « Les mineurs ne feraient pas cela, déclaraient-ils. Les mineurs ne laisseraient pas cette quantité de données dans les blocs. » En outre, les partisans des gros blocs faisaient valoir que les blocs n'avaient pas été totalement remplis au cours des cinq premières années de Bitcoin, une caractéristique qui, selon eux, avait contribué à son succès. Pourquoi quelqu'un voudrait-il prendre le risque de changer cette situation maintenant ?

Malheureusement, la communauté n'était pas près de se mettre d'accord et Gavin a persévéré dans son projet. En juillet 2015, Gavin aurait sondé certains mineurs et coopératives de minage chinoises sur sa proposition[20]. Une réunion se serait tenue à Beijing, au cours de laquelle les mineurs n'auraient pas été d'accord avec l'augmentation à 20 Mo soutenue par Gavin, l'infrastructure de communication chinoise était jugée trop faible pour diffuser rapidement des blocs de cette taille. Par conséquent, un accord aurait été trouvé pour des blocs de 8 Mo. Gavin préparait en coulisses son grand coup prévu pour le mois d'août, qui n'était plus distant que de quelques semaines.

Dans la section Q&A du site web de Bitcoin XT, on pouvait lire ce qui suit :

---

20. https://bitco.in/forum/threads/gold-collapsing-bitcoin-up.16/page-712 #post-25018

*« Les décisions sont prises par accord entre Mike et Gavin, la
décision finale revenant à Mike en cas de litige grave* [21]*. »*

Dans certaines parties de la communauté, cette phrase ne faisait que
renforcer l'impression qu'il s'agissait d'une prise de pouvoir de la part
de Mike. Qui était Mike pour « prendre la décision finale »? Ce n'est
pas qu'il y ait quoi que ce soit à reprocher à Mike, qui semble être un
homme plutôt sympathique ; c'est juste que faire cette déclaration
de manière aussi flagrante ne semblait pas être la bonne approche.
Les *Bitcoiners* aimaient se sentir maîtres de la situation, ils voulaient
être propriétaires et jouir d'une souveraineté financière. Cela ne
faisait pas du tout partie du message de Bitcoin XT, qui semblait
trop centré sur la personne de Mike. C'est là que réside la deuxième
grande erreur de la part des partisans des gros blocs : Bitcoin XT était
trop associé à Mike, plutôt que d'être présenté comme une approche
communautaire. Même le fait d'axer le logiciel sur Gavin aurait été
susceptible d'améliorer ses chances de succès.

---

21. https://archive.is/KoknZ#selection-311.0-311.128

3

Scaling I – Montréal

Le week-end du 12 et 13 septembre 2015, une conférence a eu lieu à Montréal, au Canada. Elle s'intitulait « Scaling Bitcoin 2015 Phase I » pour insister sur son objectif : « faire passer Bitcoin à l'échelle ». Cette conférence était présentée comme une tentative de résoudre le conflit qui agitait la communauté à ce moment-là. C'était, au minimum, une occasion pour les grandes figures de chaque côté du débat de discuter entre elles. Jusqu'à présent, il semblait que la plupart des discussions prenaient place sur des forums en ligne ; l'idée était qu'en discutant en face à face, les gens auraient plus de chances d'apprécier le point de vue de l'autre. Qui pourrait s'y opposer ?

Il est important de noter que ceux qui étaient largement considérés comme les figures de proue de chaque camp allaient être présents, à savoir Gavin Andresen (du côté des gros blocs) et Gregory Maxwell (du côté des petits blocs). Gregory, développeur de Bitcoin, était un partisan convaincu et intransigeant du camp des petits blocs, peut-être moins enclin au compromis que n'importe qui d'autre. Gregory était exceptionnellement intelligent et me semblait avoir une compréhension extrêmement poussée de la plupart des différents domaines d'étude relatifs à Bitcoin, allant de l'informatique et la cryptographie à la théorie des jeux, en passant par les incitations économiques. On le surnommait parfois « le magicien de Bitcoin ». Son tout premier message public sur BitcoinTalk, en mai 2011, portait sur les frais de transaction de Bitcoin et les incitations dans le minage, décrivant comment les frais étaient nécessaires pour sécuriser le réseau[1].

En 2014, Gregory avait cofondé Blockstream, une société qui semblait être entièrement composée de partisans des petits blocs, dont le modèle économique dépendait de l'augmentation des frais sur Bitcoin, car Blockstream offrait des solutions potentielles à ce problème. Un problème qui, selon les partisans des gros blocs, n'existait pas, ou plus précisément, n'avait pas lieu d'exister. Blockstream était par conséquent détesté par les *big blockers*, qui considéraient que cette société était sujette à un conflit d'intérêt financier : une incitation à faire en sorte que les blocs restent petits. À la décharge de Blockstream, il existait de nombreuses preuves qui montraient que la plupart des cofondateurs et employés de la société soutenaient les arguments en faveur des petits blocs bien avant la création ou la conception de la société. Certains des *big blockers* semblaient simplement avoir inversé la relation de cause à effet. À mes yeux, le personnel de Blockstream n'était pas arrivé à son opinion concernant le passage à l'échelle après avoir rejoint la société, mais semblait plutôt avoir rejoint l'entreprise en raison de cette opinion qu'il défendait déjà. D'autre part, le biais de confirmation et la pensée de groupe sont des vrais problèmes, et il se peut que ces deux facteurs aient contribué quelque peu à leur niveau de conviction. Cependant, contrairement à ce que prétendent les complotistes, personne chez

____

1. https://bitcointalk.org/index.php?topic=7361.msg108052#msg108052

Blockstream n'était délibérément mal intentionné : toute défaillance au niveau du raisonnement cognitif était probablement inconsciente. On peut dire la même chose à propos de Gavin et des *big blockers*.

Gregory lui-même était très actif pour débattre de ce sujet sur Reddit, et il est devenu l'une des figures les plus moquées de l'écosystème. Gregory considérait le processus de développement de Bitcoin comme hautement complexe et scientifique, présentant de nombreux compromis techniques difficiles. Il ne voyait pas d'un bon œil la participation de ce qu'il jugeait être des masses non informées dans le processus de prise de décision, les comparant à des spectateurs portant un « chapeau à bière » lors d'une course automobile, prenant des décisions sur la façon de concevoir les voitures de course.

> « *Pour faire une analogie avec la course automobile, nous avons donc une équipe de mécaniciens au stand qui viennent tout juste d'ajouter des pistons trempés, une commande pour le mélange air-carburant en boucle fermée avec un capteur anti-détonation, un moteur à oxyde nitreux, et qui ont récemment inventé, et prévoient de construire, un turbocompresseur, tout en contribuant au maintien du circuit et à la peinture de la voiture (qui se trouvent être leurs activités les plus visibles ; parce qu'elles sont faciles à expliquer). Et pendant qu'ils sont occupés à débattre des taux de compression, des carburant à haut indice d'octane et de l'impossibilité apparente de permettre à la voiture d'aller beaucoup plus vite en toute sécurité avec l'état actuel de la technologie, vous avez un type portant un chapeau à bière qui se tient sur la ligne de touche et qui vous sort "Pas de problème les gars : enlevez les freins !" et la foule est en liesse : il y a enfin quelqu'un qui se soucie de la vitesse [2].* »

____

2. https://www.reddit.com/r/Bitcoin/comments/3hfgpo/an
_initiative_to_bring_advanced_privacy_features/cu7mhw8/?context=9

Gregory a gagné le surnom de « One Meg Greg » en raison de son soutien pour les petits blocs, et était peut-être plus méprisé que quiconque par les *big blockers*.

Étant donné que j'étais fasciné par le débat sur la taille des blocs, et compte tenu des acteurs présents, j'estimais qu'il fallait absolument que j'assiste à la conférence au Canada. Je me disais que Gavin et Gregory allaient peut-être discuter ouvertement et avancer vers une résolution du conflit, et j'étais impatient d'en être témoin. À l'époque, je travaillais à Londres pour une société de gestion de placements appelée Ruffer. Mes congés étaient limités et je ne pouvais pas vraiment m'absenter davantage. Cependant, la conférence avait lieu en fin de semaine. Je me suis arrangé pour prendre rapidement l'avion, assister à la conférence, revenir immédiatement et ne manquer pratiquement aucune heure de travail. J'ai pris le vol de 18h45 de Londres le vendredi, pour atterrir à Montréal à 20h50, heure locale. J'ai ensuite pris un vol de nuit, quittant Montréal à 22h35 le dimanche pour arriver à Londres à 10h10 le lundi, où j'ai pu me rendre directement au travail depuis l'aéroport. Je ne manquerais que quelques heures de travail le vendredi soir pour ensuite arriver un petit peu en retard le lundi matin : parfait.

J'ai envisagé de m'expliquer auprès de mes collègues du bureau et de demander plus de temps libre. Après tout, il s'agissait d'une société d'investissement et ce voyage pouvait être considéré comme une étude de marché. Je n'aurais par conséquent pas eu besoin de prévoir un emploi du temps aussi intense. Ruffer était une société d'investissement macroéconomique, connue pour avoir prédit avec précision la crise financière mondiale de 2008 et en avoir tiré profit. La société semblait perpétuellement préoccupée par le risque d'une forte inflation, alimentée par l'assouplissement monétaire des banques centrales et la perspective de déficits budgétaires importants. L'équipe d'investissement semblait très intelligente, curieuse et ouverte aux nouvelles idées. De nombreuses personnes de l'entreprise avaient également une connaissance approfondie de l'histoire monétaire. En effet, au cours de ma première semaine dans l'entreprise, l'un des membres de l'équipe supérieure m'avait pris à part dans une pièce et m'avait demandé comment je définissais la monnaie. Bitcoin pourrait ainsi convenir à Ruffer, du moins un jour. Cependant, quelques années auparavant, en 2012 et 2013, j'avais longuement parlé de Bitcoin à certains de mes collègues. Bien que tout le monde ait toujours été poli et respectueux, je trouvais que l'impression générale était quelque peu négative. Il était probablement préférable de ne pas mentionner ce séjour, et j'ai donc choisi de faire un voyage intense de deux jours au Canada, plutôt que de suivre le programme plus détendu d'un déplacement professionnel officiel.

J'étais loin de me douter que cinq ans après cette conférence, alors que la guerre des blocs n'était plus qu'une histoire ancienne, Ruffer allait acheter environ 700 millions de dollars de Bitcoin pour ses clients (environ 2,5 % des portefeuilles des clients). Cette opération s'est avérée être un moment historique pour l'écosystème, en particulier au Royaume-Uni. L'achat de Bitcoin par une organisation réputée et conservatrice comme Ruffer a eu un effet significatif sur la façon dont le système financier en place percevait la technologie.

Je suis arrivé à mon hôtel au Canada, qui se trouvait à quelques pas du lieu de la conférence, vers 2 heures du matin le samedi, heure locale. J'étais extrêmement fatigué, mais j'ai quand même réussi à écouter un podcast d'une heure sur le conflit autour de la taille des blocs, un débat entre Gavin et Adam Back[3]. Adam était la

____

3. https://www.bitcoin.kn/2015/09/adam-back-gavin-andresen-block-size-increase/

seule personne mentionnée dans le texte principal du livre blanc de Bitcoin pour son projet Hashcash en 1997, et il avait fini par devenir l'une des principales figures du côté des petits blocs dans ce débat. Adam était le président de Blockstream. À cette époque, Adam semblait adopter une position plus modérée que Gavin, apportant son soutien à l'idée d'augmenter la taille limite des blocs à 2 Mo, puis 4 Mo et enfin 8 Mo, avec des intervalles de deux ans entre chaque changement (BIP 248). Cela ne semblait pas si différent de la vision de Gavin, sauf qu'Adam s'opposait à l'idée d'une augmentation continue jusqu'à 8 000 Mo, que le premier soutenait. Sur le podcast, je me souviens d'un commentaire de Gavin mentionnant que Satoshi avait dit que les nœuds pouvaient être gérés depuis des centres de données traitant de nombreuses transactions. Adam a rétorqué que le minage était aujourd'hui plus centralisé qu'à l'époque de Satoshi. Cette centralisation du minage signifiait que l'équilibre avait changé : les utilisateurs faisant fonctionner des nœuds pour valider les règles et maintenir la décentralisation du réseau étaient désormais plus importants qu'auparavant. Il est important de noter que, lorsque Satoshi était actif dans cet écosystème, il n'y avait pas de réelle distinction entre les nœuds de validation et les nœuds de minage. Il s'agissait essentiellement de la même chose. En 2015, les choses avaient changé ; il existait désormais des fermes de minage spécialisées.

Je suis arrivé sur le lieu de la conférence à 8 heures le samedi matin et il y avait quelques centaines d'invités présents. L'atmosphère était calme et tranquille. La plupart des gens ne semblaient pas se connaître et, comme moi, se considéraient comme des observateurs curieux de ce conflit, plutôt que comme des participants. Il semblait vraiment y avoir un bon mélange de personnes des deux camps, et j'avais le sentiment que l'événement était utile et productif.

La plupart des interventions se sont concentrées sur le côté informatique du passage à l'échelle de Bitcoin, avec un accent particulier sur la méthode scientifique et sur toute analyse contenant des données et des statistiques sur les limites techniques du réseau. Le principal organisateur de l'événement semblait être Pindar Wong, un ancien membre du conseil d'administration de l'ICANN, expert en gouvernance d'internet, qui avait également été à l'origine de l'un des premiers FAI au monde. Lors de la conférence, l'accent a été mis sur les leçons à tirer des conflits de gouvernance au sein d'organismes d'internet tels que l'IETF (*Internet Engineering Task Force*) et sur la possibilité d'appliquer ces leçons à Bitcoin.

Deux exposés ont été particulièrement marquants pour moi : celui de Peter Rizun sur l'économie de la taille des blocs et celui de Jeff Garzik sur les différentes propositions de tailles limites des blocs. L'exposé de Peter était centré sur la théorie économique qui justifiait la limitation de la taille des blocs. Selon lui, l'argument de la spirale fatale du marché des frais ne s'appliquait pas car, sans limite de taille des blocs, le marché des frais de transaction pouvait tout de même fonctionner. Cependant, il déclarait que sa théorie reposait sur l'hypothèse d'une inflation non nulle, ce qui ne posait pas de problème si l'on se plaçait dans une perspective à court ou moyen terme. En revanche, pour ceux qui préféraient se concentrer sur la durabilité à long terme du système, cette hypothèse pouvait peut-être sembler inadéquate. Peter considérait la taille limite des blocs comme un quota de production, ce qui constituait un obstacle au marché libre, qui, selon lui, déterminerait les frais de transaction de manière plus efficace. Peter a terminé son discours en évoquant la censure sur le Reddit de Bitcoin de ceux qui préconisaient la suppression du quota de production, et les attaques DDoS contre les clients et les coopératives de minage qui soutenaient la suppression du quota, comme Bitcoin XT et Slushpool (respectivement). Peter a également mentionné la disparition des nœuds soutenant le quota de production. Il a montré à l'écran des graphiques circulaires illustrant que 2 % des nœuds du réseau de Bitcoin exécutaient Bitcoin XT le 15 août 2015, un chiffre qui est passé à 15 % le 30 août 2015. Peter a ensuite prédit que ce quota de production allait échouer :

> *« Bitcoin fera tomber les barrages érigés par les groupes d'intérêts qui tentent de bloquer le flux des transactions. C'est tout ce que j'ai à dire sur le marché des frais de transaction* [4]. *»*

La phrase ci-dessus qui parle de « bloquer le flux » (« *block the stream* ») était clairement une référence à Blockstream, et ce commentaire a suscité de nombreux rires dans le public. Certains des *small blockers* les plus sensibles ont murmuré qu'il s'agissait de *trolling* et d'une violation de l'esprit de collaboration de la conférence.

L'autre intervention qui mérite d'être mentionnée ici est celle de Jeff Garzik, intitulée « *Issues Impacting Block Size Proposals* » et parlant des problèmes ayant une incidence sur les propositions de taille limite des blocs. Jeff faisait lui aussi partie des premiers développeurs de Bitcoin, et c'était lui qui avait proposé de supprimer la limite de taille des blocs quelques semaines après son ajout en 2010, comme mentionné dans le chapitre 2. Malgré cela, Jeff apparaissait toujours comme étant plus ou moins modéré sur la question de la taille des blocs, présentant souvent les deux côtés de l'argument. Il semblait essayer de se positionner comme une personne capable de combler le fossé entre les deux camps, et il n'a jamais semblé soutenir Bitcoin XT. Cependant, il avait l'air désireux de prendre une décision le plus tôt possible, et n'avait pas la patience des partisans des petits blocs. Jeff a souligné dans son exposé que la limite de 1 Mo était un

---

4. https://diyhpl.us/wiki/transcripts/scalingbitcoin/peter-r/

problème de marketing qui dissuaderait les entreprises de lancer leurs programmes liés à Bitcoin.

> *« Un autre problème, c'est ce que j'appelle le problème de Fidelity. Fidelity est l'une des nombreuses entreprises de Wall Street cherchant à faire quelques expériences avec Bitcoin, et ils disent – comme beaucoup d'autres le disent d'ailleurs – que s'ils activaient leur programme Bêta, ils dépasseraient la capacité de Bitcoin. Le projet est donc tué dans l'œuf, car les initiatives ne sont jamais lancées, et cette croissance que vous espérez observer un jour n'apparaît jamais [5]. »*

Dans l'après-midi, la conférence s'est divisée en petits groupes. J'ai été réparti dans un groupe de cinq ou six personnes, avec Gavin. Les autres ont parlé des leçons qu'ils avaient tirées des débats liés aux protocoles cryptographiques, comme les décisions controversées sur le choix d'une fonction de hachage. Ils ont parlé de la nécessité du dialogue et de la patience. Nous avons discuté du concept de « consensus approximatif », une méthode utilisée par l'IETF, qui consiste à juger le « ressenti du groupe ».

> *« Les groupes de travail prennent des décisions au travers d'un processus de "consensus approximatif". Le consensus IETF ne requiert pas que chaque participant soit d'accord, bien que cela soit bien entendu préférable. De façon générale, l'opinion dominante du groupe de travail doit prévaloir (cependant, cette "dominance" ne doit pas être déterminée sur la base du volume ou de l'insistance, mais plutôt selon une impression plus générale d'accord). Le consensus peut être déterminé au travers d'un vote à main levée, ou de n'importe quel autre moyen sur lequel le*

5. https://diyhpl.us/wiki/transcripts/scalingbitcoin/issues-impacting-block-size-proposals/

groupe de travail est d'accord. Il convient de noter que 51 % des voix ne peut être considéré comme un "consensus approximatif", et qu'en sens inverse, 99 % est mieux qu'approximatif. C'est au président de déterminer si un consensus approximatif est atteint [6]. »

C'était ensuite au tour de Gavin de prendre la parole. Il a déclaré essentiellement que tous ces discours sur le dialogue et la patience étaient excellents, mais qu'à un moment donné, une décision finale devait être prise et qu'une personne, ou une procédure, devait être mise en place pour prendre cette décision finale. Le problème ici, d'après lui, était que personne ne savait qui allait prendre cette décision finale ni comment elle allait être prise. Ses paroles étaient raisonnables, mais je sentais qu'il devenait de plus en plus frustré et qu'il perdait patience. Ce n'était pas surprenant étant donné l'immense pression qu'il devait ressentir, étant l'une des personnes sur lesquelles tous les regards étaient braqués. À l'époque, j'ai eu le plus grand respect pour Gavin en raison de sa volonté de participer à ce processus de discussion, alors que la chose la plus facile à faire aurait été de ne pas se donner la peine de participer, conformément à la voie choisie par Mike Hearn.

Cette conférence constituait ma première rencontre en personne avec Gregory. En lisant ses interventions en ligne, j'avais l'impression qu'il était exceptionnellement intelligent, qu'il avait une forte personnalité, qu'il réfléchissait vite et qu'il était quelque peu impatient et intolérant envers ceux qui n'avaient qu'une faible compréhension technique de certains concepts en informatique ou au sujet de Bitcoin. J'ai été surpris par sa personnalité en chair et en os : il semblait calme, curieux, poli, réfléchi et ouvert d'esprit, un Gregory très différent de ce à quoi on aurait pu s'attendre.

---

6. https://datatracker.ietf.org/doc/html/rfc2418 (traduction : Wikipédia)

Dans les couloirs de la conférence, pendant l'une des pauses, j'ai remarqué que Gavin et Gregory se sont assis l'un à côté de l'autre et ont commencé à discuter. C'est ce que de nombreux participants espéraient voir : les figures de proue de chaque camp discutant de la question. Au fur et à mesure que le temps passait, le groupe qui assistait à la discussion devenait de plus en plus large, le public étant curieux d'entendre ce qui se disait. La conversation semblait assez éloignée des sujets abordés, puis elle s'est calmée. Les deux interlocuteurs semblaient très mal à l'aise, surtout Gregory. Son format de discussion préféré était clairement l'échange sur les forums en ligne, où la conversation était ouverte à tous. Un sujet aussi critique que le protocole Bitcoin n'avait pas lieu d'être discuté dans ce genre de format fermé, du moins si des décisions devaient être prises. Par conséquent, la conversation s'est terminée assez rapidement et peu de choses substantielles ont été dites.

Le format et le cadre de la conférence étaient certainement orientés vers la vision des partisans des petits blocs quant à la façon dont les choses devraient évoluer. L'accent a été mis sur la science et la discussion plutôt que sur la prise de décision. Le format du mérite scientifique était clairement la façon dont de nombreux *small blockers* souhaitaient que l'écosystème évolue. Les partisans des gros blocs semblaient privilégier une approche plus commerciale : ils ne considéraient pas Bitcoin comme un projet scientifique et théorique, mais comme un système vivant, appartenant au monde réel, avec de vrais utilisateurs. En général, les *big blockers* étaient des utilisateurs actifs de Bitcoin et voulaient faciliter son utilisation, sans être gênés par des informaticiens théoriques qui, selon eux, n'utilisaient même pas Bitcoin. Les *big blockers* accusaient les organisateurs de la conférence de rendre la question délibérément trop compliquée et d'utiliser l'événement comme une tactique d'obstruction pour gagner du temps. Ils ont cyniquement rebaptisé la série de conférences Scaling Bitcoin en « Stalling Bitcoin » (retarder Bitcoin) pour exprimer ce sentiment.

4

SCALING II - HONG KONG

QUELQUES mois après Scaling I, la phase deux de la série de conférences Scaling a eu lieu à Hong Kong les 6 et 7 décembre 2015. Hong Kong a été choisi en raison de sa proximité avec la Chine, où de nombreux mineurs de Bitcoin étaient installés. Un manque d'engagement entre les mineurs et les développeurs était considéré comme un problème majeur à l'époque, et l'emplacement avait été choisi pour répondre à cette crainte. Il se trouve qu'à ce moment-là, j'avais décidé de démissionner de Ruffer et de m'installer à Hong Kong, donc en ce qui me concernait, le moment et le lieu de cette conférence étaient très convenables. J'en ai profité pour trouver un appartement dans la ville et j'ai passé une semaine entière dans la région. Hong Kong allait plus tard devenir l'un des principaux champs de bataille de ce conflit et, si l'on voulait être témoin du déroulement de la guerre, c'était certainement un bon endroit où se trouver.

La conférence a eu lieu à Cyberport, un parc de bureaux situé à l'ouest de l'île de Hong Kong, avec vue sur l'océan. Le projet Cyberport était controversé à Hong Kong. C'était censé être un pôle technologique et de startups pour la ville, raison pour laquelle le projet a été approuvé. Cependant, peu d'entreprises technologiques s'y sont installées, et la plupart des vastes espaces sont restés vides, ce qui a conduit à des accusations selon lesquelles il s'agissait d'un projet de logement déguisé. Le gouvernement a accordé le projet de développement à Pacific Century Group, une société contrôlée par Richard Li, le fils du magnat de l'immobilier de Hong Kong, Li Ka-Shing. Ce projet a été attribué sans appel d'offres ouvert, ce qui a donné lieu à des accusations de corruption[1]. Vous pouvez penser que nous allons peut-être trop loin dans les détails ici, mais étonnamment, c'est la base des théories du complot de certains des *big blockers* les plus extrêmes. Horizon Ventures, la société de capital-risque de Li Ka-Shing, avait investi dans Blockstream, et cette association avec Cyberport a donc été citée comme la preuve d'un complot du pouvoir en place pour paralyser Bitcoin et maintenir la taille des blocs à un bas niveau. La même chose a été dite à propos de l'assureur français AXA, dont la société de capital-risque a également investi dans Blockstream. L'ancien PDG d'AXA était Henri de Castries, président du comité directeur de la conférence de Bilderberg, un rassemblement à huis clos des élites financières et politiques du monde entier, ce qui fournissait un support parfait pour les complotistes. Ces théories du complot insensées et stupides ont été répétées maintes fois sur /r/btc.

L'atmosphère à Hong Kong était beaucoup plus vivante et intense qu'à Montréal. Les tensions étaient nettement plus élevées. La conférence semblait également moins productive et moins utile que celle de Montréal. Je n'ai pas eu l'impression qu'il y a eu beaucoup de dialogues ou de discussions utiles entre les deux camps à cette conférence ; seulement des disputes, des accrochages et de l'hostilité. Le premier

---

1. https://www.wsj.com/articles/BL-HKB-292

soir, j'ai essayé de me faire une idée de l'humeur de la foule lors de la soirée d'ouverture. Il s'agissait d'un événement beaucoup plus grand que celui de Montréal, avec un éventail plus large de personnes. L'humeur était très optimiste : l'écrasante majorité des gens étaient des partisans des gros blocs qui s'attendaient à ce que le problème soit résolu dans quelques mois, avec un accroissement de la taille limite des blocs. La plupart des gens semblaient penser que les arguments en faveur des petits blocs étaient en train d'être progressivement réfutés et que seule une infime minorité s'opposait à une augmentation de la limite de taille des blocs par embranchement divergent.

Quant aux discussions elles-mêmes, tout comme à Montréal, elles abordaient principalement des sujets techniques. La différence essentielle entre Montréal et cette conférence était la présence des mineurs. L'une des discussions les plus attendues était le panel sur l'industrie du minage, le samedi après-midi[2]. Il y avait sept personnes sur scène représentant cette industrie. Beaucoup d'entre eux parlaient chinois, et la Chine était réputée détenir environ 65 % du taux de hachage mondial à l'époque. La discussion a commencé par une question visant à savoir s'ils étaient favorables à une augmentation de la limite de taille des blocs. La plupart des gens ont répondu par l'affirmative, bien que certains aient émis des réserves, mentionnant par exemple qu'il valait mieux agir avec prudence ou que le dialogue entre la Chine et l'Occident devait s'améliorer. Une grande partie de la traduction du chinois vers l'anglais a été effectuée par Bobby Lee, qui était à l'époque le PDG et le fondateur de la plateforme d'échange BTCC. Bobby était un partisan enthousiaste de Bitcoin et était l'un de ses principaux promoteurs en Chine. Les deux propositions discutées lors du panel étaient la

2. https://www.youtube.com/watch?v=FknDfW9em9s

BIP 101 (mise en œuvre par Bitcoin XT) et la BIP 100 (une proposition de Jeff Garzik permettant aux mineurs de voter à propos de la taille limite des blocs). La plupart des mineurs ont indiqué une préférence pour la BIP 100 plutôt que la BIP 101. Rien d'étonnant, sachant que la BIP 100 donnait plus de pouvoir discrétionnaire aux mineurs.

Wang Chung, l'opérateur de l'une des plus grandes coopératives de minage, F2Pool, a déclaré que les mineurs étaient les seuls à pouvoir voter et que, par conséquent, ce seraient eux qui décideraient. D'après lui, Bitcoin était un système de preuve de travail, et il n'existait aucun mécanisme permettant à quelqu'un d'autre de voter. Cependant, il a ajouté qu'une taille limite des blocs de 8 Mo était trop importante, car la synchronisation d'un nœud prendrait trop de temps, ce qui, selon lui, serait un désastre.

La plupart des mineurs semblaient s'accorder sur le fait qu'ils contrôlaient le réseau et que la décision leur revenait, mais ils estimaient ne pas disposer de suffisamment d'informations pour prendre la bonne décision. En général, les partisans des petits blocs ne pensaient pas que les mineurs avaient un pouvoir de décision sur le protocole Bitcoin, et que c'étaient plutôt les utilisateurs finaux qui contrôlaient, ou devaient contrôler, le réseau. Pour eux, la preuve de travail était là pour résoudre le problème de la double dépense : les mineurs décidaient simplement de l'ordre des transactions. Cependant, la plupart des mineurs pensaient que cette décision leur appartenait, en partie à cause de leur partialité (car les gens ont tendance à vouloir plus de pouvoir), mais aussi parce qu'ils étaient soumis à des pressions des deux côtés. Après tout, pourquoi subissaient-ils toute cette pression et étaient-ils invités à voter, si la décision ne leur appartenait pas au final ? En vérité, ce n'était pas tout à fait clair. Les fervents défenseurs des petits blocs affirmaient que les mineurs n'avaient jamais eu cette capacité, car ils n'auraient jamais accepté la monnaie issue de Bitcoin XT, tandis que les autres pensaient que si le seuil d'activation de 75 % était atteint, Bitcoin XT serait devenu le nouveau Bitcoin, car Bitcoin XT serait la chaîne représentant « le plus de travail ». Selon eux, c'est ce concept de quantité de travail qui contrôlait la gouvernance de Bitcoin, les utilisateurs se ralliant au taux de hachage majoritaire. D'une certaine manière, chaque camp avait raison, si l'on supposait que les utilisateurs agissaient comme eux. Si Bitcoin XT atteignait le seuil de 75 % et que tout le monde passait au client mettant en œuvre des gros blocs, alors il y aurait un nouveau Bitcoin à gros blocs. Toutefois, si les utilisateurs refusaient de procéder à la mise à niveau, la chaîne d'origine persisterait et les mineurs n'auraient pas le contrôle. Le problème ici c'est que la plupart des gens supposaient que les autres utilisateurs se comportaient de la même manière qu'eux, sans envisager qu'ils puissent agir différemment.

Après le panel sur le minage, une autre discussion avec des mineurs a eu lieu dans une salle annexe. Il s'agissait d'une table ronde, plutôt que d'un échange sur scène. À ma connaissance, cette réunion ne faisait pas officiellement partie de la conférence. Pourtant, c'est ce que beaucoup de participants voulaient voir et, à mesure que la discussion avançait, les gens se dirigeaient frénétiquement vers la petite salle qui a fini par se remplir rapidement. Il y avait peut-être 80 personnes entassées dans la salle ; il n'y avait que des places debout. Lors de cette deuxième réunion, certains mineurs ont semblé dire qu'ils voulaient travailler ensemble avec les développeurs de Bitcoin pour se mettre d'accord sur une solution. Cependant, des années après l'événement, on m'a informé que leur message n'était pas si collaboratif que cela : leur position était plus axée sur le contrôle du protocole par les mineurs que sur une collaboration à proprement parler. Le sens du message aurait été perdu dans la traduction, car le traducteur essayait d'aider à résoudre la situation, plutôt que de rendre la conversation difficile et conflictuelle. Apparemment, l'un des mineurs aurait déclaré qu'ils possédaient de vraies entreprises, qu'ils investissaient de l'argent réel et qu'ils produisaient les blocs, ce qui leur donnait un réel pouvoir sur le réseau, alors que les développeurs n'avaient pas cette influence.

Le moment me semble adéquat pour présenter Roger Ver, puisqu'il était présent à la conférence. Roger se décrivait comme le premier investisseur dans les startups liées à Bitcoin. Il a naturellement eu un parcours d'investissement réussi dans l'écosystème, en soutenant des entreprises telles que Blockchain.info, Bitpay et Kraken. Roger était l'un des promoteurs les plus importants et les plus acharnés de Bitcoin à ses débuts, et il a toujours été extrêmement enthousiaste à l'égard de Bitcoin. Lorsqu'il a découvert Bitcoin pour la première fois, Roger aurait été tellement enthousiasmé par cette opportunité qu'il aurait été hospitalisé pendant plusieurs jours [3]. En particulier, il a toujours été très favorable à l'utilisation de Bitcoin pour les paiements, et a joué un rôle déterminant dans son adoption en encourageant vigoureusement les commerçants à accepter les versements en Bitcoins. Peut-être était-ce en raison de cet enthousiasme sans faille pour Bitcoin, chose qui n'était pas du goût de tout le monde, qu'on l'a surnommé le « Jésus du Bitcoin ».

Avant Bitcoin, Roger Ver possédait une entreprise de vente de composants informatiques, MemoryDealers.com. Auparavant, il avait été condamné à une peine de prison pour avoir vendu illégalement des explosifs en ligne aux États-Unis. Roger n'avait pas passé beaucoup de temps aux États-Unis après sa sortie de prison. Il avait officiellement renoncé à sa citoyenneté américaine en 2014,

----

3. https://www.youtube.com/watch?v=P9oC_goIX8I

et vivait alors à Tokyo. Pour autant que je sache, au départ, Roger s'intéressait surtout à l'aspect pratique et commercial de Bitcoin et, avant la guerre des blocs, il ne se préoccupait guère des aspects techniques ou informatiques du système. Roger était également bien connu dans la communauté de Bitcoin pour avoir assuré les utilisateurs de la solvabilité de la plateforme d'échange MtGox en juillet 2013, après avoir examiné « plusieurs relevés bancaires [4] ». Malheureusement, à l'époque, MtGox était insolvable et avait perdu des milliers de Bitcoins [5]. Quelques mois après les promesses de Roger, en février 2014, MtGox a fait faillite de manière spectaculaire. La réputation de Roger s'en est trouvée quelque peu entachée, mais les gens dans l'écosystème ont la mémoire courte et il y a toujours des vagues de nouveaux arrivants. Quoi qu'il en soit, les événements liés à MtGox étaient déjà presque vus comme de l'histoire ancienne lors de l'hiver 2015.

Roger était le propriétaire du subreddit alternatif de Bitcoin, /r/btc et, compte tenu de ses opinions libertariennes tranchées, il était très fortement opposé à ce qu'il percevait comme de la censure sur le subreddit principal /r/bitcoin. À ce stade, lors de la conférence, Roger n'était pas connu comme l'un des principaux partisans des gros blocs. Au contraire, il avait eu une altercation bruyante et très publique avec le PDG d'OKCoin, Star Xu, au sujet du domaine Bitcoin.com et d'un contrat supposément frauduleux [6]. Cette altercation semblait avoir un rapport avec Changpeng Zhao, qui était alors directeur technique d'OKCoin et qui allait ensuite fonder la plateforme d'échange de cryptomonnaies très prospère, Binance. Nous n'entrerons pas dans les détails ici, mais le point à retenir c'est qu'à l'époque, Roger semblait distrait par d'autres choses et n'était pas directement

---

4. https://www.youtube.com/watch?v=UP1YsMlrfF0
5. https://blog.bitmex.com/the-june-2011-flash-crash-to-0-01/
6. https://www.youtube.com/watch?v=F41670Wx9Vk

impliqué dans la dispute sur la taille des blocs, même s'il est clair qu'il était du côté des *big blockers*.

Lors de la conférence, Jeff Garzik a pris la parole à nouveau et a exposé les avantages et les inconvénients des principales options. Ces options représentaient essentiellement quatre voies à suivre : la BIP 101, son idée de BIP 100, une simple augmentation ponctuelle à 2 Mo (la BIP 102), ou l'inaction. Après son discours, on lui a demandé comment la décision serait prise. Il a répondu :

> *« Je pense qu'à Montréal, on n'en était encore qu'au stade où on introduisait les données. Maintenant, à Hong Kong, on prend en compte tous les problèmes, le coût de la validation, les propositions différentes, et cætera. Ensuite, l'étape 3 consistera à reprendre le processus, à consulter les entreprises, les utilisateurs et les mineurs, puis à obtenir un consensus approximatif. Ma réponse générale c'est qu'on doit faire connaître notre opinion, de telle sorte que tout le monde soit en mesure de savoir "voilà ce que jgarzik pense", ou "voilà ce que BitPay pense". Je pense que la transparence et la discussion sont les moyens d'y arriver. Je pense que les accords en coulisses, les visites privées entre diverses personnes, ce n'est pas la bonne façon de faire les choses. Il faut que la discussion prenne place en public. C'est la démarche du code source ouvert [7]. »*

À la fin de la conférence, Jeff est revenu sur scène. Cette fois-ci, il a demandé au public de réagir aux différentes propositions. Il allait énoncer une proposition et les membres du public devaient applaudir s'ils étaient d'accord. Lorsqu'il est arrivé à l'idée d'une simple augmentation à 2 Mo, les applaudissements dans la salle ont été

---

7. https://diyhpl.us/wiki/transcripts/scalingbitcoin/hong-kong/a-bevy-of-block-size-proposals-bip100-bip102-and-more/

nombreux. Environ 70 % des participants semblaient applaudir avec enthousiasme. Cependant, une petite minorité était manifestement mécontente de ce processus et a demandé aux gens de cesser d'applaudir. Elle voulait que les décisions soient prises sur la base du mérite, et non en fonction de qui applaudissait le plus fort lors de cet événement. Cependant, la plupart des gens trouvaient ce processus inoffensif. Il semblait que le consensus de la conférence était qu'aller au-delà des 2 Mo était trop risqué pour le moment. De nombreux intervenants, dont le *big blocker* Jonathan Toomim, ont présenté des arguments techniques expliquant pourquoi 2 Mo était une proposition sans danger dans les conditions actuelles et que, si nous allions beaucoup plus loin, les temps d'attente plus longs dans la propagation des blocs avaient le potentiel de causer des problèmes au niveau du réseau. La plupart des mineurs semblaient être d'accord avec cette logique.

Après cet événement, la voie à suivre n'était pas claire. En revanche, ce qui me semblait clair, c'était que Bitcoin XT était mort. L'opinion générale était qu'une augmentation à 2 Mo était une proposition appropriée pour le moment, mais pas 8 Mo. L'idée de Bitcoin XT n'a pas été officiellement retirée, et ses partisans n'ont pas reconnu qu'ils avaient fait preuve de trop d'agressivité en visant une limite qui était trop élevée. Un tel aveu aurait pu aider à résoudre la situation. Pour les partisans des petits blocs, Bitcoin XT avait créé une situation de crise, provoquant des tensions et des controverses qui avaient rendu plus difficile toute avancée sur la question de la taille des blocs. En revanche, pour les partisans des gros blocs, il avait été un catalyseur nécessaire pour faire avancer le débat.

Après la conférence, je suis allé dîner avec sept ou huit membres de Blockstream, dans la péninsule de Kowloon, au nord de l'île de

Hong Kong. La plupart des discussions lors du dîner ont porté sur des sujets très techniques, comme la façon dont les signatures de Bitcoin pouvaient être compressées ou agrégées. La discussion s'est ensuite orientée vers Gavin et ses tactiques. « Gavin ne se rend-il pas compte que les *Bitcoiners* n'aiment pas qu'on leur dise ce qu'ils doivent faire ? » se demandaient-ils. Les gens avaient le sentiment de posséder Bitcoin et voulaient avoir le contrôle. Bitcoin XT leur a été imposé d'en haut, sans aucun effort pour donner aux utilisateurs le sentiment qu'ils contrôlaient la situation, qu'il s'agissait de leur décision. D'un point de vue tactique, Gavin semblait avoir commis une grossière erreur à ce niveau. Toutes les personnes présentes à la table semblaient être d'accord sur ce point et étaient surprises par le faux pas apparent de Gavin. Il y avait encore un esprit de sympathie à la table : la plupart voulaient que Gavin écoute leurs conseils et essaie d'augmenter la taille limite des blocs de nouveau, mais cette fois-ci avec une approche plus collaborative, donnant aux utilisateurs le sentiment de mieux contrôler leur monnaie. « Si Gavin disait simplement aux utilisateurs qu'il s'agit de leur choix, ils le suivraient probablement tous », a déclaré quelqu'un à la table. Cependant, il semblait que Gavin ne voulait pas procéder de la sorte, car il ne pensait pas que cela relevait du choix des utilisateurs.

Nous avons pris le ferry pour retourner sur l'île de Hong Kong tard dans la nuit. Je me souviens avoir contemplé les gratte-ciels du centre de Hong Kong, la ville qui allait bientôt devenir mon nouveau chez moi. Le centre de la ville est dominé par le secteur des services financiers, ou ce que certains *Bitcoiners* appellent le système financier traditionnel. Le sentiment de puissance projeté par ces bâtiments a mis le débat en perspective dans mon esprit. Nous n'étions que quelques centaines de personnes discutant dans une pièce à Hong Kong. Bitcoin était-il vraiment si important que cela ? Bitcoin serait-il vraiment un jour capable de se tenir droit et de défier le système financier ? Si nous ne pouvions pas résoudre ce différend maintenant, alors que seules quelques centaines de personnes s'y intéressaient vraiment, quel espoir restait-il vraiment pour Bitcoin ? J'ai pensé à l'immense pression qui serait exercée sur Bitcoin par les principaux acteurs économiques et politiques à mesure qu'il grandirait. Les actions de Mike et Gavin paraissaient minuscules en comparaison.

J'ai commencé à me rendre compte que les règles du réseau devaient être robustes. Peu importe qui essayait de changer les règles, ou s'il s'agissait d'une bonne idée ou non. Pour que Bitcoin réussisse, il fallait que le changement de ses règles demeure difficile à réaliser, sinon il ne résisterait pas à la pression exercée par le système financier central en place, qui ne manquerait pas d'apparaître à mesure que la valeur de Bitcoin augmenterait.

Toutefois, du point de vue des *big blockers*, l'augmentation de la taille limite des blocs ne constituait pas un changement de règles. Au contraire, il s'agissait de respecter la vision originelle. Il s'agissait d'un changement de règles au sens littéral et au sens informatique, dans la mesure où les règles du réseau étaient assouplies dans le cas d'une augmentation de la taille limite des blocs. Cependant, ils pensaient que, si la limite persistait, il s'agirait d'une transformation économique majeure et d'une modification de vision : nous passerions de blocs partiellement remplis à des blocs pleins.

Toutefois, le *statu quo* devait être défini d'une manière ou d'une autre. Si Bitcoin devait réussir, il devait y avoir une dynamique en place pour assurer que le *statu quo* survive et triomphe. D'après ce que j'ai pu voir, cette dynamique du point de Schelling semblait s'appliquer aux règles techniques littérales de la validité des blocs. Il ne paraissait pas y avoir de mécanisme pour s'assurer que la vision des gens sur le réseau ne puisse pas changer. Seules les règles relatives à la validité des blocs étaient difficiles à modifier, du fait qu'une divergence par rapport au *statu quo* pouvait entraîner une séparation du réseau coûteuse sur le plan économique.

Ce système de gouvernance était loin d'être parfait, et il donnait au système un caractère possiblement trop rigide, mais c'était la seule chose qui semblait pouvoir être durable. Cela m'a rappelé une citation de Winston Churchill : « La démocratie est la pire forme de gouvernement, à l'exception de toutes les autres. » Peut-être qu'un système dans lequel les règles du *statu quo* triomphent, à moins qu'il n'y ait un consensus écrasant en faveur le changement, est la pire forme de gouvernance pour Bitcoin — à l'exception de toutes les autres.

5

SegWit

Au début du deuxième jour de Scaling Bitcoin à Hong Kong, dans l'un des créneaux les plus importants, le développeur de Bitcoin Pieter Wuille a fait une présentation sur un concept appelé Segregated Witness (SegWit). SegWit était un moyen d'augmenter la taille des blocs de Bitcoin sans que le nouveau client ne devienne incompatible, c'est-à-dire qu'il s'agissait d'un embranchement convergent (*softfork*) plutôt que divergent (*hardfork*). Une transaction dans Bitcoin se composait de plusieurs éléments, dont la signature qui autorisait la dépense. Cette signature était généralement la partie de la transaction la plus volumineuse du point de vue des données. SegWit représentait un nouveau format de transaction, dans lequel la signature n'avait pas besoin d'être incluse dans l'ancien bloc, dont la taille était toujours limitée à 1 Mo. Les clients qui activaient la mise à niveau SegWit voyaient un nouveau type de bloc, qui incluait ces signatures ; pour ces nouveaux clients, l'ancienne taille limite des blocs de 1 Mo était supprimée et remplacée par une « limite de poids » de 4 millions d'unités. La limite de poids était définie comme étant quatre fois la quantité de données non liées à la signature, en octets, plus la quantité de données liées à la signature séparée, en octets. Cela signifiait que les données de signature bénéficiaient d'une réduction dans le calcul, mais que la limite globale revenait à environ 2 Mo, ce qui correspondait bien entendu à ce que beaucoup de gens semblaient souhaiter : une augmentation de la limite de taille des blocs à environ 2 Mo.

Un développeur de Bitcoin vivant en Floride, Luke Dashjr, avait mis au point une astuce qui pouvait rendre SegWit compatible avec Bitcoin en tant que *softfork*. Luke était considéré comme l'un des partisans des petits blocs les plus extrêmes et était une autre figure détestée par la communauté des partisans des gros blocs, au même titre que Gregory Maxwell. Luke n'avait pas du tout peur de se démarquer de la foule avec ses avis discordants. Dans une certaine mesure, ce catholique dévoué et père de sept enfants était la Cassandre de la communauté technique : il était d'une véhémence exceptionnelle. Mais Luke avait clairement une très bonne compréhension technique de Bitcoin, et son apparente pensée en arborescence, qui lui permettait de voir les choses différemment des autres, l'a peut-être aidé à concevoir cette astuce que les autres développeurs ne parvenaient pas à trouver.

Pour ceux qui le comprenaient, SegWit semblait être une proposition brillante et mutuellement bénéfique. Le réseau pouvait passer à des blocs de 2 Mo, tout en évitant le problème de l'incompatibilité de la mise à niveau. En outre, les anciens et les nouveaux portefeuilles pouvaient interagir sans encombre et la mise à jour restait entièrement facultative : les utilisateurs pouvaient soit passer à SegWit, soit continuer à utiliser le réseau tel quel. Du point de vue des anciens portefeuilles, les transactions du nouveau style seraient dépourvues de signature. Toutefois, le portefeuille verrait quand même la transaction et la reconnaîtrait comme valide une fois qu'elle serait incluse dans la chaîne de blocs. SegWit impliquait également que la capacité de transaction pourrait potentiellement augmenter plus rapidement qu'avec une simple augmentation de la taille des blocs par *hardfork*, car nous n'aurions pas besoin d'attendre que tout le monde active la mise à niveau et nous pourrions commencer à utiliser le nouvel espace de blocs assez rapidement.

SegWit paraissait être non seulement une victoire solide pour Bitcoin, mais aussi une brillante décision tactique, intentionnelle ou non, de la part des *small blockers* dans la guerre des blocs. La proposition était tout simplement si bonne qu'il n'existait aucun argument valable pour la contrer. Gavin était dans l'obligation de soutenir la proposition SegWit, ce qu'il a fait dans une large mesure[1]. Si les conférences sur le passage à l'échelle étaient en réalité un complot en coulisses pour gagner du temps et lancer cette idée, alors bien joué ! Notons bien sûr que je ne porte pas cette accusation ici. Les partisans des gros blocs auraient été stoppés dans leur élan avec leur campagne pour un *hardfork*, et du temps vital aurait été gagné. Je me souviens avoir parlé à certains des *big blockers* de longue date à l'époque. Ils m'ont dit qu'ils pensaient avoir été battus par une proposition qu'ils considéraient comme ingénieuse.

Bien entendu, tout cela n'était vrai qu'en théorie. Dans un monde hypothétique, où tout le monde comprendrait SegWit et où tous les acteurs seraient rationnels, il s'agirait d'une brillante initiative. Alors que les gens se disputaient sur la limite de taille des blocs, la proposition supprimait cette limite et la remplaçait par autre chose, clôturant ainsi la dispute. Cependant, en réalité, c'était loin d'être le cas. SegWit était exceptionnellement compliquée et presque personne ne la comprenait. C'était le premier exemple majeur de surestimation par les *small blockers* de l'intelligence de

---

1. https://twitter.com/gavinandresen/status/800405563909750784

leurs opposants, ou du moins de surestimation de leur capacité à comprendre certains aspects de l'informatique. Par exemple, avec le recul, la proposition aurait dû simplement s'appeler « Passage à des blocs de 2 Mo ». Au lieu de cela, elle portait un nom très énigmatique et ambigu, ce qui semblait hautement suspect pour les partisans des gros blocs, qui voulaient quelque chose de clair, simple et compréhensible. Les *big blockers* semblaient avoir compris que cette initiative venait du camp adverse, et cela ne leur plaisait pas. Cette guerre était une question de contrôle, et ils voulaient avoir le contrôle. Ils ont perçu SegWit comme une tactique d'obstruction supplémentaire, dont le but était de stopper l'élan des gros blocs. Par conséquent, sans vraiment comprendre SegWit, ils s'y sont opposés.

Alors que SegWit commençait à gagner du terrain dans la communauté technique, les malentendus et les incompréhensions parmi les partisans des gros blocs ont commencé à s'accumuler. Voici une liste de certains de ces malentendus et rumeurs :

— SegWit n'était pas une « vraie » augmentation de la taille limite des blocs, elle ne faisait que compresser les transactions (Il est vrai qu'avec SegWit, les clients n'ayant pas activé la mise à jour ne voyaient toujours que des blocs de 1 Mo, mais cela était également vrai pour un *hardfork*, puisque les anciens nœuds appliquaient toujours une limite de 1 Mo. Avec SegWit, les nouveaux nœuds voyaient des blocs de plus de 1 Mo, ce qui était *a priori* ce que les *big blockers* voulaient.);

— Bitcoin reposait sur une chaîne de signatures numériques, que SegWit supprimait, brisant ainsi la chaîne et créant un risque de sécurité;

— Si un mineur n'appliquait pas la mise à niveau SegWit et produisait un bloc, ce bloc serait rejeté par les nouveaux

clients, ce qui augmentait le risque de scission de chaîne (cela
ne devrait se produire que si un mineur utilisait un logiciel
personnalisé délibérément conçu pour scinder la chaîne) ;
— Si un utilisateur activait la mise à niveau SegWit, il ne pourrait
pas envoyer de fonds à un utilisateur qui ne l'avait pas fait ;
— La mise à jour SegWit pourrait être révoquée, et alors les
Bitcoins à l'intérieur des sorties SegWit pourraient être volés
par n'importe qui (la révocation de SegWit serait un *hardfork*).

Nombre de ces malentendus n'avaient aucun sens et il était donc
difficile de les réfuter. Ils semblaient provenir du fait que la plupart
des gens ne comprenaient pas vraiment, en premier lieu, les bases
des transactions dans Bitcoin. Par exemple, l'expression « adresse
au format SegWit » était souvent employée, mais SegWit n'avait
pas un format d'adresse nouveau ou différent. Si les gens avaient
déjà du mal à comprendre les mécanismes des transactions dans
Bitcoin, expliquer les mécanismes de SegWit était tout simplement
impossible.

SegWit s'est avérée si compliquée que même Jeff Garzik ne semblait
pas la comprendre. Il pensait qu'il y aurait « deux compartiments »
pour les enchères des frais de transaction : l'un correspondant à
l'ancienne limite de 1 Mo, et l'autre à la nouvelle limite de poids
de 4 millions d'unités [2]. En réalité, les deux limites, la taille et le
poids des blocs, étaient construites de manière à être cohérentes
l'une avec l'autre et donc à être équivalentes, de sorte qu'il n'y aurait
qu'une seule catégorie pour le marché des frais. Ce n'est pas une
critique envers Jeff : SegWit était une proposition extrêmement
difficile à comprendre pleinement, ce qui s'est avéré être une faiblesse
fondamentale. Bien que, techniquement, SegWit ait pu être une

---

2. https://www.slideshare.net/jgarzik/bitcoin-status-report-onchain-
scaling-aug-2016

solution solide pour aller de l'avant, sa complexité ne permettait tout simplement pas de faire comprendre ce fait à la communauté de Bitcoin.

Il y avait quelques arguments valables contre SegWit, au-delà de son haut degré de complexité. Afin de bénéficier des avantages de SegWit et de l'augmentation de l'espace de bloc, les portefeuilles des utilisateurs devaient obligatoirement être mis à jour pour prendre en charge le nouveau format de transaction. Cela pouvait prendre plus de temps qu'un simple embranchement divergent, qui ne nécessitait pas de changement dans le format de transaction. Il convient toutefois de souligner que, dès que certains utilisateurs activaient la mise à jour SegWit, cela permettait de libérer de l'espace de bloc pour les retardataires qui étaient plus lents à effectuer la mise à niveau.

Pour de nombreux partisans des petits blocs, la transition des utilisateurs vers un nouveau format de transaction faisait partie de l'objectif de SegWit. En plus d'offrir une augmentation de la taille limite des blocs, le nouveau format de transaction de SegWit a également corrigé un certain nombre de bugs, à savoir la malléabilité des transactions par un tiers et l'évolution non linéaire des opérations de hachage de signature. Je ne vais pas aller trop loin dans les détails ici. En bref, la malléabilité des transactions par un tiers était essentiellement un problème qui se posait parce que n'importe qui avait la possibilité de changer l'identifiant d'une transaction de Bitcoin avant qu'elle ne soit confirmée sur la chaîne de blocs. Malgré ce changement de l'identifiant, la transaction restait valide. Cela posait problème à certains portefeuilles et commerçants, qui avaient du mal à suivre les fonds. Il s'agissait essentiellement d'un bug. La correction de ce problème était également nécessaire pour le déploiement d'un réseau de transaction de couche secondaire nommé lightning.

L'évolution non linéaire des opérations de hachage de signature impliquait que, lorsque le nombre d'entrées d'une transaction augmentait, le nombre d'opérations de hachage nécessaire pour valider la transaction augmentait de façon quadratique plutôt que linéaire. Ce problème d'échelle était un obstacle à la création de blocs plus importants, car des attaquants pouvaient créer des transactions dont la vérification prendrait tellement de temps que le réseau risquait de s'arrêter. Cette vulnérabilité, pouvant être exploitée par des attaquants, était en fait l'une des principales raisons invoquées par les *small blockers* pour s'opposer à l'augmentation de la limite de taille des blocs. Un attaquant pouvait construire un bloc contenant plusieurs grosses transactions, de sorte qu'il faudrait plusieurs heures à un ordinateur ordinaire pour le valider. Par conséquent, pour de nombreux *small blockers*, la résolution de ce problème était une condition préalable à une augmentation de la taille limite des blocs. Ils reprochaient aux partisans des gros blocs de négliger cette faiblesse et de manquer de capacité d'anticipation. À l'inverse, les *big blockers* semblaient croire que Bitcoin était presque indestructible ou antifragile, comme ils le disaient souvent. Les partisans des petits blocs attribuaient la robustesse du système au travail acharné et à la prudence de l'équipe de développement, mais cette caractéristique n'était pas suffisamment reconnue par la communauté. La plupart des *big blockers* estimaient que la correction de ces bugs ne devaient pas être une priorité ; c'était la taille limite des blocs qui était essentielle.

Quoi qu'il en soit, l'utilisation de SegWit permettait de corriger ces bugs. Du point de vue des *small blockers*, c'était parfaitement logique.

Avec SegWit, nous pouvions conserver l'ancienne limite de 1 Mo pour les anciennes transactions buguées qui ne passaient pas bien à l'échelle, et en même temps avoir plus d'espace disponible pour les nouvelles transactions qui ne présentaient pas ces bugs. D'un point de vue technique, SegWit semblait géniale. Le problème, encore une fois, était sa complexité : la plupart des utilisateurs de Bitcoin n'avaient aucune idée de ces problèmes et ne s'en souciaient pas. Et Bitcoin ne se cantonnait pas à l'ingénierie et à l'informatique. C'était aussi un système social, un système de paiement utilisé dans le monde réel, un système économique et un système financier. Il n'était pas évident de savoir si SegWit avait un sens lorsqu'on l'examinait sous ces angles.

Bien que l'idée de SegWit ait été présentée à la conférence de décembre 2015 à Hong Kong, elle devait encore être mise en œuvre, analysée, testée et discutée. Ce n'est qu'en novembre 2016 que SegWit a finalement été introduite dans Bitcoin Core, une longue attente de plus de 10 mois. Même si elle avait été intégrée dans Bitcoin Core, cela ne signifiait pas que les gens pouvaient commencer à utiliser SegWit. Il s'agissait d'une modification des règles du protocole, ou, plus précisément, d'un resserrement des règles du protocole ou embranchement convergent. Cela impliquait qu'il y avait une méthode d'activation. La mécanique d'activation choisie était que les mineurs devaient signaler leur soutien. Si 95 % des blocs signalaient un soutien dans une fenêtre de 2 016 blocs d'ajustement de la difficulté, alors le *softfork* serait activé, après un délai supplémentaire de deux semaines. Si, après 12 mois, l'activation n'avait pas eu lieu, alors la mise à niveau serait annulée.

Pour les partisans des gros blocs, cette méthode d'activation était inappropriée. « On n'obtient jamais un accord à 95 % sur quoi que ce soit », faisaient-ils valoir. Cela permettrait à une petite coalition de mineurs, avec seulement 5 % du taux de hachage, de bloquer le changement. Certains *big blockers* considéraient ce seuil d'activation de 95 % comme une tactique d'obstruction et préféraient le seuil de 75 % de Bitcoin XT. Les *big blockers* avaient tendance à considérer les signaux de soutien des mineurs comme un vote, un processus de prise de décision. Dans ce contexte, un seuil de 95 % semblait peu pertinent. En revanche, les *small blockers* considéraient les signaux de soutien comme un mécanisme de sécurité. Selon eux, les utilisateurs décidaient des règles du protocole et le signalement des mineurs était nécessaire pour assurer une transition sûre vers les nouvelles règles. Il ne s'agissait pas d'un processus de vote politique.

En outre, le seuil de 95 % n'a pas été choisi par hasard. Les trois derniers embranchements convergents de Bitcoin avaient tous été activés en utilisant ce même seuil de 95 % : la BIP 66 (restriction des signatures au codage DER) en juillet 2015 ; la BIP 65 (Check Lock Time Verify) en décembre 2015 ; et les BIP 68, 112 et 113, trois *softforks* différents qui ont été activés en même temps en juillet 2016. Pour SegWit, on avait simplement choisi de continuer avec la même méthode d'activation (ou légèrement modifiée). Il convient de noter que ces précédents embranchements convergents ne s'étaient pas parfaitement déroulés. L'activation de la BIP 66 en juillet 2015 avait provoqué une scission de la chaîne de quelques blocs, car les mineurs semblaient ne pas avoir effectué la mise à jour nécessaire au *softfork*, même s'ils avaient signalé l'avoir fait. La mise à niveau de juillet 2016 avait également pris plus de temps que prévu et la communauté avait dû faire pression sur les coopératives de minage pour qu'elles signalent leur soutien. Les coopératives de minage du côté des gros blocs avaient été plus lentes à s'adapter à ce *softfork* (sans rapport avec le débat), peut-être en raison d'un certain degré de désillusion par rapport à Bitcoin Core.

Compte tenu de l'historique ci-dessus et des nouvelles tensions au sein de la communauté, lorsque SegWit a été introduite, personne ne savait si les mineurs allaient l'activer ou non. En effet, l'une des coopératives de minage, ViaBTC, avait déjà indiqué qu'elle ne soutiendrait pas la mise à niveau avant même la sortie du client. Même si SegWit représentait une prouesse technique, elle n'a guère contribué à apaiser les tensions dans le conflit.

6

RÉSEAU LIGHTNING

SEGWIT offrait aux utilisateurs la possibilité de créer des transactions qui ne pouvaient pas être modifiées par des tiers malveillants (ce qu'on appelle la malléabilité des transactions par un tiers). Cette possibilité était considérée comme un élément essentiel pour le déploiement du réseau lightning, une technique de passage à l'échelle par couche secondaire pour Bitcoin. Sans cette correction, lightning aurait été trop compliqué à mettre en œuvre.

Le réseau lightning a été présenté publiquement pour la première fois dans un article de Joseph Poon et Thaddeus Dryja en février 2015. Quelques mois plus tard, un article similaire décrivant ce type de solution de couche secondaire a été publié par Christian Decker[1]. Ces articles décrivaient les mécanismes d'un réseau de paiement sur une couche secondaire bâtie au-dessus de Bitcoin. Des concepts similaires ont été discutés dans l'écosystème de Bitcoin pendant des années. En effet, l'idée semble avoir été lancée par Satoshi[2]. La fonction essentielle du réseau lightning était de regrouper plusieurs

---

1. https://link.springer.com/chapter/10.1007/978-3-319-21741-3_1
2. https://lists.linuxfoundation.org/pipermail/bitcoin-dev/2013-April/002417.html

paiements en un plus petit nombre de transactions sur Bitcoin. Les transactions sur Bitcoin étaient utilisées pour ouvrir des canaux de paiement qui, une fois mis en place, facilitaient un flux de paiements multiples. Les utilisateurs pouvaient partager des canaux avec de nombreuses contreparties différentes, ce qui formait ainsi un réseau de canaux. Les paiements pouvaient alors trouver un chemin le long des canaux, qui étaient déjà directement connectés les uns aux autres, jusqu'à ce qu'ils atteignent le destinataire final.

Aux yeux de certains des partisans des petits blocs, cette architecture à plusieurs couches était beaucoup plus logique pour la mise en place d'un système de paiement mondial peu coûteux et à haute capacité. Les systèmes de paiement sur la chaîne de blocs fonctionnent généralement selon le mode « informer tout le monde », c'est-à-dire que lorsqu'une personne effectue un paiement, elle doit annoncer la transaction à tous les participants du réseau. Tous les participants doivent ensuite traiter cette transaction pour voir s'il s'agit d'un paiement destiné à eux. Ce système est considéré comme très inefficace, surtout pour les petits paiements. Si quelqu'un achète un café en France en utilisant des Bitcoins, pourquoi un commerçant vendant des billets de concert au Japon devrait-il examiner cette transaction ? C'est essentiellement la façon dont les paiements sur la chaîne de Bitcoin fonctionnent et, pour les *small blockers*, cette architecture n'avait guère de sens pour les petits paiements : elle n'était nécessaire que comme couche de base d'un système monétaire. Le réseau lightning représentait une amélioration au niveau de l'efficacité et utilisait une structure de réseau de paiement plus logique. Au lieu de diffuser une transaction à tout le monde, la transaction pouvait être envoyée au destinataire du paiement plus directement, ce qui correspondait davantage à une architecture de pair à pair. Si l'un des participants à la transaction était malhonnête et tentait de voler de l'argent, l'autre participant pouvait alors diffuser une transaction sur la chaîne de blocs de Bitcoin et récupérer les fonds. La chaîne de blocs, et le mécanisme de consensus par preuve de travail de Bitcoin, étaient donc utilisés comme un service de résolution des litiges. Lorsque les deux parties étaient honnêtes, les nuances, les inefficacités et les contraintes de passage à l'échelle de la preuve de travail pouvaient être évitées.

La principale préoccupation des partisans des gros blocs était que le réseau lightning semblait servir d'excuse pour ne pas augmenter la taille limite des blocs. Selon eux, cette solution n'était pas du tout appropriée. La question de la taille des blocs était un problème actuel, tandis que le réseau lightning était très complexe, non éprouvé et, dans le meilleur des cas, ne serait pas utilisable avant de nombreuses années. Pour les *big blockers*, Bitcoin était une question d'adoption par les commerçants, et dans cette optique, l'année 2015 avait été une période de grande réussite. Au cours de cette année, Expedia, Overstock, TigerDirect, Newegg, Dell, Rakuten et Microsoft avaient tous commencé à permettre à leurs clients de payer en Bitcoins d'une manière ou d'une autre. En avril 2016, le magasin de jeux vidéo Steam avait également commencé à accepter les paiements en Bitcoins. Ces commerçants n'utilisaient pas le réseau lightning mais des transactions publiées sur la chaîne. Si Bitcoin s'engageait sur la voie du réseau lightning, la solution de paiement que ces commerçants avaient choisie deviendrait peu fiable en raison des frais élevés et des longs délais de confirmation. Ce serait un désastre pour le réseau. Les commerçants cesseraient probablement d'accepter les paiements en Bitcoins, et ne reviendraient jamais en raison de cette mauvaise expérience — peu importe si le réseau lightning avait une architecture techniquement supérieure. Beaucoup de ces commerçants ont fini par arrêter d'accepter les Bitcoins et les *big blockers* ont eu largement raison. Cela me fait penser à l'expression « le mieux est l'ennemi du bien ». Ne pas augmenter la taille des blocs était clairement une mauvaise décision commerciale. La perte de ces commerçants a été une énorme source de frustration pour les *big blockers*.

Cependant, pour les partisans des petits blocs, Bitcoin n'était ni une entreprise ni un système de paiement en concurrence directe avec VISA, Paypal ou Mastercard. Il s'agissait d'une nouvelle forme de monnaie, de quelque chose de bien plus ambitieux, dont le potentiel de transformation était bien plus grand pour la société et l'économie. Il s'agissait d'un système alternatif aux banques centrales. En général, les *small blockers* n'avaient rien contre le fait que Bitcoin devienne un système de paiement rapide et bon marché. Cependant, cet objectif passait simplement après leur priorité principale, qui était de construire une forme de monnaie nouvelle et robuste.

Il ne s'agissait pas d'une simple divergence d'opinion : du point de vue des *small blockers*, leur priorité reflétait un geste stratégique intelligent, tandis que la priorité des *big blockers* était naïve. Les paiements en Bitcoins étaient rapides et bon marché par rapport à d'autres modes de paiement centralisés comme les cartes de crédit et les virements bancaires. Toutefois, si Bitcoin gagnait en popularité, ces services de paiement pouvaient simplement réduire les frais et accélérer les temps de transaction. En effet, du point de vue de l'architecture informatique, rien ne s'y opposait : les réseaux de paiement centralisés étaient plus efficaces. Les systèmes informatiques centralisés étaient bien plus à même de traiter un grand nombre de transactions – plus rapidement et à moindre coût – que Bitcoin ou tout autre système décentralisé. Si ces systèmes de paiement centralisés n'étaient pas devenus plus rapides ou moins chers jusque-là, c'était simplement à cause du manque de concurrence et de certains problèmes juridiques liés à l'administration, deux problèmes qui pouvaient être facilement résolus. Ce n'était pas à cause d'un défaut fondamental de la technologie des bases de données centralisées. Si Bitcoin mettait la priorité sur le fait d'être un réseau de paiement à faible coût, ce que tout le monde reconnaissait comme étant une bonne chose, il pourrait certainement gagner des parts de marché à court terme, mais son avantage s'avérerait insoutenable à long terme. En revanche, si Bitcoin devenait une nouvelle forme de monnaie, capable d'effectuer des transactions électroniques impossibles à bloquer, le système financier traditionnel ne pourrait pas rivaliser. Cela pourrait donc être l'élément moteur d'une valeur durable à long terme. Une fois encore, tout cela semblait se résumer à un décalage entre les préférences temporelles des deux groupes.

Pour les partisans des petits blocs, la question n'était donc pas de choisir entre un réseau de paiement et un système monétaire robuste, les *big blockers* préférant le premier et les *small blockers* préférant le second. Le problème c'était que l'idée d'un réseau de paiement rapide et bon marché ne déboucherait pas sur un modèle durable présentant un avantage concurrentiel au fil du temps. La technologie blockchain n'avait tout simplement pas les caractéristiques qui lui permettaient de prendre ce chemin, car elle ne pouvait pas passer à l'échelle. La seule façon d'avoir les deux à la fois, selon eux, était une solution de couche secondaire telle que lightning.

La complexité du réseau lightning a bien sûr entraîné une certaine confusion, tout comme avec SegWit. Il a été affirmé à tort que les fonds bloqués dans les canaux lightning étaient soumis à un risque de crédit et que lightning aggraverait le problème de l'expansion du crédit sur Bitcoin. Le haut degré de complexité de lightning était assurément un problème, et certaines questions et préoccupations étaient valables. Par exemple, comment garantir que les canaux disposent de suffisamment de liquidités pour faciliter les paiements ? Il y avait des frais de transaction sur lightning, que les utilisateurs devaient payer afin d'encourager l'apport de liquidités, et il n'était pas certain qu'il existe une dynamique qui permette d'en faire un réseau de paiement fiable et bon marché. Le réseau lightning présentait également plusieurs autres problèmes par rapport aux paiements sur la chaîne de Bitcoin. Par exemple, il exigeait que le destinataire de la transaction soit connecté à internet et interagisse avec l'expéditeur, ce que la chaîne de Bitcoin ne demandait pas. Lightning exigeait également des utilisateurs qu'ils surveillent et gèrent leurs canaux, afin de s'assurer qu'ils disposent de suffisamment de liquidités et d'empêcher le vol de leurs canaux. Pour les *small blockers*, il s'agissait de véritables problèmes. Toutefois, à long terme, ces problèmes finiraient par être masqués pour l'utilisateur, et des services tiers ou des portefeuilles avancés apporteraient une solution à l'aide de mécanismes automatisés. Là encore, il s'agissait d'une question de chronologie : ces systèmes pourraient prendre de nombreuses années pour se développer et arriver à maturité.

Les *big blockers* pouvaient prétendre, avec une certaine légitimité, que les *small blockers* étaient des informaticiens très intelligents qui privilégiaient les solutions complexes, techniquement élégantes, mais peu pratiques. Ils disaient des partisans des petits blocs qu'ils manquaient de sens des affaires et qu'ils n'étaient pas capables de voir qu'une solution plus simple était nécessaire pour résoudre ces problèmes. En ce qui concerne lightning, c'est l'un des domaines où, à ce jour, les partisans des gros blocs ont montré qu'ils avaient en grande partie raison. Au moment de la rédaction de ce livre, bien que le réseau lightning gagne en popularité et qu'il s'améliore rapidement sur le plan technique, son adoption par les commerçants reste limitée. L'adoption de Bitcoin par les commerçants à la fin de 2015 semble avoir été plus importante que l'adoption du réseau lightning aujourd'hui. Cependant, je reste optimiste quant à lightning et, si l'on se projette sur des décennies, le succès reste possible.

7

BITCOIN CLASSIC

L A guerre s'est considérablement intensifiée à la fin de l'année 2015. Des vagues d'attaques par déni de service (DDoS) contre les nœuds Bitcoin XT ont même eu lieu. Le 28 décembre 2015, l'utilisateur /u/tl212 a fait le commentaire suivant sur Reddit :

> *« J'ai été victime d'un DDoS. Ce DDoS massif a mis hors service mon FAI (de zone rurale) tout entier. Les habitants des cinq villes autour ont perdu leur serveur internet pendant plusieurs heures à cause de ces criminels. Ça m'a clairement découragé d'héberger des nœuds. »*

Cette action semblait effectivement plutôt agressive et injustifiable. Chose remarquable : des rapports faisaient état d'attaques si puissantes qu'elles ont mis hors service un FAI tout entier. Les attaques ont semblé avoir des répercussions négatives significatives sur le réseau de Bitcoin XT, si bien qu'on peut dire qu'elles ont fonctionné dans une certaine mesure. Je ne connais pas de partisans de petits blocs notoires qui ont soutenu ce genre de pratiques immorales, même si certains *small blockers* anonymes ont semblé défendre l'action sur BitcoinTalk, en la qualifiant de « contre-attaque ». Toutefois, si cette attaque a mis en lumière une chose, c'est l'importance d'avoir un réseau en pair à pair étendu, distribué et robuste, ce que Bitcoin XT n'avait pas encore développé à ce stade. On n'a jamais su qui était derrière ces attaques, bien que des rumeurs aient circulé plusieurs mois plus tard, évoquant l'opérateur d'un réseau d'ordinateurs zombies qui aurait été payé anonymement en Bitcoins pour les lancer. Le comportement des attaquants a été considéré comme immoral même par les partisans de petits blocs, qui étaient nombreux à le considérer comme contre-productif, en détournant les gens de leur camp. De mon point de vue, il s'agit là d'un rare exemple d'erreur tactique de la part du camp des petits blocs, à condition bien sûr qu'il s'agisse d'un de leurs membres et non d'une sorte d'opération sous fausse bannière. Le but de cette guerre était de persuader les gens de rallier le camp que l'on avait choisi, et une telle action agressive n'avait rien de fructueux. Pour autant que je sache, cette forme d'attaque ne s'est pas reproduite dans la guerre des blocs.

Le 3 janvier 2016, Brian Armstrong, le PDG de Coinbase (l'une des plus grandes plateformes d'échange au comptant de l'écosystème et l'entreprise bénéficiant du plus grand soutien du capital-risque), a publié un article en faveur de blocs plus gros. Brian soutenait également Gavin et présentait des opinions controversées sur la façon d'améliorer Bitcoin.

> *« Heureusement, bitcoin dispose d'un mécanisme de mise à niveau intégré et élégant. Si la majorité des mineurs de bitcoin "votent" pour une mise à niveau particulière, il s'agit par définition de la nouvelle version de bitcoin. Le nombre de votes*

obtenus par chaque mineur est proportionnel à la quantité de puissance de calcul qu'il apporte au réseau (les votes ne peuvent donc pas être truqués) [1]. »

Le point de vue selon lequel Bitcoin était défini comme la chaîne bénéficiant de la plus grande puissance de hachage ne semblait pas avoir beaucoup de sens pour les partisans des petits blocs. Pour eux, les nœuds de Bitcoin faisaient *indéniablement* respecter un certain nombre de règles ; un bloc devait s'y conformer sous peine d'être ignoré. Pour les *small blockers*, il s'agissait là d'un élément essentiel au fonctionnement de Bitcoin. Si les mineurs essayaient de modifier les règles sur un coup de tête, cela provoquerait une scission au sein de la chaîne et donnerait naissance à une nouvelle cryptomonnaie. La monnaie qui suivrait les règles initiales continuerait d'être Bitcoin.

À l'inverse des *big blockers*, les *small blockers* avaient tendance à considérer que les nœuds complets de validation étaient importants pour faire respecter les règles du protocole. Pour les partisans des gros blocs, la plupart des utilisateurs ne devaient pas utiliser de nœuds à validation complète, mais plutôt des nœuds légers. Cependant, même dans cette conception des *big blockers*, les utilisateurs qui ne disposeraient pas de nœuds complets posséderaient tout de même un portefeuille. Ces portefeuilles, même s'ils n'appliquaient pas *toutes* les règles du protocole, en faisaient respecter toujours une partie.

Bitcoin avait toutes sortes de règles et de conventions qui ne se limitaient pas à la taille des blocs. Par exemple, les formats de transaction, les signatures approuvant les dépenses, la structure en arbre de Merkle, le format des entêtes de bloc, etc. Brian et les partisans de gros blocs ne prétendaient-ils tout de même pas

---

1. https://www.coinbase.com/blog/scaling-bitcoin-the-great-block-size-debate

que toute chaîne ayant une plus grande puissance de calcul – même une simple chaîne de hachages sans aucune autre donnée transactionnelle liée – serait ou pourrait être définie comme Bitcoin ? Même dans la vision du monde des *big blockers*, où les gens n'utilisaient que des nœuds légers, les blocs étaient toujours obligés de respecter certaines règles.

Une interprétation plus favorable de l'argument de Brian consisterait peut-être à dire que les mineurs étaient libres de faire ce qu'ils voulaient dans le cadre du protocole, à l'exception des règles qui leur étaient imposées par les portefeuilles légers. Vu sous cet angle, le discours des partisans des gros blocs avait un peu plus de sens. Certes, la limite de taille des blocs ne serait pas prise en compte dans les règles, mais différents portefeuilles légers feraient respecter différents sous-ensembles de règles. Il y aurait donc une zone d'ombre entre ce que les mineurs pouvaient et ne pouvaient pas contrôler. Les partisans de petits blocs, quant à eux, n'étaient pas d'accord : il était primordial d'avoir une définition claire sur ce qui était ou non une règle du réseau, afin de garantir qu'il n'y ait jamais de doute quant à l'identité de la chaîne valide la plus longue.

J'ai essayé maintes fois d'explorer ce sujet avec certains partisans des gros blocs. Je leur ai posé des questions telles que : « Que se passerait-il si les mineurs généraient une nouvelle inflation au-delà de la limite de 21 millions d'unités et se les attribuaient à eux-mêmes ? Si cette chaîne avait plus de quantité de travail, serait-elle considérée comme Bitcoin ? » En général, ils me répondaient quelque chose comme « Les mineurs ne feraient jamais ça. » ou « Bitcoin, c'est avant tout une question de théorie des jeux et d'incitations : si les mineurs agissaient ainsi, le prix chuterait. » ou encore « La théorie des jeux est structurée de telle sorte que les mineurs n'agiraient pas de la sorte. »

Je déclarais : « Si les mineurs agissaient de la sorte, tous les nœuds et portefeuilles considéreraient cette chaîne comme invalide. Si les mineurs transgressaient le plafond de la quantité de Bitcoins, ces blocs seraient complètement invisibles aux yeux des utilisateurs de Bitcoin. » Les partisans des gros blocs répondaient généralement à cela que « les nœuds n'avaient pas d'importance » : pour eux, Bitcoin était défini par la chaîne ayant la plus grande quantité de travail, que les nœuds la suivent ou non. Si un utilisateur souhaitait faire partie de Bitcoin, il devrait télécharger et installer un nouveau logiciel de nœud afin de s'assurer qu'il suive la chaîne ayant la quantité de travail la plus importante, qu'elle enfreigne ou non certaines règles.

Je n'étais pas certain de savoir qui avait raison dans cette affaire. Tout dépendait de la manière dont les gens se comportaient. Si, à l'instar des *big blockers*, tout le monde téléchargeait de nouveaux clients pour suivre la chaîne la plus longue, alors oui, dans ce cas, ils auraient raison. En revanche, si, à l'instar des *small blockers*, tout le monde s'obstinait à conserver son client d'origine, alors les premiers auraient tort. Il s'agissait d'une question ouverte et personne ne pouvait être certain à 100 % de la bonne réponse. Les extrémistes des deux camps semblaient convaincus d'avoir raison, mais ils faisaient preuve d'une grande fermeture d'esprit. Les deux camps partaient du principe que les gens se comporteraient comme eux. En réalité, chaque personne avait des idées et des perspectives différentes, de sorte qu'elle se comporterait différemment. La vision des partisans des gros blocs semblait reposer sur l'approbation quasi générale, tandis que celle des partisans des petits blocs paraissait ne nécessiter que l'adhésion d'une minorité significative. De ce point de vue, il m'a semblé que les *small blockers* avaient en grande partie raison. Certaines personnes mettraient à jour leurs clients, d'autres non, et nous assisterions donc à une séparation du réseau.

Cette divergence de points de vue sur le rôle des nœuds complets dans l'application des règles a semé davantage de confusion. Les partisans des petits blocs disaient régulièrement qu'ils étaient opposés à une augmentation de la taille limite des blocs, car cette augmentation rendrait le coût de fonctionnement d'un nœud trop élevé, ce qui pourrait réduire le nombre de nœuds et provoquer une centralisation du réseau. Les partisans des gros blocs interprétaient à tort cette déclaration comme une indication que les *small blockers* craignaient qu'il n'y ait pas assez de nœuds de relais, et que, par conséquent, le réseau de communication pair à pair, au sein duquel les données transactionnelles sont propagées, ne soit trop faible. La communication serait dans ce cas centralisée autour de quelques gros nœuds centraux. De manière générale, ce n'était pas ce type de centralisation qui inquiétait les partisans des petits blocs. Ils étaient plus préoccupés par l'idée que trop peu d'utilisateurs finaux seraient en capacité de déployer des clients Bitcoin validant toutes les règles du protocole, ce qui compromettrait la décentralisation de l'application des règles du protocole. Les *big blockers* n'ont jamais eu l'air de comprendre ce problème et pensaient qu'il n'était pas nécessaire que les utilisateurs finaux soient capables de faire fonctionner ces clients de nœuds complets. Le risque que les gros blocs puissent ainsi rendre extrêmement coûteux le fonctionnement des nœuds complets, n'était pas pour eux une préoccupation majeure. Cette divergence de points de vue signifiait essentiellement que les deux camps se parlaient sans s'écouter, plutôt que de chercher à comprendre la perspective de l'autre.

Cette confusion était souvent mêlée à une mécompréhension du même type à propos du fonctionnement rôle Bitcoin, à savoir l'idée répandue qu'une attaque minière des 51 % pouvait dérober les fonds des utilisateurs, même sans une signature valide fournie par l'expéditeur. Les mineurs ne peuvent pas faire cela, du moins pas dans le monde des petits blocs : tout ce que les mineurs peuvent faire avec une attaque des 51 %, c'est effectuer une double dépense de transactions en conflit pour lesquelles ils possèdent une signature valide. Cela ne veut pas dire que tous les *big blockers* ne comprenaient pas ce principe ; ils le saisissaient dans une certaine mesure. C'est juste qu'il s'agissait d'un nouveau domaine scientifique exploré pour la première fois, où l'incertitude régnait de part et d'autre de la question, et qu'il fallait du temps pour parvenir à une bonne compréhension. Le manque de clarté dans ce domaine a réduit la capacité des partisans des gros blocs à accomplir leurs objectifs. Si les *big blockers* avaient clairement concentré leurs efforts sur le retrait de la taille limite des blocs de l'ensemble des règles du protocole, plutôt que de semer la confusion sur l'existence même de ces règles, ils auraient peut-être eu plus de succès.

L'opinion de Brian, selon laquelle le taux de hachage définissait la chaîne, semblait être confortée par la dernière phrase du livre blanc de Bitcoin, qui était la suivante :

> « *Ils votent avec la puissance de leur CPU, exprimant leur acceptation des blocs en travaillant à leur extension et rejetant les blocs invalides en refusant d'y travailler. Toute règle ou incitation nécessaire peut être appliquée grâce à ce mécanisme de consensus.* »

Cette citation était souvent partagée et répétée par les partisans des gros blocs, même s'il n'était pas du tout certain que Satoshi partageait ce point de vue. En effet, le livre blanc précisait également :

> *« Nous envisageons le scénario d'un attaquant qui tente de générer une chaîne alternative plus rapidement que la chaîne honnête. Même en cas de réussite, le système n'est pas exposé à des modifications arbitraires, telles que la création de valeur ex nihilo ou l'appropriation d'argent n'ayant jamais appartenu à l'attaquant. Les nœuds n'accepteront pas une transaction invalide comme paiement, et les nœuds honnêtes n'accepteront jamais un bloc les contenant. Un attaquant peut seulement essayer de modifier l'une de ses propres transactions afin de récupérer l'argent qu'il a récemment dépensé [2]. »*

Ci-dessus, Satoshi explique que les nœuds font respecter un certain nombre de règles. Il est important de remettre le livre blanc dans son contexte : il s'agissait avant tout de proposer une possible solution au problème de la double dépense. L'innovation principale du système ne résidait pas dans la gestion de nœuds par les utilisateurs pour faire respecter les règles, mais bien dans le minage par preuve de travail. Les mineurs décidaient de l'ordre des transactions. Selon les *small blockers*, c'était dans ce contexte qu'il convenait d'interpréter la dernière ligne du papier blanc. Toutefois, ces deux citations du livre blanc semblaient en effet quelque peu contradictoires.

Beaucoup considéraient qu'il existait des visions fondamentalement différentes quant à la manière dont fonctionnait Bitcoin. Cependant, ce potentiel problème n'avait pas nécessairement à engendrer directement des complications dans cette guerre des blocs. Les *big blockers* voulaient avant tout de plus gros blocs. Ils voulaient donner aux mineurs une liberté absolue en ce qui concerne la taille des blocs, que ce soit dans le cadre d'un système comme la BIP 100 où les mineurs votaient pour la limite, ou en retirant purement et

---

2. https://bitcoin.org/bitcoin.pdf

simplement la taille limite des blocs de l'ensemble des règles du protocole Bitcoin. À la place, la confusion régnait dans l'écosystème à ce sujet, les partisans des gros blocs affirmant souvent que la majorité du taux de hachage permettait presque tout, sans apporter de précisions. Ce manque de réflexion et de recul a grandement porté préjudice au camp des gros blocs. Il était plus difficile pour eux de rallier des utilisateurs à leur cause. L'argument selon lequel les utilisateurs installeraient un nouveau client avec une limite de taille des blocs plus élevée en cas de soutien d'une majorité de mineurs à l'augmentation de cette limite par embranchement divergent, car cette action augmentait la limite, me semblait très logique : les partisans des gros blocs présentaient ici un point de vue valable. Cependant, l'argument selon lequel quelqu'un téléchargerait et installerait un nouveau client pour suivre une chaîne plus longue qui volerait les fonds de certains utilisateurs pour les donner aux mineurs n'avait guère de sens. Si un tel évènement se produisait vraiment, j'étais persuadé que les partisans des gros blocs cesseraient rapidement de prétendre que les règles du réseau n'existaient pas. Par conséquent, la divergence de visions apparente n'était peut-être pas aussi profonde qu'il n'y paraissait. Les *big blockers* voulaient juste de plus gros blocs. Ils faisaient valoir cet argument à propos de la chaîne ayant le plus de quantité de travail qui définissait Bitcoin, car ils pensaient que cela servait leur cause.

Dans son article, Brian poursuivait en expliquant pourquoi Coinbase continuait à soutenir Bitcoin XT :

> *« Je pense que BitcoinXT fait partie des quelques bonnes propositions dont nous serions satisfaits, mais les gens ne devraient pas y voir plus que cela (nous utilisons différents types de nœuds en production, y compris bitcoin core, XT, un nœud*

> *personnalisé opérationnel que nous avons codé pour nos besoins,*
> *et nous en ajouterons probablement d'autres à l'avenir comme*
> *BitcoinUnlimited).* »

Avant la publication de cet article et de ces explications, Brian avait posté des tweets (désormais supprimés) exprimant son soutien pour Bitcoin XT. Presque immédiatement après, Coinbase a été retiré de la liste des portefeuilles recommandés sur le site web Bitcoin.org[3]. Ce site était l'une des principales sources d'information à propos de Bitcoin : c'était le site qui avait été mis en place initialement par Satoshi. Cette action agressive, très similaire à la politique de modération sur le Reddit de Bitcoin, a provoqué la colère des partisans des gros blocs, qui l'ont considéré comme mesquine, infantile et source de division. D'autre part, les partisans des petits blocs affirmaient que Coinbase avait effectivement annoncé son intention de passer de Bitcoin à une cryptomonnaie alternative. Par conséquent, ils estimaient que la plateforme ne devrait plus être répertoriée sur un site web dédié à Bitcoin, ce qui pourrait semer la confusion. Tout comme la censure sur Reddit, cet acte a semblé n'avoir fait que renforcer la résolution des *big blockers* et diviser encore plus la communauté.

Fin décembre, beaucoup ont été surpris par la persistance du soutien apporté par Brian à Bitcoin XT, alors que l'idée semblait presque enterrée à ce stade, la majorité des coopératives de minage déclarant que l'augmentation à 8 Mo était trop importante. Dans le même article, Brian incluait la capture d'écran d'une feuille de calcul Excel provenant de mineurs, montrant leurs préférences en matière de taille des blocs. La capture d'écran indiquait que les trois principales coopératives de minage s'opposaient à Bitcoin XT. Les opinions sur

---

3. https://github.com/bitcoin-dot-org/Bitcoin.org/commit/7d1cdd94651461ff13ad4 ed10b05b2374690fac2

la question avaient changé au cours des six mois qui s'étaient écoulés depuis que les mineurs s'étaient mis d'accord sur une limite de de 8 Mo. L'idée d'une augmentation simple et plus conservatrice à 2 Mo était désormais à l'ordre du jour et semblait gagner du terrain.

Le 14 janvier 2016, la guerre des blocs a connu un nouveau rebondissement. Mike Hearn, le principal promoteur de Bitcoin XT, était si frustré par le manque de progrès sur la question de la taille des blocs, qu'il a qualifié Bitcoin d'expérience ratée, et a annoncé qu'il vendait tous ses Bitcoins [4]. Mike estimait :

> *« La guerre civile ainsi déclenchée a vu Coinbase – la plus grande et la plus connue des startups consacrées à Bitcoin aux États-Unis – être effacée du site officiel de Bitcoin pour avoir choisi le "mauvais" camp et être bannie des forums de la communauté. Lorsqu'une partie de la communauté s'en prend violemment à ceux qui ont introduit des millions d'utilisateurs à la monnaie, on sait que les choses sont vraiment devenues folles. »*

Cet « abandon rageur » (*ragequit*) de Hearn a été largement médiatisé et semble avoir provoqué une chute du prix de Bitcoin de 10 %, passant de 432 $ à environ 388 $.

Le 16 janvier 2016, quelques jours après l'annonce de Mike, Jihan Wu a publié le tweet suivant :

> *« Le raté Mike Hearn a exprimé beaucoup d'opinions racistes et injustes envers les bitcoiners chinois. C'est pourquoi il n'a pas pu obtenir assez de soutien [5]. »*

---

4. https://blog.plan99.net/the-resolution-of-the-bitcoin-experiment-dabb3o2o1f7

5. https://twitter.com/JihanWu/status/688300019003162626

Jihan était l'un des acteurs les plus influents et importants dans l'industrie du minage. Il était le co-PDG et co-fondateur de Bitmain, une société chinoise qui produisait des machines de minage, possédait ses propres fermes et gérait des coopératives. Jihan était manifestement furieux à cause du *ragequit* de Mike, mais sa critique était quelque peu paradoxale du fait qu'il allait bientôt s'imposer comme le principal acteur dans le camp des gros blocs. En ce qui concerne l'allégation de Jihan sur le racisme de Mike, elle m'a semblé étrange, car toutes mes interactions avec Mike n'avaient jamais laissé transparaître un tel sentiment. D'autre part, certains partisans des gros blocs m'avaient fait part directement de commentaires anti-chinois. Par exemple, ils attribuaient le manque de soutien pour XT à la loyauté chinoise envers le *statu quo* oppressif et faisaient un parallèle avec le soutien général du parti communiste en Chine. À mon avis, cette explication du manque de soutien en faveur de XT était ridicule et scandaleuse, et découlait d'un biais de confirmation qui était endémique dans l'écosystème. Il est possible que Mike ait exprimé ce genre de point de vue, mais c'est peu probable. Le lendemain, Mike a indiqué dans un message sur un forum qu'il avait eu des conversations téléphoniques houleuses avec des mineurs chinois. Ces appels ne se sont probablement pas bien passés, ce qui pourrait expliquer les accusations de racisme. Le message expliquait aussi pourquoi la limite de 8 Mo a été initialement choisie pour Bitcoin XT : le huit est un chiffre porte-bonheur en Chine.

> *« Pourquoi le huit ? Parce que c'est un homonyme chinois pour "prospérité" ou "richesse" :*
>
> *Il revient tout le temps dans la communauté chinoise de Bitcoin. Ce choix n'était donc évidemment pas fondé sur une quelconque analyse scientifique. Il aurait été embarrassant que*

les constantes du protocole Bitcoin soient déterminées par des rimes, mais nous avons tout de même transigé et l'avons fait.

Après que Core ait rejeté le BIP 101 (désormais modifié), Gavin et moi avons lancé XT ensemble. À ce moment-là, les mineurs ont changé leur fusil d'épaule. Ils ont annoncé qu'ils n'utiliseraient jamais rien d'autre que Core, point final. Cette "exigence" n'avait pas été énoncée auparavant. Que ce soit dans mes conversations personnelles avec eux (j'ai eu divers appels téléphoniques avec des mineurs du monde entier, y compris en Chine) ou au sein de leurs déclarations publiques, ils ont explicitement fait comprendre que leur loyauté envers Core était absolue et que, quelle que soient les modifications que nous apportions à XT, ils ne l'utiliseraient jamais. Ainsi, faire davantage de compromis était inutile [6]. »

C'est à ce stade, lorsque le dernier clou a été enfoncé dans le cercueil de XT, que les partisans des gros blocs ont cherché une nouvelle cause à laquelle se rallier. La tentative suivante d'augmentation de la taille des blocs s'appelait Bitcoin Classic [7]. Il s'agissait d'un simple passage ponctuel à une limite de 2 Mo, une proposition beaucoup plus modérée et raisonnable que la transition jusqu'à 8 000 Mo qui était incluse dans Bitcoin XT. Cette fois-ci, Gavin serait le développeur principal, plutôt que Mike. Jeff Garzik soutenait également la proposition et figurait sur le site web de Classic en tant que développeur. Classic semblait avoir une meilleure chance de succès que XT, avec son approche beaucoup plus modérée concernant la taille des blocs.

---

6. https://news.ycombinator.com/item?id=10920902
7. https://archive.is/6QvMJ

Presque tous les mineurs et les grands acteurs du secteur semblaient d'accord avec une augmentation ponctuelle à 2 Mo. D'un autre côté, un précédent avait été établi : une campagne visant à supprimer une règle de consensus de Bitcoin venait d'échouer, et maintenant les *big blockers* essayaient à nouveau. Cet état de fait semblait donner quelques espoirs aux *small blockers*. Jonathan Toomim, un mineur de Bitcoin, avait affirmé lors de la conférence *Scaling Hong Kong* que 2 Mo constituait une limite sûre, et qu'il était un défenseur de Bitcoin Classic. Les partisans des petits blocs ont surnommé la monnaie « ToomimCoin [8] », peut-être dans une tentative d'associer Classic à Jonathan Toomim, de la même manière que Bitcoin XT avait été lié à Mike. Bitcoin Classic a été officiellement lancé le 10 février 2016 [9].

La méthode d'activation de Bitcoin Classic était presque identique à celle de Bitcoin XT, et ne comportait aucune amélioration. Aucun effort n'a été fait non plus pour obtenir un consensus général avant d'encourager les utilisateurs à faire fonctionner le client. En effet, les partisans des gros blocs ne voulaient pas faire cet effort. Non seulement ces derniers désiraient des blocs plus gros, mais en plus ils paraissaient mépriser la méthode d'activation préconisée par les partisans des petits blocs. Cette attitude s'expliquait par un manque de confiance, ainsi que par la colère suscitée par la censure et d'autres comportements perçus comme agressifs provenant des *small blockers*. Bitcoin Classic a donc conservé le seuil d'activation des mineurs de 75 %, utilisé par Bitcoin XT, ce qui m'a paru être une erreur tactique. Si les *big blockers* avaient choisi une méthode d'activation plus modérée, avec de meilleures mesures de sécurité, ils auraient eu l'occasion de diviser le camp des petits blocs et d'émerger éventuellement en tant que vainqueurs dans ce conflit.

---

8. https://bitcointalk.org/index.php?topic=1330553.0

9. https://github.com/bitcoinclassic/bitcoinclassic/releases/tag/v0.11.2.cl1

De manière générale, les partisans des petits blocs s'opposaient au seuil de 75 % pour plusieurs raisons. Le signal de soutien dans l'en-tête du bloc était considéré comme un mécanisme de sécurité, indiquant que tout le monde était prêt à se mettre à jour. Selon eux, la mise à niveau elle-même n'était pas censée être controversée ou soumise à un vote. En avril 2012, l'embranchement convergent P2SH avait été activé avec un seuil de 55 %. Cependant, les 45 % de mineurs qui n'avaient pas effectué la mise à niveau avaient produit des blocs invalides pendant plusieurs mois suivant l'activation. Cette situation avait été considérée comme un problème et un nouveau seuil de 95 % avait donc été choisi, seuil qui avait été utilisé depuis lors. Pour les partisans des gros blocs, le signalement des mineurs était un vote ou un processus de prise de décision. Dans un tel scénario, les 75 % semblaient être une majorité solide, tandis que les 95 % paraissaient constituer un objectif irréaliste. De plus, les *big blockers* estimaient qu'un pourcentage de 75 % représentait un taux de hachage largement suffisant pour produire la chaîne la plus longue. Dans leur esprit, 51 % suffisaient pour contrôler le réseau et 75 % représentaient une marge de sécurité inutilement élevée.

Je ne pense pas que les partisans des petits blocs s'opposaient au vote des mineurs comme moyen de connaître leur opinion sur le débat. Cependant, il faut distinguer l'évaluation de l'opinion des mineurs et les signaux dans les entêtes de bloc qui activent les modifications des règles de consensus. Les *small blockers* considéraient ces signaux comme des éléments essentiels de la sécurité du réseau et estimaient qu'il était dangereux et inapproprié d'associer l'activation au vote des mineurs sur les propositions.

Ce que les partisans des gros blocs ne comprenaient pas à ce stade du conflit, c'est que la méthode d'activation qu'ils avaient choisie compromettait considérablement leurs propres chances de réussite. C'était presque comme aller au combat en se liant les mains dans le dos. Rappelez-vous que les *big blockers* cherchaient à augmenter la limite de taille des blocs : la règle en vigueur était que les blocs devaient mesurer au maximum 1 Mo, et ils voulaient que cette limite soit de 2 Mo. Les blocs produits avec la règle de la petite limite formaient donc un sous-ensemble des blocs acceptés par la règle de la grande limite, ce qui créait une asymétrie. Si le *hardfork* était activé et que le réseau se séparait, les nœuds appliquant la grande limite considéreraient la chaîne à petits blocs comme valide, tandis que les nœuds appliquant la petite limite considéreraient la chaîne à gros blocs comme invalide. En cas de scission litigieuse, cette asymétrie conférerait un avantage au camp des petits blocs. En d'autres termes, si la chaîne à petits blocs prenait de l'avance en matière de preuve de travail, la chaîne à gros blocs pourrait disparaître de la circulation, phénomène connu sous le nom d'« effacement » ou de « *wipeout* ». Bien que cette menace puisse paraître insignifiante, surtout si la chaîne à gros blocs dispose d'une majorité qualifiée de mineurs, il convient d'envisager la situation à partir du point où la scission se produit. Si, par hasard, la chaîne à petits blocs prenait de l'avance suite à la production du premier bloc de plus de 1 Mo, alors elle pourrait assez rapidement effacer la chaîne à gros blocs. Cet évènement pourrait avoir un effet dévastateur sur le camp des gros blocs, car les mineurs pourraient craindre de produire un gros bloc à nouveau.

Du point de vue des marchés financiers, l'asymétrie de la situation était peut-être encore plus importante. Les spéculateurs avaient l'occasion de miser sur la monnaie du camp des petits blocs et vendre à découvert celle du camp des gros blocs. Par conséquent, le prix de la monnaie à gros blocs baisserait tandis que celui de l'autre monnaie augmenterait, ce qui inciterait les mineurs à se tourner vers la chaîne à petits blocs pour toucher des récompenses de minage plus élevées. Cela pourrait finir par effacer et détruire complètement la chaîne à gros blocs, ce qui permettrait aux spéculateurs de réaliser des profits records.

La solution à ce problème était simple : la méthode d'activation pouvait exiger que le premier bloc au point d'activation soit supérieur à 1 Mo, ce qui permettrait d'obtenir une scission nette où aucune chaîne ne serait vulnérable à un effacement. Néanmoins, lorsque j'en discutais avec des *big blockers*, ils me disaient que ce n'était pas un problème, car le soutien pour leur camp était écrasant. Les partisans des gros blocs croyaient également que la majorité de la puissance de hachage définissait Bitcoin, et que l'inclusion d'un tel point de contrôle remettait en cause ce point de vue. C'était presque comme si leur idéologie rendait leur chaîne plus vulnérable. Un partisan notoire des petits blocs a accepté d'en discuter avec moi en revanche. Celui-ci m'a expliqué qu'il était préférable de garder ce problème sous silence : « Mieux vaut ne pas interrompre un ennemi lorsqu'il commet une grave erreur », a-t-il expliqué. Certains *small blockers* préféraient garder cet atout en poche, comme mesure d'urgence à utiliser dans l'éventualité où une chaîne à gros blocs serait lancée avec cette faiblesse. Au fur et à mesure que la guerre progressait, les *big blockers* ont fini par comprendre ce problème et par adopter l'approche de la scission nette avec point de contrôle. Cependant, il a fallu attendre l'été 2017 pour qu'ils s'en rendent compte.

Bitcoin Classic (tout comme Bitcoin XT) présentait un autre inconvénient, que les *big blockers* s'étaient imposé à eux-mêmes et qui, couplé à l'asymétrie mentionnée plus haut, aggravait davantage leur situation : les fenêtres d'activation *glissantes* à 75 %. Comme indiqué précédemment, Bitcoin avait utilisé un seuil d'activation de 95 % pour activer les *softforks*, mais ce seuil se basait sur des périodes fixes de deux semaines. En revanche, le *hardfork* de Bitcoin Classic intégrait une fenêtre d'activation *glissante* de 75 %, ce qui signifiait qu'il serait activé si 750 blocs signalaient leur soutien à Classic au cours d'une période de 1 000 blocs consécutifs. Supposons que les mineurs se mettent à jour progressivement, ce qui avait certainement été le cas lors des mises à niveau précédentes. Étant donné que le délai supplémentaire n'était que de quatre semaines, cela signifiait qu'au moment où le premier gros bloc serait produit, environ 25 % des mineurs mineraient encore la chaîne à petits blocs. Si des fenêtres de vote fixes avaient été utilisées, il aurait été possible de recueillir un soutien supérieur à 75 %, même avec un seuil de 75 %. En réalité, la situation était probablement pire. Lorsqu'on procédait à une analyse statistique du signalement des mineurs, dans l'hypothèse d'une adoption lente, Classic était susceptible de franchir ce seuil de 75 % avant même que 75 % des mineurs n'aient effectué la mise à niveau. Le scénario le plus probable était une répartition de 29 % pour 71 % [10].

La fenêtre glissante était donc presque assurée de provoquer une scission chaotique. Les partisans des gros blocs insistaient pour aller au combat en ayant les mains liées dans le dos *et* en portant aussi un bandeau sur les yeux. Quel que soit le nombre de participants de chaque côté, le résultat probable était une victoire pour les partisans des petits blocs.

La fenêtre glissante semblait tout à fait inutile, ce que certains développeurs de Bitcoin ont expliqué à Gavin à de nombreuses reprises. Cependant, Gavin ne se préoccupait pas de cette question puisque, selon lui, le soutien pour les gros blocs était écrasant. Ce

---

10. https://bitcoinmagazine.com/technical/bitcoin-classic-hard-fork-likely-to-activate-at-hashrate-support-1457020892

n'était donc pas un problème important. Gavin aurait peut-être mieux fait d'écouter ces remarques, car, avec un peu plus d'efforts, il aurait pu faciliter la mise à niveau autant que possible et rallier éventuellement davantage de personnes à sa cause. En effet, Gavin pouvait toujours se tromper sur le niveau du soutien apporté à Bitcoin Classic. « Mieux vaut prévenir que guérir », me disais-je. Ce rejet ne ressemblait pas à l'ancien Gavin, qui m'avait paru plus prudent dans son approche et plus ouvert d'esprit. Il semblait que sa frustration face à la situation avait quelque peu obscurci son jugement et qu'il perdait patience. Peut-être que Gavin avait tout à fait raison de perdre patience, et peut-être que toutes ces préoccupations des *small blockers* n'étaient que des tactiques d'obstruction, ce pour quoi ils étaient très bons. Les partisans des petits blocs n'avaient pas l'air de dire : « Corrige juste ces deux choses et nous soutiendrons Classic. » Si Gavin avait corrigé ces défauts, les mêmes personnes auraient tout simplement trouvé d'autres problèmes avec Classic. Par exemple, ils auraient alors demandé que l'entête de bloc soit modifié, afin que les clients légers puissent savoir que le *hardfork* a eu lieu, ce qui était une autre mesure de sécurité souvent exigée par les *small blockers*. Comme pour la plupart des questions dans cette guerre, la vérité se trouve probablement quelque part au milieu. Mais le fait que les partisans des gros blocs aient fini par prendre en compte certaines de ces préoccupations plus tard dans la guerre suggère qu'il y a peut-être une part de vérité dans la thèse selon laquelle ils nuisaient à leur propre cause en soutenant ces systèmes d'activation.

Malgré ces défauts pouvant s'avérer désastreux dans la méthode d'activation de Bitcoin Classic, le client gagnait en popularité. Presque toutes les entreprises financées par le capital-risque de la Silicon Valley à San Francisco, comme Coinbase, soutenaient

Classic. Les faiblesses de Bitcoin Classic étaient trop théoriques, trop techniques et n'étaient pas bien comprises ou débattues. À ce stade, les partisans des gros blocs avaient le vent en poupe et étaient en train de remporter la guerre. De plus en plus de coopératives de minage, telles que Bitfury Group, ont commencé à déclarer leur intention de soutenir Bitcoin Classic[11]. Dans le même temps, de plus en plus d'entreprises de l'écosystème annonçaient leur soutien. Cependant, le nombre de blocs indiquant réellement un soutien pour Bitcoin Classic était plutôt faible, et peu d'utilisateurs semblaient faire fonctionner des nœuds Classic.

En février 2016 a eu lieu un évènement appelé la Satoshi Roundtable. Il s'agissait de la deuxième édition d'une série d'événements annuels qui se poursuivraient jusqu'en 2020, donnant l'occasion aux meneurs de l'écosystème de la blockchain de se réunir et de discuter de diverses questions. Cette fois-ci, l'ordre de jour était axé sur le sujet de la taille des blocs. Je n'y ai pas assisté et ne peux donc pas fournir un compte rendu de première main. Cependant, Brian Armstrong était présent, ainsi que son collaborateur de l'époque Charlie Lee, fondateur de Litecoin et frère de Bobby Lee. Après la conférence, Brian a écrit un article critiquant plusieurs développeurs de Bitcoin Core et affichant son soutien à Bitcoin Classic. De mémoire, au début, l'article était plutôt cinglant à l'encontre de Bitcoin Core, mais il a été rapidement rectifié et remplacé par un article plus modéré.

> *« À mon avis, le plus grand risque que court actuellement bitcoin est, ironiquement, l'une des choses qui a le plus contribué à son succès par le passé : les développeurs de bitcoin core.*
>
> *[...]*

---

11. https://twitter.com/valeryvavilov/status/688054411650818048

L'équipe de core comprend des personnes d'une très grande intelligence, mais il y a des aspects qui me préoccupent grandement à leur sujet en tant qu'équipe après avoir passé du temps avec eux le week-end dernier. Certains d'entre eux ont de très mauvaises compétences en communication ou manquent de maturité — cela a nui à la capacité de bitcoin à attirer de nouveaux développeurs de protocoles dans l'écosystème. Ils préfèrent des solutions "parfaites" aux solutions "suffisamment bonnes". Et dans le cas où il n'y a pas de solution parfaite, l'inaction ne les dérange pas, même si elle met bitcoin en danger.

[…]

Nous devons former une nouvelle équipe pour travailler sur le protocole bitcoin. Une équipe qui accueille de nouveaux développeurs dans la communauté, qui est prête à faire des compromis raisonnables, et qui aidera le protocole à continuer à évoluer. Vous en entendrez davantage à ce sujet dans un ou deux mois.

[…]

Si vous voulez assurer le succès de Bitcoin, je vous encourage à migrer vers Bitcoin Classic à court terme.

[…]

J'ai également donné l'exemple des navigateurs web. Les équipes de Chrome et Safari sont de féroces concurrentes, mais elles participent aux mêmes conférences et collaborent avec l'IETF sur les normes à adopter. De nombreuses entreprises concurrentes étaient également présentes à la conférence. Elles n'étaient pas hostiles ou agressives l'une envers l'autre. Nous travaillons tous dans le même secteur et sommes amis à bien des égards. Il en irait de même si plusieurs équipes travaillaient sur le protocole bitcoin. En offrant un choix sur le marché, on obtient plus de progrès, et non moins [12]. »

Ce qui précède est un condensé des parties les plus controversées de l'article de Brian. Cet article reflétait clairement une rancœur croissante envers certains des développeurs de Bitcoin Core et le désir de voir Bitcoin se détacher d'eux.

Brian a évoqué l'exemple des équipes de développeurs en compétition dans les navigateurs Web, Chrome contre Safari. Bien sûr, pour les partisans des petits blocs, cette comparaison montrait que Brian ne comprenait pas la situation. Les navigateurs web n'avaient pas de système de consensus global. Pour les *small blockers*, cette guerre ne portait pas sur la concurrence entre les équipes ; elle concernait la concurrence entre les règles de consensus du réseau et, par conséquent, entre les monnaies, avec le potentiel des prix du marché et des flux financiers entre les monnaies, ainsi que toute la complexité qu'une scission impliquait. Bitcoin Classic n'était même pas vraiment une équipe concurrente. C'était en grande partie le même code que Bitcoin Core, avec quelques paramètres modifiés. Il existait déjà des équipes concurrentes qui mettaient en œuvre Bitcoin avec une base de code différente de Bitcoin Core. Ces autres clients Bitcoin, comme par exemple Libbitcoin ou BTCD, étaient écrits dans des langages différents. L'incapacité à comprendre la distinction entre la concurrence entre les monnaies et la concurrence entre les équipes était une erreur fondamentale de la part des partisans des gros blocs. Du point de vue des *small blockers*, les *big blockers* voulaient de plus gros blocs mais ne comprenaient pas comment

---

12. https://www.coinbase.com/blog/what-happened-at-the-satoshi-roundtable

Bitcoin fonctionnait ou comment effectuer un *hardfork*, alors ils se défoulaient sur Bitcoin Core et l'équipe de développement, un bouc émissaire bien pratique.

En février 2016, malgré l'absence de signalement notable de la part des mineurs en faveur de Bitcoin Classic, on avait l'impression que ceux-ci s'apprêtaient à signaler leur soutien, et l'activation semblait devenir une réelle possibilité. Par ailleurs, Classic semblait désormais disposer d'un soutien fulgurant de Coinbase. Étant donné certains des paramètres impliqués dans l'activation et l'obstination des *small blockers*, que les *big blockers* ne parvenaient pas à appréhender, Bitcoin semblait à mon sens se diriger vers une crise majeure et vers une scission. À ce stade de la guerre, les partisans des gros blocs étaient dans une position plus avantageuse qu'ils ne l'avaient jamais été, tandis que les partisans des petits blocs avaient toujours quelques tours dans leur sac. Bitcoin semblait sur le point de connaître un effondrement catastrophique.

8

TABLE RONDE À HONG KONG

LE 20 février 2016, je faisais une randonnée dans les collines autour de Hong Kong avec un groupe d'amis. En fin d'après-midi, je venais d'arriver au sommet de Lion's Rock et j'appréciais la vue emblématique de Hong Kong, avec l'île au loin. En attendant que le reste du groupe me rejoigne, j'ai consulté mon téléphone et parcouru le subreddit /r/btc et je suis tombé sur un message concernant une réunion entre mineurs et développeurs à Hong Kong pour discuter du passage à l'échelle de Bitcoin[1]. En regardant l'une des images, le lieu semblait être le même que celui de Scaling II : Cyberport à Hong Kong. Désireux de ne pas manquer l'événement, je suis immédiatement descendu de la montagne pour prendre un taxi et me rendre directement sur place, avant même que tous les membres de mon groupe aient atteint le sommet. Je n'étais pas invité à l'événement, mais si les règles du protocole étaient passées en revue et éventuellement décidées, tout en sachant que Bitcoin est un réseau ouvert, je pensais avoir autant le droit d'y être pour assister aux événements que n'importe qui d'autre. Je ne pouvais

---

1. https://www.reddit.com/r/btc/comments/46oa1r/feb_20_hk_coreminer _conference_pics_will_be/

tout de même pas en être exclu ? Ce ne serait pas juste ! C'est avec cette attitude confiante que je me suis rendu à l'événement.

Je suis arrivé vers 16 heures. L'événement se déroulait dans une petite salle, avec peut-être 30 à 40 personnes présentes, toutes réparties en petits groupes et discutant tranquillement. Les développeurs américains conversaient dans un coin, tandis qu'Adam Back et les mineurs discutaient entre eux de l'autre côté de la pièce. Parmi les développeurs présents se trouvaient l'Américain Cory Fields (qui travaillait avec Gavin à la Fondation Bitcoin), Johnson Lau (un développeur résidant à Hong Kong, cocréateur de SegWit), Luke Dashjr, Matt Corallo (un développeur venant des États-Unis et co-fondateur de Blockstream) et Peter Todd. En discutant avec les développeurs, ils m'ont dit qu'ils étaient venus à Hong Kong pour enseigner le fonctionnement de Bitcoin aux mineurs et avoir une discussion amicale. Ils voulaient également les persuader de ne pas faire fonctionner Bitcoin Classic. Cependant, certains mineurs étaient très enthousiastes à l'idée d'un embranchement divergent et avaient menacé de passer à Bitcoin Classic.

La tension dans la pièce était clairement palpable. Je me suis ensuite rendu de l'autre côté de la pièce. Jihan Wu et Micree Zhan, les deux cofondateurs de Bitmain, étaient assis à une table l'un à côté de l'autre, entourés de plusieurs autres personnages de l'industrie du minage qui se penchaient pour discuter. Jihan semblait le plus agité, et ceux qui l'entouraient voulaient qu'il se calme. Soudain, Jihan a dit quelque chose comme : « Nous allons soutenir Classic ; Core fera un hardfork, ou nous quitterons Core ! » Les personnes autour de Jihan avaient toutes l'air préoccupées et ont ensuite essayé de le calmer à nouveau. Après quelques minutes, les discussions avaient repris.

Les festivités ont commencé avec Jihan qui a proclamé haut et fort que les mineurs feraient un embranchement divergent à 2 Mo. « Si Bitcoin Core veut faire partie de Bitcoin, il doit faire ce hardfork », a-t-il déclaré. L'un des développeurs a alors répondu en disant que SegWit correspondait « déjà à 2 Mo et que Bitcoin Core travaillait sur SegWit ». « Non ! a déclaré Jihan. Nous avons besoin d'un hardfork à 2 Mo, pas de SegWit ». Le sentiment de frustration dans la salle était très vif ; ils avaient déjà dit tout cela avant mon arrivée et ils se répétaient. Les conversations ont continué pendant plusieurs heures encore, tournant en rond. Il y avait manifestement un manque de confiance.

Les deux côtés semblaient d'accord sur le fait que cette incertitude autour de Classic et que ce hardfork était mauvais pour Bitcoin. Il semblait émerger l'idée qu'il serait bon pour Bitcoin que toutes les personnes présentes se mettent d'accord sur un plan et l'annoncent. Je me souviens avoir entendu quelqu'un dire que cela calmerait le marché et ferait remonter le prix. S'il y a une chose sur laquelle tout le monde s'accordait, c'était le désir d'un prix plus élevé du Bitcoin. Un objectif a ainsi émergé : se mettre d'accord sur un texte qui serait publié et qui décrirait la voie à suivre pour Bitcoin. Je ne sais pas exactement comment cette idée avait germé.

Adam Back et certains des développeurs communiquaient avec quelques-uns de leurs collègues de Blockstream aux États-Unis par téléphone et par messagerie instantanée pendant les négociations. Ils étaient clairement furieux contre Adam pour ce qu'il faisait, envoyant des messages de colère et essayant désespérément de le persuader d'arrêter. Je peux imaginer le type de messages qu'ils ont pu écrire : ils faisaient probablement valoir que Bitcoin était censé être une monnaie apolitique et que les règles ne devaient pas être déterminées en coulisses lors d'une négociation politique à huis clos. Un point de désaccord supplémentaire portait sur le hardfork : ils craignaient qu'Adam et les autres développeurs ne s'engagent dans cette idée, alors qu'ils étaient convaincus que SegWit était la meilleure solution. Quoi qu'il en soit, ils ont clairement fait savoir qu'ils ne feraient pas partie de l'accord. Les autres ne se sont pas laissés décourager, croyant que c'était le seul moyen d'arrêter Bitcoin Classic, et les discussions ont continué.

La plupart des débats ont porté sur la date et l'ordre des événements. En raison du manque de confiance, Jihan voulait que le hardfork ait lieu avant SegWit. Les développeurs ont fait valoir qu'ils n'avaient pas la capacité de promettre sa réalisation car ils ne contrôlaient pas Bitcoin Core, et que Core ne contrôlait pas Bitcoin. Tout ce à quoi ils pouvaient s'engager était d'écrire le code. Certains mineurs n'ont cessé de répéter que cela devait figurer dans une des versions de Bitcoin Core, et nous avons tourné en rond sur ce point pendant un temps considérable.

Samson Mow, qui travaillait alors pour la plateforme d'échange BTCC de Bobby Lee, était également présent à la réunion. Je me souviens qu'il était l'une des nombreuses figures derrière le texte et qu'il en a rédigé une partie. À l'époque, Samson était un small blocker qui semblait prendre plaisir à ridiculiser les partisans des gros blocs. Cela faisait de lui l'une des principales figures focalisant la haine des big blockers, aux côtés de Gregory Maxwell, Adam Back et Luke Dashjr. En avril 2017, environ un an après cet événement, Samson a rejoint Blockstream en tant que directeur de la stratégie.

Il était 4 heures du matin, et les discussions sur la formulation du texte continuaient. Celui-ci a même été publié sur Medium par erreur à un moment donné, mais a dû être retiré car l'un des côtés n'était pas satisfait du résultat. D'après ce que j'avais compris, la session avait commencé vers 10 heures du matin le samedi. Toutes les personnes présentes dans la salle étaient extrêmement fatiguées, en colère et stressées : l'environnement parfait pour prendre de mauvaises décisions. On avait le sentiment qu'il fallait se mettre d'accord sur quelque chose. Alors que la frustration montait, tout le monde a fini par convenir d'un texte. Mais personne n'en était réellement satisfait. En fait, presque tout le monde désapprouvait certaines parties du texte. Cependant, à 5 heures du matin, personne n'avait envie de continuer à se disputer. Il ne m'a pas échappé, ni aux autres personnes présentes dans la salle, qu'il s'agissait d'une tactique courante utilisée dans les négociations de traités internationaux pour forcer les parties à parvenir à un accord.

Lorsque le texte a finalement été accepté, tout le monde s'est rassemblé en cercle au centre de la pièce, les mains tendues l'une vers l'autre, pour une photo qui illustrerait le consensus. Tout le monde, à l'exception d'Adam Back et de Matt Corallo, qui ont continué à réviser et à réfléchir au texte pendant que la fameuse photo était prise. Les visages ont été exclus de la photo ; seules les mains étaient visibles. La plupart des mineurs semblaient soulagés et souriaient pendant que la photo était prise. En revanche, de nombreux développeurs avaient des visages épuisés et tristes et détournaient le regard de l'appareil photo.

Les principaux éléments du texte convenu étaient les suivants :

« Nous continuerons à travailler avec l'ensemble de la communauté de développement du protocole Bitcoin pour élaborer, en public, un hard-fork sûr basé sur les améliorations de SegWit. Les contributeurs de Bitcoin Core présents à la table ronde de Bitcoin fourniront une implémentation d'un tel hard-fork sous forme de référence pour Bitcoin Core dans les trois mois suivant la sortie de SegWit. Ce hard-fork devra inclure des fonctionnalités qui font actuellement l'objet de discussions au sein des communautés techniques, notamment une augmentation des données hors témoin à environ 2 Mo, la taille totale ne dépassant pas 4 Mo, et ne sera adopté qu'avec un large soutien de l'ensemble de la communauté de Bitcoin. Si l'appui de la communauté est important, l'activation de ce hard-fork aura probablement lieu vers juillet 2017. Dans un avenir prévisible, nous ne ferons fonctionner en production que des systèmes de consensus compatibles avec Bitcoin Core, contenant à terme à la fois SegWit et le hard-fork. »

L'accord était bénéfique aux deux camps. Il stipulait que l'embranchement divergent ne serait « adopté qu'avec un large soutien de l'ensemble de la communauté de Bitcoin ». Ce point était essentiel pour les partisans des petits blocs, car c'était la ligne qu'ils pouvaient utiliser pour se justifier. Ils ne s'engageaient pas dans un hardfork : c'était à la communauté de décider, ce pour quoi ils avaient toujours plaidé. Les partisans des gros blocs ont semblé ignorer complètement cette partie de l'accord. De leur point de vue, cette ligne aurait tout aussi bien pu ne pas exister. Aujourd'hui encore, la plupart des big blockers semblent l'ignorer. Les mineurs qui ont signé l'accord se sont engagés à n'utiliser que des systèmes de consensus compatibles avec Bitcoin Core, stoppant ainsi Bitcoin Classic dans son élan. Il s'agit là d'un succès majeur pour les small blockers. De leur point de vue, du moins pour certains d'entre eux, une crise avait été évitée. Pour les big blockers présents à la réunion, les développeurs s'étaient engagés à écrire du code pour un hardfork, que les mineurs pensaient pouvoir exécuter pour le mener à bien.

L'accord stipulait également ce qui suit :

« Nous lancerons une version de SegWit en production au moment où un tel hard-fork sera publié dans une version de Bitcoin Core [2]. »

Jihan avait insisté sur l'inclusion de ce terme. Je ne l'ai pas réalisé à l'époque, mais de nombreux partisans des gros blocs ont interprété cela comme signifiant qu'ils ne feraient fonctionner une version de SegWit en production qu'au moment où un tel embranchement divergent serait publié dans une version de Bitcoin Core. L'une des principales préoccupations de Jihan lors de la réunion, et probablement valable, était que Bitcoin Core n'inclurait pas le hardfork, car l'accord ne s'engageait pas à le faire. Par conséquent, Jihan avait insisté sur ce terme comme une garantie. Pour lui, cela signifiait que SegWit ne serait pas activée tant que le hardfork ne serait pas publié dans Bitcoin Core. Même si l'accord stipulait que le code de SegWit serait publié trois mois avant le logiciel du hardfork, cela n'avait aucune importance pour Jihan, car il attendrait toujours ces trois mois avant d'exécuter ce code. Jihan avait l'intention d'utiliser SegWit comme une monnaie d'échange pour arriver à ses fins. S'il n'y avait pas de hardfork, il ne s'engageait pas à exécuter SegWit.

Les partisans des petits blocs présents n'ont pas compris cela. Pour eux, les mineurs feraient fonctionner le code de SegWit de toute façon, parce que c'était la bonne chose à faire. Utiliser SegWit comme monnaie d'échange pour obtenir un embranchement divergent n'était tout simplement pas approprié. Pour eux, cette ligne dans l'accord était ainsi dénuée de sens. Ils n'avaient jamais eu l'intention de faire en sorte que les mineurs s'engagent à utiliser SegWit ; ils avaient simplement supposé que les mineurs voudraient de SegWit de toute façon.

---

2. https://medium.com/@bitcoinroundtable/bitcoin-roundtable-consensus-266d475a61ff

L'accord n'a pas du tout résolu la situation. Il n'a fait que renforcer la méfiance. Chaque camp avait une interprétation différente de l'accord et pouvait accuser son opposant de l'avoir enfreint. Cela m'a rappelé la géopolitique et la façon dont les diplomates passaient des heures et des heures dans la nuit à essayer de se mettre d'accord sur un texte, sachant que leurs États respectifs se trouvaient dans une position irréconciliable. L'exemple le plus célèbre est sans doute la résolution 242 du Conseil de sécurité des Nations unies, adoptée en novembre 1967 :

« Withdrawal of Israel armed forces from territories occupied in the recent conflict [3]. » (traduit en français par « Retrait des forces armées israéliennes des territoires occupés lors du récent conflit. »)

Dans la version en anglais, il n'était pas clair si le terme territories désignait tous les territoires ou certains d'entre eux. Ce manque de clarté était, bien sûr, quelque peu délibéré, car les deux côtés n'auraient jamais accepté la résolution si cette phrase avait été plus claire. Si la résolution a pu être un succès à court terme pour les diplomates eux-mêmes, elle n'a pas semblé contribuer à une paix durable, les accusations de violation de cet accord par les parties persistant pendant des décennies. C'est peut-être un mauvais modèle à suivre pour Bitcoin. Avec cette analogie en tête, j'ai réalisé qu'une résolution pacifique de ce conflit autour de la taille des blocs, qui contenterait les deux camps, était malheureusement très improbable. C'était assez difficile à comprendre, étant donné que Bitcoin n'avait que six ans. Comment en étais-je arrivé à comparer ce désaccord à l'un des conflits politiques et religieux les plus difficiles à résoudre de la planète, après seulement six ans ? Bitcoin partageait beaucoup de caractéristiques avec la religion, semblait-il, et naturellement les religions se séparent et se divisent tout le temps. Sauf que les

____

3. https://undocs.org/fr/S/RES/242(1967)

religions ne sont pas des actifs financiers et qu'on ne peut pas les échanger les unes contre les autres. Cette caractéristique de Bitcoin rendait la dynamique possiblement encore plus intéressante.

Après la signature et la publication de l'accord, l'étape suivante pour les personnes présentes à la réunion a consisté à le promouvoir auprès de leurs camps respectifs. Cela ne s'est pas du tout bien passé. Pour les partisans des gros blocs, les mineurs avaient prouvé qu'ils étaient des lâches. Arrêter Bitcoin Classic et s'engager à utiliser Bitcoin Core était exactement le contraire de ce que les big blockers voulaient. Ils étaient convaincus qu'il s'agissait d'une autre tactique d'obstruction de la part des small blockers, et que leur projet ne serait pas publié dans Bitcoin Core. Quant aux partisans des petits blocs, ils étaient tout aussi mécontents. Gregory Maxwell, directeur technique et cofondateur de Blockstream, dont Adam était le président, a clairement exprimé ses sentiments en qualifiant le groupe présent à la réunion de Hong Kong de « bras cassés bien intentionnés » (well-meaning dipshits).

« C'est juste que quelques bras cassés bien intentionnés sont allés en Chine il y a quelques mois pour apprendre et éduquer sur les problèmes et ont réussi à se laisser enfermer dans une pièce jusqu'à 3-4 heures du matin jusqu'à ce qu'ils acceptent personnellement de proposer un hardfork après segwit. Ils luttent maintenant pour accomplir la tâche apparemment impossible de respecter leur accord (même s'il a été signé sous la contrainte et même si f2pool l'a immédiatement violé) tout en obéissant à leurs convictions personnelles et sans perdre le respect de la communauté technique [4]. »

---

4. https://bitcointalk.org/index.php?topic=1330553.msg14835202#msg14835202

Atteindre un consensus sur le sujet devenait de plus en plus difficile : plus cela durait, plus les gens devenaient têtus et retranchés. Peu à peu, il devenait de moins en moins question de faire ce qui était le mieux pour Bitcoin et, malheureusement, il était davantage question de vaincre ses opposants et de gagner la guerre. Au fur et à mesure que le conflit progressait et que les arguments se poursuivaient, chaque camp devenait de plus en plus convaincu de sa cause, et les perspectives d'une résolution pacifique devenaient de plus en plus improbables.

La plupart des Bitcoiners considèrent cet accord, et les événements de Hong Kong, comme un embarras et une erreur. Mon opinion, qui pourrait ne pas être partagée par beaucoup, est qu'il a permis de réaliser quelque chose. Bitcoin Classic prenait un essor considérable à l'époque : il bénéficiait du soutien de presque tous les principaux acteurs du secteur et les mineurs semblaient extrêmement proches de le soutenir. Nous semblions nous diriger tout droit vers une crise, et l'accord de Hong Kong nous a permis de nous en sortir.

9

FAKETOSHI

LE lundi 2 mai 2016 a été l'une des journées les plus folles au pays de Bitcoin. Ce jour-là, une annonce inattendue de Gavin a eu l'effet d'une bombe : il a publié un article sur son blog dans lequel il déclarait être convaincu au-delà de tout doute raisonnable que Satoshi Nakamoto était un Australien du nom de Craig Steven Wright. Gavin a affirmé avoir vu une preuve cryptographique de ce fait à Londres.

> *« Je crois que Craig Steven Wright est la personne qui a inventé Bitcoin.»*
>
> *Je me suis rendu à Londres pour rencontrer le Dr Wright il y a quelques semaines, après une première conversation par courriel qui m'a convaincu qu'il y avait de fortes chances que ce soit la personne avec laquelle j'avais communiqué en 2010 et début 2011. Après avoir passé du temps avec lui, je suis convaincu au-delà de tout doute raisonnable : Craig Wright est Satoshi.*

Une partie du temps passé avec lui a été consacrée à une vérification cryptographique minutieuse des messages signés avec des clés que seul Satoshi devrait posséder. Mais même avant d'avoir vu les clés être signées puis vérifiées sur un ordinateur propre qui ne pouvait pas avoir été trafiqué, j'étais raisonnablement certain d'être assis à côté du Père de Bitcoin.

Au cours de notre rencontre, j'ai vu la personne brillante, opiniâtre, concentrée, généreuse – et soucieuse du respect de la vie privée – qui correspond au Satoshi avec lequel j'ai travaillé il y a six ans. Il a également éclairci de nombreux mystères, notamment les raisons de sa disparition et ses occupations depuis 2011. Mais je vais respecter la vie privée du Dr Wright et le laisser décider de ce qu'il souhaite partager avec le monde.

Nous aimons créer des héros — mais nous semblons aussi aimer les détester s'ils ne sont pas à la hauteur d'un idéal inatteignable. Il serait préférable que Satoshi Nakamoto soit le nom de code d'un projet de la NSA, ou une intelligence artificielle envoyée du futur dans le but de faire progresser notre monnaie primitive. Ce n'est pas le cas, c'est un être humain imparfait comme le reste d'entre nous. J'espère qu'il parviendra à ignorer la tempête que son annonce va créer, et qu'il continuera à faire ce qu'il aime : apprendre, chercher et innover.

Je suis très heureux de pouvoir dire que je lui ai serré la main et l'ai remercié d'avoir donné Bitcoin au monde [1]. »

Au départ, de nombreuses personnes ont semblé conclure de manière hâtive que Gavin avait été piraté, car une telle affirmation était clairement incroyable et il n'aurait jamais dit une telle chose. En

---

1. http://gavinandresen.ninja/satoshi

raison de cette inquiétude, l'accès en écriture de Gavin sur le dépôt du code source de Bitcoin Core a été révoqué[2]. Gavin était toujours libre de faire des contributions, mais il n'avait plus le pouvoir de fusionner les mises à jour dans le dépôt principal.

Cependant, quelques heures plus tard, une vidéo de Gavin provenant de New York a été diffusée, dans laquelle il réitérait ses affirmations[3]. Même si ces dernières semblaient farfelues, je ne pouvais pas croire que Gavin puisse se tromper sur quelque chose d'aussi important. Cependant, je n'allais bien sûr pas croire Gavin sur parole. J'allais attendre d'avoir examiné un message de Craig signé avec l'une des clés de Satoshi. Je suis parti du principe que ce message serait publié très prochainement et que la communauté de Bitcoin devrait se faire à l'idée que Satoshi était de retour. Mon attention s'est immédiatement portée sur la guerre des blocs. Peut-être Gavin avait-il fait cela en raison de sa frustration face au manque d'adoption de Bitcoin Classic ? « La guerre des blocs a dû le pousser à agir ainsi », me suis-je dit. J'ai commencé à émettre des hypothèses supplémentaires : peut-être Gavin contrôlait-il cette clé depuis des années et choisissait-il maintenant Craig comme prête-nom ? Satoshi / Craig pourrait alors plaider en faveur de Bitcoin Classic. Gavin ne ferait tout de même pas quelque chose d'aussi malveillant ?

Plusieurs heures plus tard, dans la soirée, heure de Hong Kong, Craig Wright a publié un article sur son blog[4]. À ma grande surprise, cet article était un long fouillis de phrases et de captures d'écran confuses et sans intérêt. Comme beaucoup de *Bitcoiners*, je le parcourais frénétiquement, défilant de haut en bas à la recherche du message

---

2. https://twitter.com/peterktodd/status/727078284345917441

3. https://web.archive.org/web/20160502224418/https://www.youtube.com/watch?v=pNZyRMG2CjA

4. https://archive.vn/20160502072026/http:/www.drcraigwright.net/jean-paul-sartre-signing-significance/

et de la signature. C'était si facile à faire : où était-elle ? J'avais mon logiciel ouvert et prêt à vérifier la signature de l'autre côté de l'écran. Après environ cinq minutes à faire défiler la page de haut en bas, je me suis finalement rendu compte de la situation. Cet article n'avait ni queue ni tête. Il n'y avait pas de message ou de signature de Satoshi, il semblait que tout cette histoire était un canular. Gavin avait peut-être été dupé. L'article semblait être conçu soit pour semer la confusion, soit pour faire croire aux gens qui n'avaient aucune compétence ou expérience en cryptographie que c'était une preuve.

Il s'avère qu'il y avait une signature quelque part dans l'article, et qu'elle était de Satoshi. Cependant, comme l'a souligné l'utilisateur de Reddit /r/JoukeH, cette signature était simplement tirée d'une des transactions que Satoshi avait signées sur la chaîne de blocs [5]. Il n'y avait pas de message confirmant que Craig était Satoshi. Tout ce que Craig semble avoir fait, c'était un copier-coller d'une signature de la chaîne publique, qu'il avait ajouté à un article décousu au contenu sans intérêt.

L'annonce de Gavin a coïncidé avec trois articles, sur la BBC [6], The Economist [7] et Wired [8], écrits par des journalistes affirmant avoir vu la même preuve initiale à Londres. Ce mauvais journalisme à propos de Bitcoin ne m'a pas surpris, car il m'avait toujours semblé assez médiocre, même si, au crédit de Wired, leur rapport initial affichait au moins un haut degré de scepticisme. Quelques années plus tôt, en mars 2014, Newsweek avait prétendu avoir découvert

---

5. https://www.reddit.com/r/Bitcoin/comments/4hf4xj/creator_of_bitcoin
_reveals_identity/d2pf7ov/

6. https://www.bbc.co.uk/news/technology-36168863

7. https://www.economist.com/briefing/2016/05/02/craig-steven-
wright-claims-to-be-satoshi-nakamoto-is-he

8. https://www.wired.com/2016/05/craig-wright-privately-proved-hes-
bitcoins-creator/

Satoshi[9]. Cet article était tout aussi stupide : la journaliste semblait avoir simplement consulté l'annuaire téléphonique, trouvé quelqu'un qui s'appelait Satoshi et affirmé qu'il s'agissait de cette personne, sans aucune autre preuve.

Le 6 mai 2016, Wladimir Van Der Laan a expliqué la décision de supprimer l'accès en écriture de Gavin et pourquoi cet accès n'avait pas été rétabli :

> « *Ainsi, lorsque la question se pose de savoir si nous devrions réintégrer Gavin comme mainteneur, ma réponse, et celle de beaucoup d'autres, est un "non" catégorique. D'une part, cela n'a aucun sens, puisqu'il n'est plus actif en tant que mainteneur de Bitcoin Core, et d'autre part, beaucoup pensent que nous pourrions être plus productifs si nos chemins se séparaient*[10]. »

Quelques jours après l'article de Craig, sur une scène à New York avec Pindar Wong et le fondateur d'Ethereum Vitalik Buterin, Gavin a répété ses affirmations selon lesquelles Craig était Satoshi[11]. C'était assez étonnant, étant donné le manque de crédibilité de la preuve que Craig avait présentée sur son blog. Gavin n'a jamais rétracté ses affirmations, même s'il a admis plus tard qu'il était possible qu'il ait été « embobiné » à Londres. La raison pour laquelle Gavin s'est rendu à Londres n'est pas claire, car une telle preuve aurait pu facilement être transmise par courriel. Gavin a affirmé qu'elle devait être faite en personne, parce que Craig voulait garder la possibilité de nier et ne pas risquer que quelqu'un d'autre publie la preuve. Ce dilemme apparent aurait pu être facilement résolu grâce au chiffrement : Gavin pouvait chiffrer un message secret en utilisant la clé privée de

---

9. https://www.newsweek.com/2014/03/14/face-behind-bitcoin-247957.html
10. https://laanwj.github.io/2016/05/06/hostility-scams-and-moving-forward.html
11. https://www.youtube.com/watch?v=2qLI3VIHuKU

Satoshi, et Craig pouvait le déchiffrer (s'il avait la clé). Cela aurait pu prouver à Gavin que Craig avait la clé, mais Craig aurait pu garder la possibilité de nier de façon plausible, puisqu'il aurait pu prétendre que Gavin avait divulgué le message.

Ce scandale a été un coup dur pour la réputation de Gavin et une grande victoire pour les partisans des petits blocs. Gavin avait infligé une blessure majeure à son propre camp, celui des *big blockers*, et il ne pouvait s'en prendre qu'à lui-même. Craig était lui-même un partisan des gros blocs et peut-être que cela avait obscurci le jugement de Gavin. Les *small blockers* n'en croyaient pas leurs yeux. Des blagues circulaient dans la communauté des petits blocs, disant que Craig était peut-être Satoshi et partisan des petits blocs, et qu'il avait cyniquement réalisé ce coup pour nuire au camp des gros blocs. Personnellement, j'avais un peu de peine pour Gavin. La pression sur lui à ce stade était énorme, et tout le monde peut commettre des erreurs.

Du côté des petits blocs, il y avait un accord quasi universel sur le fait que Craig avait perpétré de nombreux actes de fraude et presque tout le monde admettait qu'il n'y avait aucune preuve que Craig était Satoshi. Cependant, fait remarquable, le camp des *big blockers* semblait être divisé en deux. Le célèbre Roger Ver, par exemple, a déclaré qu'il pensait qu'il était probable que Craig soit Satoshi :

> « *Je pense qu'il y a assez de preuves pour penser que c'est plus probable qu'improbable* [12]. »

En privé, certains partisans des petits blocs semblaient satisfaits de cette évolution. De leur point de vue, les tactiques d'obstruction avaient fonctionné, et maintenant, les partisans des gros blocs

___

12. https://archive.is/v8OpD#selection-3389.0-3389.68

passaient pour les idiots qu'ils étaient. D'autres, en revanche, se montraient plus prudents, prévenant qu'il ne fallait pas sous-estimer les *big blockers*.

Au cours des deux années suivantes, Craig a été accueilli au sein de la communauté des partisans des gros blocs, prenant la parole lors de leurs conférences et participant à leurs événements sociaux. Aux yeux de nombreux *small blockers*, Craig semblait avoir une personnalité extrêmement agressive et une faible connaissance du protocole Bitcoin; pour beaucoup d'entre eux, il ressemblait à un escroc classique. Craig était un *big blocker*, s'alignant sur certains des points de vue les plus extrêmes de ce camp, par exemple en qualifiant SegWit de « merde » ou en déclarant qu'il n'existait pas de nœuds non minier, mais seulement des mineurs. Cela a fait le bonheur de certains membres de la communauté des gros blocs, tandis que d'autres voyaient les dommages qu'il infligeait à leur cause. Cependant, ils ne semblaient pas pouvoir y faire grand-chose, car de nombreux meneurs du camp des gros blocs l'avaient approuvé.

Il y avait également de nombreuses preuves de fraude et de tromperie commises par M. Wright que les partisans des petits blocs pouvaient citer. Par exemple, M. Wright avait modifié son blog, daté de 2008, sept ans plus tard, en 2015, pour faire croire qu'il écrivait un article sur la cryptomonnaie à l'époque, alors qu'une archive de 2014 du blog ne comporte pas ce commentaire sur la cryptomonnaie . En s'associant à lui, les partisans des gros blocs ont énormément nui à leur propre cause. Il a détourné une grande partie des masses indécises du centre, les convainquant de rester neutres ou de rejoindre le camp des petits blocs. Convaincre et persuader ces gens, tel était l'enjeu de la guerre des blocs. Ce n'est que bien après la fin de la guerre, en novembre 2018, que le reste des *big blockers* s'est finalement séparé de Craig; enfin, la plupart d'entre eux en tout cas.

Nous pourrions entrer ici dans les détails concernant Craig Wright : son histoire d'affaires judiciaires, de fausses déclarations et d'antidatage de messages sous forme vérifiable. Disons plutôt que Craig a certainement joué son rôle dans la guerre des blocs, en portant irrémédiablement atteinte à la réputation de Gavin et en sauvant les partisans des petits blocs dans ce qui était par ailleurs l'une des périodes les plus difficiles du conflit.

10

The DAO

À l'été 2016, un projet appelé « The DAO » (pour *Decentralized Autonomous Organization* ; organisation autonome décentralisée en français) a commencé à attirer l'attention de nombreux membres de la communauté des cryptomonnaies. The DAO était un *smart contract* construit sur Ethereum et se présentait comme une sorte de fonds d'investissement autonome. Contrairement aux fonds d'investissement vieillots gérés de manière top-down, The DAO ferait des investissements déterminés par le vote de ses utilisateurs et serait régi par le code du contrat, plutôt que par la loi.

Ethereum était une monnaie qui avait été conçue en 2013 par Vitalik Buterin, l'un des premiers *Bitcoiners*. Le projet avait levé des fonds en 2014 dans le cadre d'une offre au public de jetons et Ethereum avait finalement été lancé au cours de l'été 2015. À ce stade, Ethereum n'avait qu'un an et la communauté s'engageait déjà dans des projets assez ambitieux. On disait que Vitalik avait voulu initialement construire sa plateforme de *smart contracts* sur Bitcoin, mais que Bitcoin n'était pas assez flexible pour faire ce qu'il voulait. Ce n'était pas seulement le logiciel et la structure de Bitcoin qui posaient problème, mais aussi la communauté – composée de *small blockers* comme Gregory Maxwell et Luke Dashjr – qui voyait cette flexibilité comme un risque potentiel pour la sécurité. Par conséquent, Vitalik et la plupart des membres de la communauté d'Ethereum ont naturellement eu tendance à se ranger du côté des partisans des gros blocs.

La guerre des blocs était, en fait, également un argument de recrutement clé pour Ethereum. La communauté d'Ethereum pouvait dépeindre Bitcoin comme un objet technique ancien, inflexible et coincé avec des petits blocs de 1 Mo. Ethereum, en revanche, avait une approche beaucoup plus flexible, une limite de taille des blocs dynamique que les mineurs pouvaient ajuster (dans Ethereum, cela s'appelle la limite de gaz et la contrainte concerne la puissance de calcul nécessaire pour traiter les diverses fonctions au sein des blocs, et non la quantité de données utilisées). Alors que les frais de transaction commençaient à augmenter sur le Bitcoin, les frais d'Ethereum étaient très bas. Cette stratégie marketing d'Ethereum s'est avérée très efficace, et de nombreux *Bitcoiners* se sont tournés vers Ethereum, estimant que cette dernière était la monnaie jeune et dynamique de l'avenir.

Pour certains des *big blockers*, le passage des *Bitcoiners* à Ethereum était un problème causé par les *small blockers*. Les partisans des petits blocs avaient été si incroyablement têtus que les gens avaient perdu patience et avaient été découragés[1]. Bitcoin était maintenant prêt à perdre des parts de marché. Les commerçants pourraient finir par adopter Ethereum, auquel cas Bitcoin était sûr d'échouer. S'il est vrai que la limite de taille des blocs faisait fuir certaines

---

1. https://www.reddit.com/r/btc/comments/4uocuq/congratulation_small _blockers_this_is_a_direct/

personnes de Bitcoin, ce n'était pas la seule raison du succès des cryptomonnaies alternatives. La possibilité de gagner de l'argent était le principal moteur de cette tendance. Le succès d'Ethereum a entraîné une vague d'imitations et de nouvelles offres au public de jetons. Ces cryptomonnaies mettaient souvent en avant les problèmes de passage à l'échelle supposés et bien connus de Bitcoin et affirmaient que leur nouvelle monnaie résolvait ces problèmes. Les *small blockers* ne semblaient pas s'en préoccuper. Ils étaient intéressés par un système monétaire révolutionnaire; les cryptomonnaies alternatives prétendant effectuer 40 000 transactions par seconde ne semblaient pas répondre à cet objectif.

Ironiquement, bien que ces cryptomonnaies alternatives aient été une source de frustration pour certains des partisans des gros blocs, ils les ont également trouvées tentantes. Il était plus facile pour eux d'abandonner Bitcoin et de se concentrer sur ces cryptomonnaies alternatives, plutôt que de poursuivre une bataille fastidieuse. Je ne saurais trop insister sur le fait que les partisans des petits blocs ont bénéficié de cette tendance. L'écosystème des cryptomonnaies alternatives s'est développé rapidement pendant cette crise, leurs promoteurs s'attachant à lever des fonds dans des offres au public de jetons et à gagner de l'argent grâce à l'appréciation du prix des unités. Si ces personnes n'avaient pas eu accès à ce débouché, elles seraient peut-être restées dans Bitcoin à se battre dans la guerre des blocs, et le poids du très grand nombre de *big blockers* aurait été trop important pour être surmonté. Pendant les deux ans qu'a duré la guerre, l'écosystème a connu un changement fondamental, en passant d'un secteur centré autour de Bitcoin à un secteur incluant toutes les cryptomonnaies. Dans cet environnement, l'argument selon lequel Bitcoin devait faire des compromis pour tout le monde avait moins de sens. Il y avait toujours une cryptomonnaie pour répondre aux besoins des gens.

Bref, revenons à The DAO. La vente au public de The DAO a été lancée le 30 avril 2016 et a duré jusqu'au 25 mai 2016. Elle a attiré énormément d'attention et a permis de lever plus de 150 millions de dollars pour le fonds. Il s'agissait d'une quantité incroyable d'argent dans l'écosystème à l'époque : plus de 14 % de tout l'Ethereum existant a été versé dans The DAO. Certains investisseurs considéraient qu'il n'y avait aucun risque, car ils avaient toujours la possibilité de récupérer l'Ethereum investi dans le fonds s'ils le souhaitaient.

Ethereum étant si jeune, il n'était pas du tout prêt pour quelque chose d'aussi compliqué que The DAO. Mais la communauté d'Ethereum aimait expérimenter et essayer de nouvelles choses. C'est en partie la raison pour laquelle ils ont été attirés par Ethereum en premier lieu. Ils en avaient assez des *Bitcoiners* conservateurs.

Il s'avère que The DAO possédait des failles fondamentales à plusieurs niveaux. La création de nouveaux projets d'investissement aurait fini par créer de nouvelles classes de jetons DAO, de sorte que chaque classe avait droit à des risques et des récompenses différents. Cela signifiait que les jetons DAO ne seraient pas fongibles et devraient s'échanger à des prix différents, une question mal comprise par les plateformes d'échange et la communauté. Le modèle d'incitation économique du projet n'avait pas non plus beaucoup de sens. Par exemple, lorsqu'il s'agissait de décisions sur les investissements, il y avait peu d'incitation à voter contre les propositions d'investissement, puisque les personnes ayant voté contre étaient impliquées dans les projets approuvés, tandis que celles qui s'abstenaient n'y participaient jamais. En outre, il n'y avait pas de mécanisme déclaré pour forcer les projets réussis à réinvestir leurs bénéfices dans The DAO et le code du contrat ne semblait pas toujours mettre en œuvre ce qui était décrit ou prévu. Quelques semaines après la conclusion de la vente de jetons, le 17 juin 2016 (une autre date clé dans l'histoire des cryptomonnaies [2]), un pirate a trouvé une faille dans le code lui permettant d'accéder aux fonds en Ethereum de The DAO et d'en drainer une partie vers ce que l'on appelle une « DAO enfant », sur laquelle le pirate pouvait avoir un contrôle important.

Ce piratage a marqué le début de la « guerre des DAO », une bataille pour récupérer l'Ethereum « volé » par le pirate. Malheureusement, cela ne s'est pas avéré fructueux, de sorte que la communauté et les développeurs d'Ethereum ont eu une idée : une modification du protocole Ethereum qui les aiderait à récupérer les fonds. Pour certains, cette idée était extrêmement controversée. Elle a été perçue comme un renflouement, ce à quoi de nombreux membres de la communauté s'opposaient. Si de nombreuses personnes avaient rejoint l'écosystème des cryptomonnaies, c'est en partie parce qu'elles voulaient éviter que le système connaisse des renflouements, comme ceux des banques en 2008 et en 2009. Après tout, pourquoi le contrat The DAO avait-t-il été mis en avant ? Pourquoi ce projet a-t-il été sauvé alors que de nombreux investisseurs dans des projets plus petits et des *smart contracts* sur Ethereum avaient déjà perdu de l'argent auparavant ? Peut-être The DAO était-il « trop gros pour faire faillite » ou peut-être était-ce dû à l'intérêt personnel des développeurs influents et des membres de la communauté d'Ethereum, qui avaient le contrôle du protocole et qui avaient investi de grosses sommes d'argent dans The DAO. Pour beaucoup, ces problèmes étaient le reflet de la corruption et des autres problèmes du système financier traditionnel auquel ils souhaitaient échapper.

---

2. https://archive.is/76EZY

Le 24 juin 2016, il a été proposé qu'Ethereum effectue un embranchement convergent pour geler les fonds des pirates[3]. Environ quatre jours plus tard, on a découvert que cette proposition de *softfork* était défectueuse et exposerait potentiellement le réseau à des attaques par déni de service critiques. Par conséquent, le *softfork* a été abandonné et il a été décidé que la seule façon de récupérer les fonds était un *hardfork*. Il s'agissait là d'un retournement de situation assez remarquable, se produisant au moment même où Bitcoin était en pleine guerre. Alors que Bitcoin Classic se profilait toujours comme un possible *hardfork* litigieux, Ethereum prévoyait d'effectuer un *hardfork* litigieux de son côté. La guerre des blocs de Bitcoin a été essentiellement interrompue pendant quelques mois, alors que tout le monde se concentrait sur Ethereum. Pour évaluer le niveau de soutien au *hardfork*, un vote par pièces a été organisé : les gens pouvaient voter avec leurs fonds pour savoir s'ils soutenaient ou non l'embranchement divergent. Le vote en faveur du *hardfork* a été écrasant, avec plus de 95 % de soutien[4]. Toutefois, certains ont accusé le sondage de ne pas être représentatif, étant donné qu'il était principalement poussé par les défenseurs du *hardfork* et que ses opposants pouvaient ne pas avoir voté. En outre, la participation des détenteurs d'Ethereum était faible, peut-être autour de 6 %[5]. Les mineurs ont également été invités à donner leur avis et plus de 90 % d'entre eux se sont déclarés favorables au *hardfork*, soit une large majorité.

L'embranchement divergent était prévu pour le mercredi 20 juillet 2016. Soucieux de ne pas manquer l'événement, j'ai pris congé le jour même et le lendemain. J'ai également acheté un nouvel ordinateur,

---

3. http://archive.is/7UUrY

4. https://futurism.com/the-dao-heist-undone-97-of-eth-holders-vote-for-the-hard-fork

5. https://medium.com/coinmonks/the-dao-is-history-or-is-it-47a6f457338a

afin de disposer de suffisamment de ressources locales pour faire fonctionner les deux clients Ethereum : l'un mis à jour pour le *hardfork*, l'autre exécutant une version plus ancienne. À l'approche de la scission potentielle, en véritable fanatique de cryptomonnaies, je me suis assis chez moi pour faire fonctionner les deux nœuds, avec de nombreux onglets ouverts sur les sites web suivant les carnets d'ordres des plateformes d'échange, pour observer les prix de l'Ethereum en direct au fur et à mesure des événements. Comme de nombreux autres amateurs de cryptomonnaies, j'attendais avec impatience que la hauteur de bloc d'Ethereum atteigne 1 920 000 et que l'embranchement divergent se produise[6].

Dans un premier temps, le *hardfork* a semblé se produire avec succès. La chaîne appliquant les règles mises à niveau a été prolongée, tandis qu'aucun bloc n'apparaissait du côté de la chaîne appliquant les règles initiales. Certains des partisans des gros blocs commençaient déjà à crier victoire et à affirmer qu'il s'agissait d'une leçon pour Bitcoin : « Un *hardfork* litigieux ne provoque pas de scission », déclaraient-ils. Environ une heure après l'embranchement, la chaîne appliquant les règles initiales a commencé à s'allonger. Puis, à mesure que la difficulté de la chaîne initiale s'ajustait à la baisse (un ajustement beaucoup plus rapide que dans Bitcoin), cette chaîne a commencé à s'allonger à un rythme plus rapide. Alors qu'au départ, la chaîne du *hardfork* semblait avoir environ 98 % du taux de hachage, l'équilibre a commencé à changer et la chaîne initiale a commencé à gagner du terrain, atteignant peut-être 5 à 10 % du taux de hachage. La chaîne appliquant les règles initiales avait alors besoin d'un nom. Comme il y avait déjà Bitcoin Classic, pourquoi ne pas l'appeler Ethereum Classic ?

____

6. http://archive.is/PaGgM

Environ trois jours après la scission, les plateformes d'échange ont commencé à coter l'Ethereum Classic. Poloniex, l'une des principales places de marché de cryptomonnaies alternatives à l'époque, a listé l'Ethereum Classic le 23 juillet 2016 [7]. Le prix de l'Ethereum Classic a alors commencé à augmenter sur la plateforme. De mémoire, il a commencé à se négocier à environ 2 % de la valeur de l'Ethereum et a atteint un pic le 25 juillet à plus de 50 % du prix de l'Ethereum. L'Ethereum Classic s'est avéré être extrêmement volatile. Qui plus est, le minage suivait le prix. Il n'y avait pas de corrélation parfaite, mais plus le prix de l'Ethereum Classic augmentait, plus les mineurs étaient nombreux à le miner afin de profiter de l'augmentation des récompenses de bloc. Les partisans des petits blocs ont alors commencé à faire valoir que la situation était plus complexe que ce que les *big blockers* avaient avancé : peut-être que les mineurs ne définissaient pas le protocole, mais suivaient plutôt les traders et les investisseurs pour maximiser leurs profits.

À mesure que le prix de l'Ethereum Classic augmentait, il prenait de plus en plus d'ampleur. Les mineurs, semblait-il, voulaient simplement gagner de l'argent. C'est alors que de nombreuses personnes ont commencé à réaliser qu'un *hardfork* et une scission litigieuse ne portaient pas seulement sur les deux questions du taux de hachage et de l'informatique, mais aussi sur celle des marchés financiers. Ce type d'événement était une opportunité pour les spéculateurs financiers et les traders, qui pouvaient échanger les monnaies.

L'une des figures clés de l'écosystème soutenant Ethereum Classic était Barry Silbert. Barry n'était pas un *small blocker* ; il semblait acheter de l'Ethereum Classic uniquement pour essayer de gagner de l'argent.

---

7. http://archive.is/xfvMY

*« J'ai acheté ma première monnaie numérique hors bitcoin…
Ethereum Classic (ETC). À 0,50 $, le rapport risque-rendement
me paraissait bon. Et je suis convaincu philosophiquement* [8]. *»*

Barry avait fondé Digital Currency Group un an plus tôt et était l'un des plus gros investisseurs dans cet écosystème. Barry était également bien connu dans la communauté pour avoir remporté l'enchère d'achat des Bitcoins que les autorités américaines avaient confisqués à la place de marché du darknet, Silk Road. Nous reviendrons plus en détail sur Barry dans la suite de l'histoire. Cependant, pour l'instant, il semblait avoir aidé involontairement le camp des petits blocs.

Il n'y avait aucun risque qu'Ethereum Classic prenne trop d'ampleur, dépasse Ethereum en matière de taux de hachage, et provoque ensuite le basculement de tous les nœuds appliquant le *hardfork* vers la chaîne de Classic. Vitalik était trop intelligent pour cela. L'embranchement divergent d'Ethereum était structuré de telle sorte qu'il disposait d'un point de contrôle, d'une rupture nette, afin que les deux côtés de la scission subsistent, quelle que soit la chaîne ayant le plus de travail. C'est ce qu'on appelle parfois la « protection contre l'effacement » et c'est un point que j'avais soigneusement clarifié avec les développeurs d'Ethereum avant la scission. La décision de Bitcoin Classic de ne pas inclure la protection contre l'effacement semblait désormais encore plus naïve.

Coinbase n'a pris en charge qu'Ethereum, le 21 juillet 2016, juste un jour après la scission ironiquement [9]. La société soutenait Bitcoin Classic et son PDG, Brian Armstrong, pensait que le *hardfork* d'Ethereum réussirait sans scission, vraisemblablement parce que ce

---

8. https://twitter.com/BarrySilbert/status/757628841938472961
9. https://www.coinbase.com/blog/coinbase-adds-support-for-ethereum

dernier bénéficiait d'un fort soutien de la part des mineurs. En raison de cette conviction, Coinbase semblait ne pas avoir pris les mesures appropriées pour protéger les fonds des clients au cas où ce jugement s'avérerait faux. Coinbase était donc vulnérable à ce que l'on appelle l'« attaque par rediffusion ». Dans les premiers jours qui ont suivi la scission, lors d'un retrait d'Ethereum de Coinbase, il y avait une chance que Coinbase envoie les deux versions de la transaction : une sur Ethereum et une sur Ethereum Classic. En revanche, les homologues de Coinbase, tels que Kraken et Poloniex, avaient pris des mesures pour séparer leurs fonds et empêcher cela. Certains traders astucieux de l'écosystème ont pu tirer parti de cet oubli de Coinbase. Ils pouvaient séparer eux-mêmes leurs fonds en Ethereum Classic et Ethereum, puis déposer l'Ethereum sur Coinbase. Sans échange sur la plateforme, l'Ethereum pouvait être retiré de Coinbase, et le trader espérait que sa transaction soit rediffusée et qu'il reçoive de l'Ethereum Classic gratuitement. À l'époque, j'ai parlé à plusieurs personnes qui affirmaient avoir réussi à effectuer cette « opération » et réalisé des profits importants. Coinbase a fini par découvrir l'erreur, a mis en place une forme de protection contre la rediffusion et a couvert les pertes à partir de son propre bilan.

En ce qui concerne la guerre des DAO, grâce au *hardfork*, la récupération des fonds « volés » du côté Ethereum de la scission a réussi. Quant aux fonds « volés » du côté Classic de la scission, cela a été plus compliqué, et la guerre des DAO a continué. D'autres questions se sont posées, comme celle de savoir qui devait recevoir les jetons DAO récupérés du côté Classic de la scission, à l'intérieur des différents conteneurs et DAO enfants, mais cela dépasse le cadre de notre histoire.

À la fin du mois de juillet 2016, une nouvelle réunion a été organisée entre les mineurs et les développeurs de Bitcoin, cette fois-ci en Californie. Soucieux d'éviter le piège d'être à nouveau accusés d'avoir conclu un accord à huis clos, tous les participants ont dû signer la déclaration suivante pour pouvoir y assister :

> *« Les participants reconnaissent que les règles de consensus de Bitcoin étant décidées par les utilisateurs sur la base du logiciel qu'ils choisissent de faire fonctionner, les changements proposés doivent être discutés en public avec la participation de l'ensemble de la communauté de Bitcoin. Pour ces raisons, il n'y aura pas d'accord ou de consensus de table ronde à l'issue de cet événement [10]. »*

Veuillez noter que je n'étais pas présent à cette réunion. Cependant, des notes de réunion ont été fournies par Bryan Bishop, un développeur de Bitcoin [11]. Bryan faisait un travail exceptionnel en transcrivant de nombreux événements et discussions dans la guerre des blocs. Jihan Wu, qui avait fait le voyage jusqu'aux États-Unis pour rencontrer les développeurs, a participé à cet événement de trois jours. La transcription n'attribue pas les commentaires à des noms particuliers, mais pour ceux qui connaissent les principales figures de l'écosystème, il est souvent possible de déterminer celui qui parle. La date de l'événement n'était pas due au hasard : il était prévu pour la fin du mois de juillet, juste au moment où le code du *hardfork* devait être publié, conformément à l'accord de Hong Kong.

Lors de cette réunion, les répercussions de la scission d'Ethereum sur l'éventuel embranchement divergent de Bitcoin étaient évidentes, et

___

10. https://www.coindesk.com/markets/2016/07/18/no-scaling-agreements-planned-for-july-bitcoin-miner-developer-event/

11. https://diyhpl.us/wiki/transcripts/2016-july-bitcoin-developers-miners-meeting/cali2016/

une grande partie de la discussion a porté sur les leçons à tirer. Les participants affirmaient maintenant qu'il était presque inévitable qu'un *hardfork* provoque une scission :

> *« Cette scission d'Ethereum crée un véritable précédent pour Bitcoin en ce qui concerne l'avenir possible des hard-forks. Pour Bitcoin, il ne peut y avoir que deux options en cas de hard-fork. Un des côtés doit accepter des chaînes multiples, des attaques multiples provenant de vecteurs multiples, ou nous restons simplement sur la chaîne principale et essayons de tuer les embranchements et les chaînes minoritaires. Il ne peut y avoir que deux possibilités. »*

L'un des développeurs a ensuite tenté d'expliquer la situation et pourquoi il ne semblait pas probable qu'il y ait un embranchement divergent à court terme, malgré l'accord de Hong Kong :

> *« Beaucoup des signataires de l'accord [de Hong Kong] ont passé une semaine à [New York]. Nous avons fait beaucoup de travail de conception. Nous avons discuté de la manière de construire correctement un hard-fork. Nous avons discuté de la manière dont nous pourrions le faire sans courir les mêmes risques que ceux auxquels Ethereum a été récemment confronté. Nous avons discuté à [Hong Kong] de l'importance pour Bitcoin de rester unifié et de son importance pour la valeur à long terme du Bitcoin. À [Hong Kong], comme à [New York], il n'y a aucun désir de faire quoi que ce soit qui soit controversé. Nous aurions besoin d'un consensus à propos de tout type de hard-fork qui pourrait se produire. Il faudrait qu'il n'y ait aucune controverse, aussi incroyable que cela paraisse. Bien qu'il soit certainement vrai qu'une grande partie de ces recherches et de ces discussions*

devraient être plus largement disponibles, il existe certainement beaucoup d'inquiétudes aujourd'hui, même de la part de personnes à l'extérieur de cette salle, et il serait très difficile d'obtenir ce niveau de consensus autour d'un hard-fork. Je voulais souligner que les hard-forks perturbent énormément les marchés. Ils perturbent les commerçants, les marchés, les écosystèmes entiers. Nous devons prendre cela en compte. À moins qu'il n'y ait une raison justifiée de manière écrasante et forte de procéder à un hard-fork, les coûts l'emportent sur les avantages. Nous avons cherché des moyens de résoudre ces problèmes dans Bitcoin sans avoir recours à un hard-fork. »

Luke Dashjr, qui était l'un des signataires de l'accord, a ensuite expliqué qu'il avait tenu son engagement et écrit le code pour un éventuel embranchement divergent [12].

L'un des développeurs présents, qui n'était vraisemblablement pas présent à Hong Kong, s'est excusé d'avoir sapé les efforts des développeurs pour produire le code du *hardfork*. L'individu a déclaré qu'il pensait qu'il n'était pas approprié de travailler sur l'embranchement divergent, alors que certains mineurs disaient qu'ils bloqueraient SegWit. Cette personne craignait qu'un *hardfork* ne détourne l'attention de l'augmentation de la taille des blocs dans SegWit. Il s'est également plaint des commentaires publics concernant le fait d'empêcher SegWit afin d'obtenir un *hardfork*, et a déclaré qu'il s'agissait essentiellement d'une menace, ce qui a contribué à la tension qui rendait un embranchement divergent plus difficile.

« Je tiens à m'excuser auprès de vous, et auprès des développeurs, pour avoir sapé les efforts qu'ils ont fournis pour produire ce

---

12. https://github.com/luke-jr/bips/blob/bip-mmhf/bip-mmhf.mediawiki

> *contenu à votre intention en respectant leurs engagements. J'ai agi de la sorte parce que leurs efforts à New York ont eu lieu juste après certains commentaires publics sur le blocage de segwit par rapport à un hard-fork. Dans cet environnement, je me sentais très mal à l'aise face aux propositions de hard-fork qui ralentissaient le passage à l'échelle de bitcoin via segwit. Je regrette le climat que mes commentaires ont créé. Je suis désolé pour ça et pour mes commentaires. »*

Il y a ensuite eu une réponse à ce commentaire, vraisemblablement de Jihan Wu, dans laquelle il a souligné avec perspicacité le cercle vicieux de communication dans lequel les deux camps s'étaient engagés. Jihan a ensuite laissé entendre qu'il se sentait lui aussi menacé, et que les menaces venaient donc des deux côtés.

> *« Je pense que je dois clarifier ce point. [Le] blocage de Segwit vient aussi de [l'idée] que l'accord [de Hong Kong] ne serait pas respecté. C'est un terrible cercle vicieux dans laquelle nous sommes entrés, sur le plan de la mauvaise communication. Peut-être que les deux camps ne veulent pas faire quelque chose sous pression. Peut-être que les deux camps ne veulent pas être menaçants. »*

Après l'événement, j'ai parlé à un *small blocker* bien connu qui était présent à la réunion. Il m'a dit que Jihan avait accepté d'aider à essayer d'activer SegWit dès sa sortie, et que les mineurs étaient effrayés par les événements d'Ethereum et ne voulaient pas tenter quoi que ce soit de risqué. Quant à l'engagement d'activer SegWit, il est possible qu'il a été optimiste et que Jihan n'avait pas tout à fait la même version des faits. Il n'est pas difficile d'imaginer qu'il aurait pu y avoir d'autres problèmes de communication.

La scission d'Ethereum a été un moment charnière dans la guerre des blocs, plus encore que l'embarrassante séquence de Craig Wright. Elle a donné l'initiative aux partisans des petits blocs. Les mineurs étaient désormais terrifiés à l'idée qu'un événement similaire se produise dans Bitcoin. Avant la scission d'Ethereum, les mineurs étaient désireux de tenter quelque chose, mais le point de vue semblait avoir changé. Il paraissait maintenant peu probable que Bitcoin Classic soit activé à court terme. Ironiquement, bien que la plupart des *small blockers* n'aiment pas l'admettre, Ethereum a peut-être sauvé Bitcoin. Cependant, la guerre était loin d'être terminée. Les gens avaient la mémoire courte dans cet écosystème, et les leçons d'Ethereum s'effaceraient progressivement des mémoires.

11

SCALING III – MILAN

L'EFFERVESCENCE autour d'Ethereum avait un peu calmé les choses pour Bitcoin. Pour les partisans des petits blocs, un embranchement divergent d'augmentation de taille des blocs n'était plus à l'ordre du jour. Scaling III a eu lieu à Milan les 8 et 9 octobre 2016. Les *small blockers* étaient désireux de laisser le débat sur la taille des blocs derrière eux et de passer à autre chose ; ils voulaient mettre fin au *bikeshedding*[1] improductif et aller de l'avant. La conférence avait donc été organisée pour traiter d'autres problèmes de passage à l'échelle, tels que lightning et les signatures de Schnorr. Il n'y a pas eu de présentation à propos de la taille limite des blocs, ni personne courant à droite et à gauche pour parler aux principaux décideurs, ni de réunion choc décisive. Cette fois-ci, l'événement a été dominé par les partisans des petits blocs, et la taille des blocs n'a guère suscité de débat. La série de conférences s'est métamorphosée, en passant d'une conférence destinée à résoudre la crise de la taille des blocs à une conférence technique sur Bitcoin.

---

1. Dans le développement, le bikeshedding désigne la tendance à donner une importance disproportionnée à des choses futiles. Le terme a été forgé par le développeur P.-H. Kamp en 1999 qui prenait pour exemple la couleur d'un abri à vélos (bike shed). Le concept fait référence à la loi de futilité de Parkinson. (NdT)

Il y avait cependant un petit contingent de partisans des gros blocs présents à l'événement. Parmi eux, Roger Ver et un groupe de personnes soutenant une proposition alternative de *hardfork*, appelée Bitcoin Unlimited. Avec l'échec de Bitcoin Classic, cette nouvelle implémentation commençait à s'imposer comme le principal client privilégié par les *big blockers*. Nous y reviendrons plus en détail dans les chapitres suivants. De nombreux partisans des gros blocs portaient un t-shirt personnalisé qu'ils avaient récemment produit, portant l'inscription « *Hard Fork Cafe* [2] ». Cela faisait partie de leur campagne pour un *hardfork*. J'ai parlé à plusieurs des *big blockers* lors de la conférence qui étaient déçus de ne pas avoir été autorisés à faire des présentations lors de l'événement. Ils ont expliqué que la conférence était biaisée et unilatérale.

Roger Ver, ainsi que ses collègues *big blockers* Jerry Chan et Jake Smith, avaient organisé un événement social alternatif le samedi soir de la conférence [3]. La soirée était appelée « Fête de la liberté d'expression » et offrait gratuitement de la nourriture, des boissons, ainsi que des t-shirts Hard Fork Cafe. L'événement comprenait également des discours sur des sujets interdits par la conférence principale. Autant que je me souvienne, tous les mineurs chinois présents à la conférence de Milan ont assisté à cette soirée de libre expression, plutôt qu'à l'événement officiel. Cela peut sembler sans importance et il semble inapproprié de se concentrer sur ces événements sociaux. Toutefois, je pense qu'ils illustrent le sentiment de frustration extrême ressenti par les partisans des gros blocs. Ils se sentaient ignorés et réduits au silence dans une communauté et un écosystème qui étaient très importants pour eux. Ils avaient perdu leur voix et leur sentiment d'appartenance vis-à-vis de Bitcoin.

---

2. https://www.etsy.com/listing/594883668/

3. https://news.bitcoin.com/roger-ver-free-speech-scaling-bitcoin/

Cette soirée publique ressemblait à une demande d'attention : les *big blockers* voulaient rester dans la course. Une fracture sociale émergeait au sein de la communauté et il était clair de quel côté se trouvaient certains mineurs chinois, du moins ceux associés à Jihan Wu.

Le lendemain de la conférence, le lundi, une réunion plus restreinte de développeurs de Bitcoin a eu lieu à Milan. Ce soir-là, le groupe a reçu un message de Jihan indiquant qu'il n'avait plus l'intention de signaler son soutien à SegWit, ce qu'il avait apparemment promis en juillet. Des rumeurs ont alors progressivement commencé à circuler sur les raisons de ce revirement. On a dit que Jihan avait été déçu par l'absence de discussion sur un *hardfork* lors de la conférence, qu'il avait l'impression que cette question avait été retirée de l'ordre du jour, ce qui n'était pas du tout ce à quoi il s'attendait. Il a aussi été dit que Jihan avait été déçu que les développeurs n'aient pas envoyé une voiture pour venir le chercher à l'aéroport lors de la réunion aux États-Unis en juillet, ce qu'il avait ressenti comme un manque de respect. Je ne suis pas sûr de l'exactitude de ces rumeurs, car elles m'ont été transmises indirectement par le biais d'un groupe de *small blockers*. Ce dont je suis sûr, c'est que les messages étaient un peu biaisés à l'encontre de Jihan, mais qu'ils contenaient probablement une part de vérité.

Ce n'est que plusieurs mois plus tard que j'ai appris plus de détails sur les événements de la fin de l'été 2016, qui peuvent expliquer davantage cette décision des mineurs. Cet été-là, Jake Smith avait rendu visite à certains des plus gros mineurs de Chine, et avait notamment rencontré Jihan Wu. Lors de ces réunions, il aurait convaincu Jihan et certains mineurs de ne pas soutenir SegWit. À ce moment-là, Jake était associé à la société de Roger Ver, Bitcoin.com, et était un fervent partisan des gros blocs. Avant cela, il avait travaillé chez Bitmain et avait donc de bons liens avec les mineurs chinois. Ayant habité à Beijing, il était bien connu au sein de la communauté chinoise de Bitcoin. Il parlait également couramment le chinois. D'après le récit d'un mineur sympathisant de la cause des petits blocs qu'il a rencontré, Jake l'a informé qu'il ne fallait pas faire confiance à Bitcoin Core et que SegWit était une proposition dangereuse. Étant donné la source de l'information, il faut bien sûr prendre ce récit avec des pincettes. Cet événement n'est qu'une tentative de plus des participants à ce conflit de faire pression et de nouer le dialogue avec les mineurs chinois : de Gavin et Mike à l'été 2015, à la conférence Scaling en décembre 2015, puis à l'accord de Hong Kong en février 2016, en passant par la réunion de Californie en juillet 2016 et maintenant la visite de Jake en août 2016.

Après Milan, je suis retourné à Hong Kong et j'ai parlé à quelques mineurs locaux. À ce stade, il était clair que le point de vue des mineurs avait évolué. Auparavant, ils étaient frustrés par les messages peu clairs et contradictoires des développeurs et souhaitaient simplement une résolution rapide du conflit. Désormais, cependant, les fameux mineurs chinois commençaient à prendre part à cette guerre. Ils ont commencé à appréhender et comprendre le conflit, et se sont donc mis à prendre parti. L'exemple le plus clair est celui de Jihan Wu, qui s'est imposé comme le principal acteur du camp des gros blocs, tandis que d'autres acteurs de l'industrie du minage semblaient adopter une position différente, comme Wang Chun, l'opérateur de F2pool. L'influence de Jihan Wu et de Bitmain sur l'industrie était considérable. Bitmain possédait des fermes de minage, des coopératives et 75 % de la part de marché dans la production d'équipements miniers. Tous les opérateurs de fermes de minage qui souhaitaient faire l'acquisition de mineurs dans les meilleurs délais étaient donc désireux d'être bien vus par Jihan. Cela signifiait qu'ils devaient soutenir le camp de Jihan dans la guerre des blocs, et éventuellement utiliser les coopératives de minage de Bitmain et signaler leur soutien à Bitcoin Unlimited. Il y avait également des rumeurs parmi les *small blockers* selon lesquelles Bitmain achetait des quantités inutilement importantes de certains composants utilisés dans les machines de minage, comme les condensateurs, et demandait des accords d'exclusivité avec les fournisseurs. Bitmain se servait également de brevets pour protéger sa position dominante sur le marché, allant même jusqu'à poursuivre un ancien employé, Yang Zuoxing, pour avoir créé une entreprise rivale et avoir prétendument violé l'un des brevets de la société[4]. Bitmain semblait donc être en position de force sur le marché, presque inarrêtable. Que l'on considère ces pratiques commerciales potentiellement anticoncurrentielles comme contraires à l'éthique ou totalement légitimes, elles ont eu des répercussions sur la guerre des blocs, en incitant les mineurs à se ranger principalement dans le camp des gros blocs. Elles ont également eu pour effet de renforcer le niveau d'animosité parmi les ennemis de Bitmain, dont le nombre ne cessait de croître.

Le 1er novembre 2016, quelques semaines après la conférence et après plusieurs reports, la version 0.13.1 de Bitcoin Core a finalement été publiée[5]. Cette version comprenait les paramètres d'activation de l'embranchement convergent de SegWit. Enfin, les mineurs pouvaient se mettre à niveau et signaler qu'ils étaient prêts. Cependant, compte tenu des dernières informations à propos de Jihan, les perspectives étaient très incertaines. Après plus d'un an de combat, et malgré des champs de bataille et des combattants très

---

4. https://www.coindesk.com/markets/2017/10/17/former-bitmain-chip-designer-seeks-to-revoke-mining-giants-patent/

5. https://github.com/bitcoin/bitcoin/releases/tag/v0.13.1

différents, la guerre des blocs se poursuivait alors que l'année 2016 touchait à sa fin.

12

BITCOIN UNLIMITED

BITCOIN Classic n'ayant pas réussi à s'imposer, à la fin de l'été 2016, les partisans des gros blocs se sont rassemblés derrière un nouveau client implémentant une augmentation de la taille des blocs par embranchement divergent, appelé Bitcoin Unlimited. On aurait pu penser qu'il supprimerait simplement le plafond de la taille limite des blocs et autoriserait des tailles de bloc illimitées. Si tel avait été le cas, la proposition de Bitcoin Unlimited aurait probablement rencontré beaucoup plus de succès. Cependant, en examinant plus en détail Bitcoin Unlimited, on s'apercevait qu'il était non seulement très complexe, mais qu'il comportait également d'importantes lacunes techniques. Se rallier à une proposition aussi compliquée et fragile était une autre erreur stratégique monumentale de la part des *big blockers*. Dans les cercles de partisans des petits blocs, on se réjouissait de cette évolution tout en faisant profil bas, stratagème destiné à faire en sorte que les *big blockers* restent associés à ce client vulnérable. Bitcoin Unlimited n'était pas seulement un client logiciel, mais aussi une organisation formelle, avec des membres, des statuts, un président et un vote des membres.

L'idée principale de Bitcoin Unlimited était que les mineurs et les utilisateurs ajoutaient à leurs clients des paramètres liés à la taille limite des blocs. Ces paramètres étaient : i. La taille de génération maximale (MG) — uniquement pour les mineurs : une limite locale de taille des blocs, ne pouvant pas être dépassée par un mineur produisant un bloc ; ii. La taille de bloc excessive (EB) : il s'agissait de la taille des blocs qu'un nœud ou un mineur accepterait ; et iii. La profondeur d'acceptation (AD) : c'était le nombre de confirmations nécessaires pour qu'un bloc ayant une taille strictement supérieure à l'EB soit accepté par un nœud. Les détracteurs de cette proposition affirmaient que le fait que chacun fixe ses propres règles signifiait que le réseau ne se coordonnerait pas. Cette proposition s'écartait de la caractéristique principale du consensus de Bitcoin : les mineurs construisent des blocs à la suite de la chaîne valide présentant le plus de travail. Et non seulement elle s'en écartait, mais elle introduisait le concept de profondeur d'acceptation (AD), selon lequel les mineurs pouvaient d'abord essayer de construire à partir d'une chaîne valide plus courte, mais devaient, en cas de perte de la course, avancer de plusieurs blocs vers une chaîne plus longue, soudainement valide. Bitcoin Unlimited n'avait pas de méthode d'activation comme XT ou Classic ; il était simplement supposé devenir en quelque sorte le nouveau Bitcoin lorsque les mineurs se seraient mis à niveau. Par conséquent, beaucoup l'ont considéré comme une proposition plus extrême que ses prédécesseurs.

Désireux d'en savoir plus sur Bitcoin Unlimited, j'ai assisté début décembre 2016 à un événement promotionnel de l'organisation à Shenzhen (Chine). Les intervenants de l'événement et de la tournée promotionnelle étaient Roger Ver (fervent promoteur de Bitcoin Unlimited), Jake Smith, plusieurs employés de Bitcoin.com, des membres de l'organisation de Bitcoin Unlimited, certains des développeurs du client logiciel et Haipo Yang, le PDG de la coopérative de minage ViaBTC.

L'intervenant d'ouverture était Roger Ver, dont les propos étaient traduits immédiatement en chinois. Il s'est exprimé de manière très claire et convaincante, faisant valoir les points suivants :

— Il avait été le premier à investir dans des startups liées à Bitcoin ;

— De 2009, date de lancement de Bitcoin, à 2015, les blocs n'avaient pas été pleins et les transactions avaient été bon marché. Bitcoin Core avait une stratégie délibérée de blocs complets, ce qui constitue un changement économique majeur ;

— Les faibles frais de transaction avaient fait le succès de Bitcoin jusque-là ;

— L'intention avait toujours été d'augmenter la limite de taille des blocs et cela avait été explicitement admis par tout le monde, mais l'afflux de nouveaux arrivants empêchait la réalisation de ce projet ;

— Il y avait une censure généralisée sur Reddit et les propositions visant à augmenter la taille limite des blocs ne pouvaient pas être débattues. Par conséquent, Bitcoin Core ne souhaitait pas que les gens prennent leurs propres décisions ;

— Certes les membres de Bitcoin Core maîtrisaient le code informatique, mais ils ne comprenaient pas le langage économique ;

— Bitcoin Core souhaitait que Bitcoin soit un réseau de règlement interbancaire à frais élevés ; Satoshi avait voulu que Bitcoin soit un argent liquide électronique de pair à pair, comme l'indiquait le titre du livre blanc ;

> — Des cryptomonnaies alternatives attendaient dans les coulisses et, si la limite de taille des blocs n'augmentait pas, ces cryptomonnaies dépasseraient l'effet de réseau de Bitcoin, si ce dernier devenait difficile et compliqué à utiliser.

J'avais déjà vu Roger présenter plusieurs de ces points par le passé. Il pouvait répéter ces messages encore et encore, dans le monde entier, avec une vivacité et une ténacité remarquables. Roger semblait extrêmement convaincu et il était manifestement très efficace, ses messages étant particulièrement persuasifs. C'était un militant impitoyable et prolifique pour le camp des gros blocs.

Roger a terminé son discours en disant que les mineurs et les utilisateurs devraient passer de Bitcoin Core à Bitcoin Unlimited. Cependant, il n'est jamais entré dans les détails des nouveaux mécanismes de Bitcoin Unlimited. Quelques jours plus tard, un événement similaire organisé par Bitcoin Unlimited a eu lieu à Hong Kong. Je me souviens avoir pensé qu'il était dommage que Roger concentre toute son énergie dans ce conflit interne, plutôt que de promouvoir l'écosystème auprès des profanes et des nouveaux commerçants comme il l'avait fait par le passé.

L'intervenant suivant à Shenzhen était Jerry Chan. Jerry a parlé de l'idée de consensus émergent (EC), selon laquelle les règles du système seraient émergentes et non pas imposées de manière top-down par les développeurs. Le consensus émergent était un système conçu pour répondre à la crainte de voir les mineurs et les nœuds fixer leurs propres règles et diverger sur différentes chaînes. « Dans ce modèle, expliquait-il, les mineurs sont libres de fixer eux-mêmes la taille limite des blocs et, grâce à l'EC, ils convergeront tous vers une seule chaîne. » Jerry a illustré ce processus à l'aide de plusieurs exemples tirés de la nature :

« Les choses s'organisent d'elles-mêmes. Vous voyez, c'est la nature. Les molécules d'eau s'organisent en flocons de neige. Pourquoi? Ce n'est pas à cause de Dieu, c'est parce que les molécules d'eau sont disposées de manière à s'aligner de façon hexagonale et à former ce que nous appelons des flocons de neige. Les oiseaux. Est-ce que quelqu'un apprend à un oiseau à suivre celui qui le précède? Non. Ils peuvent littéralement s'endormir en volant sur des centaines de kilomètres et ils ne s'écraseront pas pour autant. Core vous fera croire que de mauvaises choses se produiront si vous laissez les mineurs ou les gens décider des choses. Avec un consensus émergent, une limite de bloc émergera naturellement [1]. »

Bien entendu, la description de Jerry selon laquelle les règles en vigueur de Bitcoin étaient imposées d'en haut par Bitcoin Core, était une déformation de la façon dont les *small blockers* voyaient le système. Dans le monde des petits blocs, les règles étaient déterminées par les nœuds déjà gérés par les utilisateurs. Ces règles étaient très rigides et leur modification nécessitait un accord général au sein de la communauté. Les partisans des gros blocs n'ont jamais semblé capables d'articuler correctement ce point de vue, soit parce qu'ils ne le comprenaient pas, soit parce qu'il n'allait pas suffisamment dans le sens de leurs propositions.

Quant à l'idée selon laquelle, dans la nature, de nombreux systèmes semblent converger ou présenter une structure, sans planification ni accord sur les règles, sa pertinence pour Bitcoin n'était pas claire. À ce stade, Bitcoin était déjà très performant : le réseau fonctionnait raisonnablement depuis sept ans, surmontant tous les problèmes. Cela semblait avoir généré une certaine complaisance au sein de

1. https://www.youtube.com/watch?v=nAqos76JONw

la communauté, les gens ayant une vision trop optimiste de la robustesse du système. Lorsqu'on interrogeait les défenseurs de Bitcoin Unlimited sur ses potentielles faiblesses, ils répondaient souvent que Bitcoin était antifragile et qu'il fonctionnerait toujours. L'argument selon lequel Bitcoin Unlimited était robuste parce que Bitcoin était si fort qu'il était presque impossible de lui nuire, me semblait incroyablement pauvre.

En plus de ces trois paramètres, Bitcoin Unlimited disposait également d'un dispositif appelé la « porte collante » (*sticky gate*). Si le seuil de la profondeur d'acceptation (AD) d'un nœud était franchi, ce dernier accepterait alors les blocs de n'importe quelle taille pendant une période de 24 heures. L'objectif était ici d'éviter qu'un nœud ne se retrouve bloqué à AD blocs derrière le bout de la chaîne, après une augmentation de la taille des blocs résultant de la production d'une suite de blocs plus gros. Une conséquence involontaire, ironique et perverse de cette mesure était qu'une nouvelle augmentation de la taille des blocs dans les 24 heures pouvait amener les clients ayant une limite de taille des blocs (EB) inférieure à suivre la chaîne à gros blocs, et les clients ayant une limite supérieure à rester sur une chaîne à petits blocs. Il apparaissait que Bitcoin Unlimited avait été mal conçu et que les différentes hypothèses n'avaient pas été étudiées à fond. Cela indiquait à quel point le camp des gros blocs était désespéré à ce stade.

Bitcoin Unlimited présentait plusieurs autres lacunes, notamment ce que l'on appelle « l'attaque de l'EB médiane ». Étant donné que la taille de bloc excessive (EB) était essentiellement une règle de consensus et que le paramètre EB choisi par les mineurs était inclus dans leurs blocs, les attaquants pouvaient voir la distribution des valeurs de la taille excessive sur le réseau. Cela pouvait permettre à un mineur hostile de choisir la valeur médiane de la taille excessive, par exemple, pour diviser la chaîne et le taux de hachage en deux groupes de taille arbitraire. C'était une faiblesse critique. Lorsqu'ils étaient interrogés à ce sujet, les partisans de Bitcoin Unlimited répondaient généralement que les mineurs n'étaient pas stupides et qu'ils ne laisseraient pas une telle chose se produire. Ils affirmaient aussi parfois que, pour éviter cela, les mineurs et les utilisateurs convergeraient tous vers la même valeur de taille excessive. Toutefois, si une telle convergence avait lieu afin d'empêcher une scission, cela se rapprocherait assez du modèle de sécurité préconisé par les *small blockers*, à savoir la convergence vers un seul ensemble de règles. Afin d'augmenter la taille limite des blocs dans Bitcoin Unlimited, il faudrait une transition du paramètre EB vers une valeur plus importante, ce qui ouvrirait la porte à cette vulnérabilité.

Bitcoin Unlimited apportait également d'autres modifications au logiciel qui n'étaient pas directement liées à la limite de taille des blocs. Les développeurs de Bitcoin Unlimited avaient mis au point une technologie permettant de propager les blocs plus rapidement, appelée xThin, par opposition à un système similaire dans Bitcoin Core appelé *compact blocks*. D'autres idées étaient également en cours de développement, comme la validation parallèle des blocs et les transactions flexibles. Les transactions flexibles formaient un nouveau format de transaction, similaire à SegWit, qui était également censé corriger la malléabilité des transactions. L'idée consistait à interdire complètement les transactions traditionnelles (c'est-à-dire à réduire la taille des blocs de transactions traditionnelles à zéro) et à forcer alors tous les utilisateurs à adopter le nouveau format de transaction. Ironiquement, il s'agissait d'une variante beaucoup plus agressive de SegWit, à laquelle les développeurs de Bitcoin Unlimited s'opposaient. En substance, SegWit conservait l'ancienne limite de 1 Mo pour les anciennes transactions et ajoutait plus d'espace de bloc pour les nouvelles transactions.

Il est ainsi devenu apparent que nombre de ces fonctionnalités et propositions n'étaient pas du tout motivées par des opportunités techniques. Il s'agissait plutôt de questions de culture, d'amour-propre et de désir d'implication dans Bitcoin. À ce stade, la plupart des *big blockers* détestaient tout simplement les *small blockers* et les développeurs de Bitcoin Core. Ils haïssaient le fait d'avoir l'impression que le groupe des petits blocs contrôlait Bitcoin, et ils voulaient faire partie du projet. En raison de ce désir d'être plus impliqué, Bitcoin Unlimited étendait ses attributions au-delà de la simple augmentation de la taille des blocs et couvrait une variété d'autres domaines. Cette décision s'est finalement avérée être une erreur et a conduit à la défaite de Bitcoin Unlimited. Une fois la guerre des blocs terminée, certains membres de la communauté Bitcoin Unlimited ont fini par admettre ces égarements :

> « À l'époque où BU avait plus d'élan que tous les autres groupes de big blockers, plusieurs d'entre nous pensaient que BU devrait d'abord se concentrer sur une simple augmentation de la taille des blocs à partir de Core, au lieu d'essayer de faire en sorte que toute la communauté adopte un algorithme de taille des blocs compliqué (le "consensus émergent"). Nous voulions également que BU cesse d'essayer de mettre en œuvre sa propre version des blocs faibles dans l'immédiat. La question cruciale était d'augmenter la taille des blocs et de se séparer de Core en évitant le plus possible les distractions. L'insistance de BU à ajouter une grande quantité de code complexe au lieu de se concentrer sur la simplicité s'est retournée contre elle, car le logiciel de

BU comportait plusieurs bugs qui entraînaient le plantage des nœuds. Cela a donné à l'ensemble de la communauté de Bitcoin l'impression que l'on ne pouvait pas vraiment faire confiance aux développeurs de BU pour écrire un code solide, ou que leurs compétences en matière de programmation et de vérification n'étaient pas à la hauteur de leurs ambitions[2]. »

Un autre membre de la communauté a fait le commentaire suivant :

« Rétrospectivement, le consensus émergent (EC) a été une énorme erreur. »

Étonnamment, malgré toutes ces faiblesses potentielles en matière de sécurité, Bitcoin Unlimited a reçu le soutien de tout le camp des *big blockers*, de Brian Armstrong (Coinbase) à Gavin, en passant par Jihan Wu et Roger Ver. Aucun d'entre eux ne semblait particulièrement intéressé par les détails et les nouveaux paramètres impliqués. Ils voulaient simplement de plus gros blocs. Bitcoin Unlimited bénéficiait également du soutien des coopératives de minage, notamment ViaBTC, GBMiners et BTC.TOP, tandis que l'adoption par les nœuds semblait également en hausse. La première coopérative à le soutenir était ViaBTC, un regroupement minier qui avait reçu des investissements de Bitmain et semblait être largement contrôlée par Jihan Wu. La coopérative BTC.TOP était également soupçonnée d'être contrôlée par Bitmain. Au début de l'année 2017, environ 15 à 20 % du taux de hachage de Bitcoin signalait son soutien à Bitcoin Unlimited. Bitmain gérait également directement des coopératives, telles que Antpool, qui ont commencé à signaler leur appui à Bitcoin Unlimited en mars 2017. Ces signalements ont fait grimper le soutien à Bitcoin Unlimited parmi les mineurs jusqu'à une fourchette allant

---

2. https://bitco.in/forum/threads/gold-collapsing-bitcoin-up.16/page-1163 #post-61450

de 45 à 55 %, un niveau auquel il est resté pendant la majeure partie de 2017.

Plusieurs développeurs de Bitcoin et *small blockers* ont accusé certains mineurs de truquer des votes en faveur de Bitcoin Unlimited. Ils ont accusé les opérateurs des coopératives de modifier leurs paramètres afin d'ajouter aux blocs des données relatives à Bitcoin Unlimited alors qu'ils utilisaient toujours Bitcoin Core pour produire les blocs. Ils ont pu déterminer cela en examinant les transactions contenues à l'intérieur des blocs, qui semblaient avoir été sélectionnées en utilisant le nouvel algorithme de Bitcoin Core, que Bitcoin Unlimited n'avait pas implémenté. Ces « faux votes » apparents étaient parfois appelés *false flags* [3], en référence aux opérations sous fausse bannière. Certains partisans des petits blocs, qui voyaient Bitcoin Unlimited comme un mal en soi, ont considéré que ces faux signaux de soutien formaient un nouvel acte malveillant. Le signalement par les mineurs des règles de consensus qu'ils appliquaient était censé être un mécanisme permettant d'assurer que les mises à niveau du protocole se fassent en douceur. Le faux signalement était vu comme une approche qui rendait les mises à niveau plus dangereuses. En réalité, ce faux soutien pouvait être considéré comme une attaque contre Bitcoin Unlimited, car il pourrait provoquer une activation défaillante. Les partisans des gros blocs n'ont pas semblé en tenir compte et ont réagi avec enthousiasme à l'augmentation du taux de hachage favorable à Bitcoin Unlimited. Pour eux, il s'agissait d'un élan considérable. Les signaux de soutien des mineurs constituaient un message politique important, peu importe si les votes étaient faux ou non.

---

3. Jeu de mots intraduisible, profitant de la polysémie du mot anglais flag qui signifie à la fois drapeau / bannière et signaler. (NdT)

Le 30 janvier 2017, un mineur utilisant Bitcoin Unlimited a produit un bloc de plus de 1 Mo [4]. C'était peut-être le premier bloc de plus de 1 Mo produit avec une preuve de travail suffisante. Il s'agissait probablement d'une erreur ou d'un accident, car il n'y avait aucune coordination apparente derrière cet évènement. Les nœuds de l'ensemble du réseau Bitcoin ont rejeté le bloc comme étant invalide, ce qui, selon les *small blockers*, était un exemple illustrant la nécessité d'obtenir l'accord des utilisateurs avant de procéder à un *hardfork*. Les *big blockers*, tels que Roger Ver, ont essayé de mettre cet incident sous le tapis, affirmant que des blocs obsolètes étaient produits tout le temps, sans admettre que ce bloc n'était pas seulement obsolète ; il était surtout invalide.

En mars 2017, un événement causant des dommages importants à la réputation de Bitcoin Unlimited a eu lieu : le nombre de nœuds de Bitcoin Unlimited accessibles a soudainement chuté.

> *« Selon nodecounter, tout se passait bien vers 18h GMT, avec 776 nœuds. Ce chiffre a rapidement chuté à 696 nœuds à 19h GMT, pour atteindre un plancher de 182 nœuds à 23h. À 9h GMT le lendemain, la situation était pratiquement revenue à la normale, avec 626 nœuds. Je ne pense pas qu'il soit exact de dire que BU a réagi anormalement vite, ou que 100 % des nœuds sont revenus [5]. »*

Ce qui s'est passé, c'est qu'un bug critique de déni de service a été introduit dans l'élément xThin du code de Bitcoin Unlimited, qui n'avait rien à voir avec la limite de taille des blocs. Cette faille a été exploitée, provoquant le plantage de presque tous les nœuds

---

4. https://twitter.com/lopp/status/825877348096548866

5. https://bitcoin.stackexchange.com/questions/52154/what-was-the-timeline-of-the-bitcoin-unlimited-hack-as-of-2017-march-and-where-w

de Bitcoin Unlimited. Le problème a été mis en évidence par les *small blockers*, qui ont contribué à attirer l'attention sur cette défaillance auprès de nombreux médias spécialisés dans les cryptomonnaies. Le plantage des nœuds a également soumis le projet à un examen plus approfondi de la part de la communauté des *big blockers*. Beaucoup l'avaient simplement considéré comme un client générique à gros blocs, mais ils posaient désormais des questions plus précises, telles que : Quelle est cette organisation et pourquoi y a-t-il un président ? Pourquoi modifie-t-elle des aspects du code qui ne sont pas liés à la taille des blocs ? À quoi sert le paramètre AD ? Y a-t-il d'autres bugs critiques ?

Bitcoin Unlimited ne s'est jamais complètement remis de l'incident survenu en mars 2017. L'erreur en elle-même n'était pas particulièrement grave, mais les partisans des petits blocs ont réussi à capitaliser sur le bug, ce qui a attiré l'attention sur d'autres défaillances de Bitcoin Unlimited. La séquence de Bitcoin Unlimited a été l'une des pires périodes de la guerre pour les partisans des gros blocs, une période qu'ils préféreraient probablement oublier. À la grande joie des *small blockers*, ils s'étaient laissés guider par leur amour-propre, leur colère et leur frustration, et avaient fini par soutenir un client mal conçu. Une fois encore, après l'abandon de Bitcoin Unlimited, les *big blockers* n'ont fait preuve d'aucune contrition ou presque. Aucun d'entre eux n'a semblé prendre ses responsabilités ou se demander pourquoi il était dangereux voire destructeur pour Bitcoin de soutenir un client présentant autant de faiblesses potentielles.

En mars 2017, la tension au sein de la communauté s'était encore accrue. L'attention s'est alors portée sur l'idée que les partisans des gros blocs adopteraient Bitcoin Unlimited et s'attaqueraient ensuite à la chaîne à petits blocs initiale, en minant des blocs vides et en rendant orphelins tous les blocs contenant des transactions. Cette stratégie aurait ainsi pour effet de tuer la chaîne à petits blocs. Jihan avait même évoqué publiquement l'idée d'attaquer Bitcoin :

> *« Il n'est peut-être pas nécessaire de l'attaquer. Mais une attaque est toujours une option* [6]*. »*

Gavin avait aussi dit quelque chose de similaire :

> *« Empêcher une branche au taux de hachage minoritaire de confirmer des transactions est une bonne idée. Consensus de Nakamoto != unanimité* [7]*. »*

Meni Rosenfeld, l'un des premiers utilisateurs de Bitcoin, qui était resté en grande partie à l'écart de la guerre des blocs jusqu'à ce moment-là, décrivait la situation comme suit :

> *« Gavin Andresen, Peter Rizun et Jihan Wu ont tous évoqué favorablement la possibilité qu'une chaîne au taux de hachage majoritaire attaque la minorité (par le biais du minage égoïste et du déni de service par blocs vides).*
>
> *C'est une honte et cela va à l'encontre de tout ce que Bitcoin représente. Bitcoin est une monnaie volontaire. Les gens l'utilisent parce qu'ils le choisissent, et non parce qu'ils y sont contraints.*
>
> *En substance, ils disent que si certains d'entre nous veulent utiliser une monnaie spécifiée par l'actuel protocole Bitcoin Core,*

---

6. https://www.forbes.com/sites/laurashin/2017/03/21/is-this-massive-power-struggle-about-to-blow-up-bitcoin/
7. https://twitter.com/gavinandresen/status/827904756525981697

il est acceptable de lancer une attaque en vue de nous persuader d'utiliser leur monnaie à la place. Eh bien, non, ce n'est pas acceptable, c'est honteux et immoral. Même s'ils réussissent, ce qu'ils obtiendront, ce sera de la monnaie fiat, pas Bitcoin.

Une véritable diversité génétique ne peut être obtenue qu'avec de multiples protocoles coexistant côte à côte, se faisant concurrence et évoluant vers la version la plus robuste possible de Bitcoin.

Cela transcende le débat particulier sur les mérites de BU par rapport à Core [8]. »

Il s'agissait clairement d'un changement de ton de la part des partisans des gros blocs. Ils avaient auparavant affirmé qu'il n'y aurait pas de scission et pas de chaîne à petits blocs, mais maintenant ils envisageaient une attaque active contre une telle chaîne. Début avril, j'ai eu une discussion avec l'un des principaux associés de Jihan à Hong Kong. Il m'a informé que les big blockers avaient alloué un budget de 100 millions de dollars pour attaquer la chaîne à petits blocs. Le plan était de dépenser cet argent en énergie, en minant des blocs vides sur la chaîne à petits blocs et en rendant orphelins tous les blocs contenant des transactions. Cela permettrait essentiellement de « tuer la chaîne », a-t-il déclaré. J'ai demandé pourquoi il voulait tuer la chaîne à petits blocs, et il a expliqué que les partisans des petits blocs avaient « retardé Bitcoin pendant des années et que c'était ce qu'ils méritaient ». Le fait même d'envisager de dépenser 100 millions de dollars uniquement pour se venger de ses adversaires illustre vraiment l'ampleur du marasme dans lequel nous nous trouvions à ce stade du conflit. « Que se passe-t-il une fois que les 100 millions de dollars auront été dépensés ? ai-je demandé. Les *small blockers* ne

---

8. https://www.reddit.com/r/Bitcoin/comments/6181y2/attacking_a_minority
_hashrate_chain_stands/

pourraient-ils pas alors relancer leur chaîne? » Il ne semblait pas avoir de réponse solide à cette question. Après une longue pause, il a déclaré qu'ils tenteraient peut-être de collecter plus d'argent et attaquer à nouveau.

Alors que 2017 avançait et que la guerre entrait dans son 18e mois, l'angoisse des deux camps ne cessait de croître. Jihan et la plupart des coopératives de minage ne signalaient toujours pas leur soutien à SegWit, et l'objectif de 95 % semblait presque impossible à atteindre. Les *big blockers* voyaient l'activation de SegWit comme une défaite pour leur camp et le blocage de SegWit était pour eux un moyen de pression crucial. C'était la seule monnaie d'échange importante qu'il restait aux partisans des gros blocs, et ils ne voulaient pas la lâcher. Cela causait effectivement de la frustration chez les *small blockers*, mais il ne faut pas oublier qu'ils représentaient le côté patient, le côté de ceux qui se projetaient sur des décennies. Pour les *big blockers*, l'attente était bien plus pénible. Cette douleur explique en grande partie les menaces d'attaque contre la chaîne à petits blocs.

13

Plateformes d'échange

Durant la première année où la guerre avait fait rage, le paysage industriel de l'écosystème des cryptomonnaies avait considérablement évolué. Le changement le plus important était l'émergence et le développement de plusieurs sociétés d'échange de cryptomonnaies, dont le succès était alimenté par une demande considérable du marché de détail dans la région Asie-Pacifique : des entreprises telles que Poloniex, BitMEX et, peut-être la plus importante de toutes, Bitfinex. À cette époque, Bitfinex était probablement la société la plus influente du secteur, en ce qui concerne la formation du prix sur le marché. Alors que les entreprises américaines soutenues par la Silicon Valley, telles que Coinbase, étaient de ferventes partisanes des gros blocs, l'opinion de ces nouveaux acteurs était bien plus indécise. C'était donc l'occasion pour les deux camps du conflit de s'adresser à ces entreprises et de faire pression sur elles. De manière générale, on peut dire que les *small blockers* ont fait du meilleur travail à ce sujet que les *big blockers*, bien que l'expérience d'Ethereum en 2016 a probablement été plus déterminante que tout le reste dans le changement d'opinion. N'ayant pas d'antécédent dans cette guerre, ces plateformes d'échange étaient plus pragmatiques et semblaient être convaincues par les arguments des partisans des petits blocs.

Le 17 mars 2017 a été une autre date importante dans cette séquence. Ce jour-là, plusieurs plateformes d'échange majeures, dont Bitfinex, Kraken et Bitstamp, ont porté un coup majeur à Bitcoin Unlimited, en publiant une annonce commune, indiquant qu'elles ne considéreraient pas Bitcoin Unlimited comme Bitcoin, même s'il disposait de la majorité de la puissance de hachage. Elles ont également déclaré que « toute implémentation rompant le consensus » nécessiterait une protection contre la rediffusion des transactions.

> *« Puisqu'il semble probable que nous assistions à un hardfork initié par le projet Bitcoin Unlimited, nous avons décidé de désigner la branche de Bitcoin Unlimited comme BTU (ou XBU). L'implémentation de Bitcoin Core continuera quant à elle à s'échanger sous le nom de BTC (ou XBT) et toutes les plateformes d'échange traiteront les dépôts et les retraits en BTC, même si la chaîne de BTU a une puissance de hachage supérieure. Certaines plateformes ont l'intention de coter le BTU, et toutes les plateformes essayeront de prendre les mesures nécessaires pour préserver les BTU des clients et leur permettre d'y accéder. Cependant, aucun des soussignés ne listera le BTU si nous ne pouvons pas faire fonctionner les deux chaînes indépendamment et sans incident. Par conséquent, nous insistons pour que la communauté Bitcoin Unlimited (ou toute autre implémentation rompant le consensus) intègre une solide protection bidirectionnelle contre la rediffusion [1]. »*

---

1. https://fs.bitcoinmagazine.com/assets/exchange_handling_of_contentious _hard_fork_event.pdf

Cette position a aussi été adoptée par d'autres grandes plateformes d'échange. Poloniex a déclaré par exemple que :

> *« Toute nouvelle branche devra au minimum inclure une protection contre la rediffusion [2]. »*

Le même jour, BitMEX a adopté une position similaire :

> *« Il existe un doute important sur le fait qu'un hard fork de Bitcoin Unlimited (BU) puisse être réalisé en toute sécurité sans travail de développement supplémentaire. En cas d'un embranchement, nous suivrons le plan qui a été proposé par Bitfinex, Bitstamp, BTCC, et al. Il ne sera possible pour aucune plateforme d'échange, y compris BitMEX, de prendre en charge les deux chaînes séparément. Pour ces raisons, BU ne sera pas coté ou utilisé comme monnaie de dépôt / retrait jusqu'à ce que la protection contre la rediffusion soit mise en œuvre, et que BU ne risque plus de subir une réorganisation de chaîne si la chaîne de Core devient plus longue [3]. »*

Ces différentes plateformes de trading avaient désormais clarifié leur position. Elles considéraient Bitcoin Unlimited comme une cryptomonnaie alternative et non comme Bitcoin. En outre, elles avaient tiré les leçons d'Ethereum Classic. Bitcoin Unlimited ne serait même pas pris en charge par ces plateformes si les développeurs n'ajoutaient pas de protection contre la rediffusion des transactions. La lecture de ces déclarations donnait l'impression que les partisans des petits blocs avaient contribué à leur élaboration, voire à leur rédaction. Les partisans des gros blocs avaient déjà usé de cette ruse

---

2. https://web.archive.org/web/20170317181033/https://poloniex.com/press-releases/2017.03.17-Hard-Fork/

3. https://blog.bitmex.com/a-statement-on-the-possible-bitcoin-unlimited-hard-fork/

consistant à diffuser une lettre ouverte en 2015 avec Bitcoin XT, et maintenant les partisans des petits blocs s'y adonnaient à leur tour.

Concernant la protection contre la rediffusion, les plateformes d'échange demandaient que le format des transactions de la nouvelle monnaie soit modifié. Cette mesure permettrait d'éviter que les mêmes transactions ne soient rediffusées sur les deux chaînes après la scission. Elle aiderait les plateformes à se conformer à leurs obligations en tant que dépositaires et à protéger les actifs de leurs clients.

Il convient de souligner ici que l'écosystème de l'échange de cryptomonnaies avait considérablement évolué depuis 2015. Il ne se limitait plus aux seules plateformes d'échange au comptant. Bitfinex, par exemple, avait dépassé le stade de la simple place de change. L'entreprise proposait toute une gamme de services, allant du trading de Bitcoins avec effet de levier, aux contrats à termes, en passant par les produits dérivés sur cryptomonnaies, le prêt de Bitcoins, et jusqu'au marché de la dette. Lorsque l'on considérait les implications financières d'une scission de chaîne ou d'un embranchement divergent, cela rendait les choses beaucoup plus compliquées. Par exemple, si vous aviez emprunté en une monnaie avant une scission, deviez-vous rembourser la dette dans les deux monnaies ? Si vous aviez ouvert une position acheteuse sur Bitcoin au moment de la scission, seriez-vous maintenant en position acheteuse sur les deux monnaies ou sur une seule, et comment décidera-t-on de quelle monnaie utiliser ? Ces dynamiques ont, à juste titre, rendu certaines plateformes d'échange encore plus inquiètes quant à une éventuelle scission. Leur modèle économique étant de fonctionner 24 heures sur 24 et 7 jours sur 7, elles ne pouvaient pas se contenter de suspendre leurs opérations et de laisser les choses s'arranger d'elles-mêmes. Dans une certaine mesure, les *small blockers* semblaient comprendre certaines de ces dynamiques, et pour rallier le plus de soutien à leur cause, étaient en mesure d'exploiter les singularités de ce modèle économique.

Le 18 mars 2018, un jour après avoir fait son annonce, Bitfinex a pris une autre décision historique qui a eu des répercussions importantes et durables sur la guerre des blocs. Bitfinex a décidé de lister des contrats à terme pour Bitcoin Unlimited et Bitcoin Core [4]. Ces contrats à terme expiraient à la fin de 2017. La plateforme Bitfinex permettait ainsi aux utilisateurs de séparer leurs Bitcoins en deux jetons qui seraient présents sur la plateforme : le BCC (représentant Bitcoin Core) et le BTU (représentant Bitcoin Unlimited). Ces deux jetons pouvaient ensuite être librement échangés contre des Bitcoins sur la plateforme Bitfinex. Les investisseurs étaient enfin libres d'exprimer leur point de vue avec un enjeu. Auparavant, il existait des sites web de vote par pièces où les internautes faisaient des commentaires controversés sur la guerre des blocs et où les détenteurs de Bitcoins pouvaient signer ces messages avec la clé publique liée à une adresse Bitcoin. Ces sites web pouvaient être utilisés pour évaluer l'opinion des détenteurs de Bitcoins, mais il n'y avait pas d'enjeu. Désormais, de l'argent réel était enfin en jeu.

Cela a marqué un changement fondamental dans la guerre : cette dernière s'était désormais monétisée et ne se résumait plus qu'à un échange de propos acerbes. Certains membres de la communauté des *big blockers* s'étaient toujours sentis pris au piège. Ils pensaient que la majorité économique était de leur côté, et qu'ils gagneraient si on leur donnait la liberté économique d'exprimer leurs opinions. « Laissez le marché décider ! » déclaraient-ils souvent. À présent, nous avions enfin un marché, ou du moins dans une certaine mesure. La plupart

---

4. https://www.bitfinex.com/posts/195

des gens étaient satisfaits et soutenaient généralement Bitfinex. Le seul inconvénient était que, pour parier sur le résultat de cette situation, il fallait assumer un risque de garde avec Bitfinex pendant environ neuf mois. À ce stade, les antécédents de Bitfinex étaient loin d'être parfaits et la société avait déjà été victime de piratages majeurs par le passé. Bitfinex introduirait ensuite quatre autres jetons de scission de chaîne en 2017 pour d'autres projets de *hardfork*.

Quant au prix du jeton Bitcoin Unlimited, il n'a jamais atteint plus de 20 % du prix du Bitcoin[5]. Il a commencé par se négocier dans une fourchette de 15 à 20 %, avant de baisser à environ 3 % au début du mois de mai 2017. Le prix du jeton a ensuite reflété les rebondissements de la guerre des blocs à mesure que la bataille se poursuivait, se redressant à la fin du mois de mai, puis à nouveau à la fin du mois d'août. Il y a également eu quelques reprises d'ordre technique : les traders devaient parfois acheter le jeton du contrat à terme de Bitcoin Unlimited pour le fusionner à nouveau avec son pendant lié à Bitcoin Core, de sorte qu'ils pouvaient recombiner les deux jetons en Bitcoin, qu'ils étaient ensuite en mesure de retirer de Bitfinex. À la fin de l'année, le jeton Bitcoin Unlimited a fini par expirer, dépourvu de valeur, car aucune scission de chaîne liée à Bitcoin Unlimited ne s'était produite.

---

5. https://coinmarketcap.com/currencies/bitcoin-unlimited/#markets

14

ASICBoost

LE mercredi 5 avril 2017, une autre annonce, qui venait cette fois-ci des partisans des petits blocs, a eu l'effet d'une bombe. Elle se présentait sous la forme d'un courriel adressé à la liste de diffusion des développeurs de Bitcoin par Gregory Maxwell. Nous n'entrerons pas trop dans les détails ici, car le sujet est très technique. L'idée principale de l'allégation de Gregory était que les raisons invoquées par Bitmain et Jihan pour s'opposer à SegWit étaient en fait des mensonges. Bitmain aurait eu un programme secret : la société aurait découvert une optimisation secrète du minage, un raccourci de preuve de travail, qui ne fonctionnait pas si les blocs contenaient des transactions SegWit. La motivation derrière l'opposition à SegWit était donc financière, cette opposition visant à protéger la rentabilité de Bitmain, plutôt qu'éviter la complexité ou de conserver un moyen de pression pour obtenir un *hardfork*, qui étaient les raisons publiquement mentionnées. S'il était vrai que Bitmain avait été malhonnête à ce point, on aurait pu dire que Bitmain était un acteur malveillant pour le protocole Bitcoin.

Voici le courriel de Gregory ci-dessous.

« Il y a un mois, j'expliquais l'attaque contre le hashcash SHA2 de Bitcoin exploitée par l'ASICBOOST et les différentes mesures qui pourraient être prises pour la bloquer sur le réseau si elle devenait un problème.

Bien que la plupart des discussions sur l'ASICBOOST se soient concentrées sur la méthode ouverte de sa mise en œuvre, il existe également une méthode secrète pour l'utiliser

Alors que j'expliquais l'une des approches pour inhiber l'ASICBOOST secret, j'ai réalisé que mes mots décrivaient également la structure d'engagement de SegWit.

Les auteurs de la proposition SegWit ont fait un effort particulier pour ne pas qu'elle soit incompatible avec tout système de minage et, en particulier, ils ont modifié le modèle à un moment donné afin de prendre en compte les puces de minage ayant des adresses de paiement imposées.

S'ils avaient été conscients de l'exploitation de cette attaque, ils se seraient efforcés d'éviter l'incompatibilité, ne serait-ce que pour rendre les préoccupations distinctes. Mais les meilleures méthodes de mise en œuvre de l'attaque secrète sont nettement incompatibles avec pratiquement toutes les méthodes d'extension des capacités de transaction de Bitcoin, à l'exception notable des blocs d'extension (qui ont leurs propres problèmes).

Une incompatibilité permettrait de mieux comprendre certains des comportements les plus inexplicables de la part de plusieurs acteurs de l'écosystème du minage, j'ai donc commencé à chercher des preuves.

La rétro-ingénierie d'une puce de minage donnée a démontré de manière concluante que l'ASICBOOST a été implémenté au sein du matériel.

Sur cette base, je soumets à la discussion le projet de BIP suivant. Cette proposition n'empêche pas l'attaque en général, mais inhibe seulement les formes secrètes de celle-ci qui sont incompatibles avec les améliorations du protocole Bitcoin.

J'espère que même ceux d'entre nous qui préféreraient vivement que l'ASICBOOST soit complètement bloqué pourront s'unir pour soutenir une mesure de protection qui permet de séparer les préoccupations en entravant son utilisation secrète qui peut éventuellement obstruer les améliorations du protocole[1]. »

L'ASICBoost est un moyen de réduire la quantité de travail qu'un mineur doit effectuer lors d'une tentative de hachage pour la preuve de travail de Bitcoin. SHA256, qui est l'algorithme de hachage utilisé pour la preuve de travail de Bitcoin, divise l'en-tête de bloc en morceaux de 64 octets avant que les calculs ne soient effectués. L'entête de bloc dans Bitcoin fait 80 octets et est donc divisé en deux morceaux - le morceau 1 et le morceau 2. L'ASICBoost maintient inchangée la valeur de l'un des deux morceaux lors de multiples tentatives de hachage. Par conséquent, le mineur ne doit effectuer qu'un travail partiel pour ce morceau, pour de multiples tentatives de hachage, ce qui entraîne un gain important d'efficacité, d'environ 20 %. Un article décrivant ce système a été publié pour la première fois en mars 2016 par Timo Hanke[2].

---

1. https://lists.linuxfoundation.org/pipermail/bitcoin-dev/2017-April/013996.html

2. https://blog.bitmex.com/wp-content/uploads/2017/09/AsicBoostWhite paperrev5.pdf

Il y a deux façons d'y parvenir : ouvertement, en modifiant la zone des bits de version dans l'entête du bloc de Bitcoin dans le morceau 1 pour créer de l'entropie alors que le morceau 2 restait inchangé pour de multiples tentatives de hachage ; ou secrètement. L'ASICBoost secret est beaucoup plus complexe et consiste à modifier les transactions Bitcoin pour trouver une collision dans les quatre derniers octets de la racine de Merkle des transactions. La racine de Merkle est répartie entre les deux morceaux, les quatre derniers octets se trouvant dans le morceau 2. Par conséquent, cette méthode secrète maintient également le morceau 2 inchangé pour de multiples tentatives de hachage. Cette manipulation secrète peut se faire en modifiant l'ordre des transactions dans le bloc. La mise à niveau SegWit exige que les mineurs s'engagent dans la structure des transactions ailleurs dans le bloc, ce qui rend ce type de manipulation presque impossible. SegWit empêche donc, sans le vouloir, l'ASICBoost secret.

Une incertitude considérable subsistait quant à l'affirmation de Gregory selon laquelle « la rétro-ingénierie d'une puce de minage donnée [avait] démontré de manière concluante que l'ASICBOOST [avait] été implémenté au sein du matériel ». Alors que la plupart des partisans des petits blocs semblaient croire à cette allégation, je n'avais pas l'impression qu'il y avait suffisamment de preuves pour l'étayer. Les *small blockers* étaient peut-être tellement convaincus que SegWit était une bonne idée et que Bitmain n'avait aucune raison de s'y opposer, qu'ils en ont conclu à tort que les intentions de Bitmain devaient par conséquent être malveillantes. Cette allégation s'intégrait très bien dans ce discours, expliquant le comportement de Bitmain, et pour cette raison, la plupart des *small blockers* semblaient y croire. Bien sûr, une autre explication du comportement de Jihan, qui semblait aussi tout à fait possible, est qu'il s'agissait d'un *big blocker* extrême, exposé au discours des gros blocs. Il s'agissait là également d'une explication valable pour son opposition à SegWit.

Deux jours après l'allégation, Bitmain a publié un démenti long et confus :

> « *Bitmain a testé l'ASICBOOST sur le réseau de Test mais n'a jamais utilisé l'ASICBOOST sur le réseau principal comme le laisse entendre la proposition de Gregory Maxwell. Nous demandons à toute personne qui le nie de fournir des preuves concluantes, car de telles affirmations sans fondement sont toxiques pour l'écosystème de Bitcoin.*
>
> *[...]*
>
> *Bitmain détient le brevet de l'ASICBOOST en Chine. Nous pouvons légalement l'utiliser dans nos propres fermes de minage en Chine pour en tirer profit et vendre des contrats de cloud mining au public.*
>
> *[...]*
>
> *Les équipements de minage de Bitcoin se déprécient rapidement. Bitmain a constamment introduit de nouveaux modèles de mineurs plus efficaces et accessibles à tous. En tant que telle, l'affirmation selon laquelle le déploiement de l'ASICBOOST, qui peut entraîner une différence de 20 % dans l'efficacité énergétique, serait un développement négatif pour le modèle commercial de Bitmain est fausse.*
>
> *[...]*
>
> *SegWit n'est pas déployée en production parce que les conditions énoncées clairement dans l'accord de Hong Kong n'ont pas été remplies.*
>
> *[...]*

> *La récente proposition de Gregory Maxwell suggère de changer la collision de 2^{32} en une collision de 2^{64} pour rendre l'ASICBOOST plus difficile. Le résultat serait une perte pour les détenteurs de brevets et le protocole Bitcoin. Les détenteurs de brevets n'obtiendront rien et le protocole Bitcoin deviendra plus complexe.*
>
> *[...]*
>
> *La communauté Bitcoin a subi un grave revers lorsque Maxwell a mené le putsch contre Gavin Andresen et lui a retiré son accès en écriture sur Github. Il nous incombe maintenant, en tant que communauté, de trouver un nouveau groupe de développeurs de base qui ne s'occupe pas d'attaquer l'un des plus grands investisseurs dans Bitcoin (Ver), l'une de ses plus grandes plateformes d'échange (Coinbase) et son plus grand fournisseur d'équipement de minage (Bitmain) [3]. »*

La première chose à noter est que, malgré le démenti, Bitmain semblait admettre avoir utilisé ce qui était vraisemblablement un ASICBoost secret sur le réseau de test, et que celui-ci avait été donc probablement implémenté dans son matériel. Avant ce démenti, je n'étais pas sûr de l'exactitude de l'allégation de Maxwell. Ironiquement, dans mon esprit, la nature du démenti a considérablement augmenté la probabilité que cette allégation soit vraie. La société Bitmain affirmait même qu'elle possédait le brevet de l'ASICBoost en Chine et qu'elle pouvait l'utiliser légalement si elle le souhaitait, avant de défendre cette technique comme une optimisation minière légitime. Une stratégie de communication bien plus efficace aurait consisté à publier un démenti simple et clair, plutôt que de défendre l'ASICBoost dans le scénario hypothétique

___
3. https://blog.bitmain.com/en/regarding-recent-allegations-smear-campaigns/

où Bitmain l'aurait utilisé. Le démenti a donc affaibli la position de Bitmain et a été cité par les *small blockers* comme la preuve d'un comportement néfaste. Même si Bitmain n'utilisait pas l'ASICBoost secret pour le moment, elle en avait éventuellement l'intention et l'accusation de Gregory semblait donc plus ou moins fondée : Bitmain était malhonnête dans son opposition à SegWit. Peut-être s'agissait-il avant tout d'une question d'argent.

Cependant, une explication plus simple était également possible. Peut-être que Bitmain n'avait tout simplement pas su communiquer correctement en anglais, ce qui pourrait expliquer la faiblesse de son démenti. Dans cette guerre, il y avait aussi une culture combative qui consistait à débattre de chaque point. Peut-être que le message de Bitmain était : « Nous ne recourons pas à l'ASICBoost secret, mais où est le problème si c'était le cas ? » Il n'est pas impossible que Bitmain ait voulu faire valoir ce point de vue, même si la société n'utilisait pas l'ASICBoost. De plus, le démenti permettait à Bitmain de réaffirmer sa position dans la guerre des blocs, à savoir qu'elle ne déploierait pas SegWit car les conditions de l'accord de Hong Kong n'avaient pas été remplies. Bien sûr, pour les partisans des petits blocs, ce n'était pas censé être un échange de bons procédés.

Fait remarquable, Gavin a même pris la défense de Bitmain, en partant de l'hypothèse que la société utilisait l'ASICBoost secret, arguant qu'il s'agissait d'une optimisation du minage légitime faisant appel au logiciel Bitcoin.

> *« Il n'est pas acceptable qu'Ethereum change ses règles pour annuler un vol, mais il est acceptable que Bitcoin change ses règles pour empêcher une optimisation* [4] *? »*

____

4. https://twitter.com/gavinandresen/status/849795178491719681

Cependant, Gavin semblait passer à côté de l'essentiel. Le problème n'était pas que l'ASICBoost secret était illégitime, mais que l'opposition de Bitmain à SegWit était foncièrement malhonnête, et donc que l'un des principaux acteurs de la guerre des blocs était mû par des intentions peu honorables. Si la société Bitmain avait été sincère et s'était ouvertement opposée à SegWit pour cette raison, l'histoire aurait été différente.

Parallèlement au scandale de l'ASICBoost, plusieurs partisans des gros blocs ont proposé l'idée des blocs d'extension comme alternative à SegWit : un moyen d'augmenter la taille limite des blocs par le biais d'un embranchement convergent. Cette proposition a été faite par Andrew Lee sur le blog Purse.io, une société associée au camp des *big blockers* [5]. Ce plan a même été soutenu par Roger Ver [6], et Bitmain a également semblé appuyer l'idée [7]. Les blocs d'extension avaient été proposés à l'origine en 2013 par Johnson Lau, co-auteur de SegWit, mais l'idée a été largement abandonnée car l'envoi de fonds du bloc d'extension à la chaîne principale n'était pas fluide. En revanche, avec SegWit, ce processus était direct et simple.

Ce qui était remarquable ici, c'est que les partisans des gros blocs semblaient se mettre d'accord sur une proposition qui présentait bon nombre des défauts supposés de SegWit, en ce sens qu'elle était très complexe et ne constituait pas une simple augmentation de la taille limite des blocs. Pour eux, cependant, l'important était que cette idée n'avait pas été développée par Bitcoin Core. À ce stade, la question la plus préoccupante pour les *big blockers* était de développer leurs propres idées et de se sentir libres par rapport à Bitcoin Core ; ce n'était pas l'augmentation de la taille limite des blocs elle-même.

---

5. https://blog.purse.io/ready-for-liftoff-a5533f4de0b6

6. https://twitter.com/rogerkver/status/849253217321967621

7. https://coinjournal.net/news/bitmain-co-ceo-micree-zhan-prefers-bitcoin-unlimited-over-segwit-for-now/

Les blocs d'extension étaient un moyen d'accroître la limite de taille des blocs par le biais d'un *softfork*, tout en conservant la possibilité d'utiliser l'ASICBoost secret. Pour les *small blockers*, cette proposition constituait par conséquent une preuve supplémentaire de la culpabilité de Bitmain. Les partisans des petits blocs ont également accusé Bitmain d'avoir financé cette récente campagne en faveur des blocs d'extension [8], ce qui prouvait à nouveau la culpabilité de Bitmain concernant l'ASICBoost. Tout comme les *big blockers* ne voulaient pas adopter tout ce qui était mis en œuvre par Bitcoin Core, les *small blockers* semblaient avoir un parti pris similaire, et le fait que cette proposition des blocs d'extension ait été promue et financée par Bitmain, a assurément provoqué leur opposition.

Le brevet de l'ASICBoost était considéré comme une menace importante pour Bitcoin. En effet, une société de minage aurait pu acquérir le brevet, revendiquer les droits exclusifs d'utilisation de la technique et dominer ensuite l'industrie du minage en raison de l'avantage que cette technique pourrait lui procurer. Afin d'atténuer cette inquiétude, plusieurs *Bitcoiners* auraient acheté le brevet pour un prix assez élevé et l'auraient ensuite placé, en mars 2018, au sein d'une communauté de brevets défensifs, de telle sorte que celui-ci ne pourrait jamais être utilisé, sauf pour s'opposer à d'autres brevets [9]. À partir d'avril 2018 environ, les blocs de la chaîne de Bitcoin ont commencé à indiquer l'utilisation de l'ASICBoost ouvert [10]. L'ASICBoost ouvert est beaucoup plus simple et plus efficace que le format secret et évite également le problème de l'incompatibilité avec SegWit. En novembre 2018, Bitmain a intégré l'ASICBoost ouvert

---

8. https://medium.com/@WhalePanda/the-extended-extension-block-story-5bc3d888bdde

9. https://bitcoinmagazine.com/culture/there-bitcoin-patent-war-going-initiative-could-end-it

10. https://asicboost.dance/

dans son micrologiciel et, à ce jour, plus de 70 % des blocs de Bitcoin sont minés à l'aide de cette technique. En ce qui concerne le brevet, on n'a jamais su exactement qui l'a acheté, ni pu retrouver facilement la trace des propriétaires, que ce soit l'inventeur ou bien la personne qui l'avait censément déposé dans le registre des brevets défensif. Par conséquent, ce qui s'est réellement passé à ce sujet demeure obscur.

Aujourd'hui encore, je ne sais pas vraiment si Bitmain utilisait l'ASICBoost secret sur le réseau principal ou non. Les experts ont des avis divergents sur la question. Je pense que les chances sont quelque part autour de 50 % pour 50 %.

L'accusation de l'ASICBoost semble avoir eu très peu de répercussions dans la communauté des partisans des gros blocs. En général, ils ne comprenaient pas l'accusation et la rejetait comme étant de la propagande et des mensonges supplémentaires qui venaient de Bitcoin Core. L'accusation a aussi eu très peu d'effet sur le nombre de personnes rejoignant le camp des petits blocs, en grande partie en raison de la complexité de l'allégation. Cependant, elle a certainement eu une influence très significative sur le durcissement de l'opinion de nombreux *small blockers*, qui considèraient désormais la situation comme beaucoup plus urgente. La controverse autour de l'ASICBoost a joué à cet endroit un rôle clé et primordial dans le conflit. Les partisans des petits blocs semblaient désormais déterminés à passer à l'action.

15

Repaire de Dragons

LE 6 avril 2017, le co-auteur du livre blanc de lightning, Joseph Poon, a fait mention d'un canal de discussion secret tenu par des partisans des petits blocs, où beaucoup de décisions concernant la stratégie de communication étaient prises :

> *« Ils ont juste un canal secret dans lequel ils organisent leurs campagnes de communication et de trolling. De nombreuses personnes en ont parlé (au moins 5) et il y est fait allusion dans plusieurs endroits accessibles au public, puisque c'est essentiellement là que se prennent la plupart des décisions concernant la communication.*
>
> *Je suis extrêmement contrarié qu'ils s'en prennent à moi pour m'être adressé à la presse, alors qu'ils participent à des manœuvres bien plus sournoises, et que tous les membres de Core savent très bien ce qu'ils font, voire y prennent part activement.*
>
> *Je pense que la communauté de Bitcoin Unlimited en fait tout autant sur son Slack. Ce qui me contrarie, c'est plutôt que des*

> *membres éminents de Core m'attaquent personnellement pour cette raison et présument une intention malveillante de ma part. Ils me présentent comme une sorte de vendu alors que je suis probablement celui qui a gagné le moins d'argent avec Bitcoin par rapport à toutes les personnes importantes de la communauté. Je trouve cela incroyablement insultant[1].*

Le lendemain, les partisans des gros blocs ont découvert la vidéo d'une présentation de Bram Cohen[2], l'inventeur de Bittorrent, datant de janvier 2017[3], durant laquelle un canal Slack nommé « dragonsden[4] » est accidentellement apparu à l'écran. Ce canal privé appartenait à l'espace Slack de Bitcoin Core et comptait 21 membres. Sur l'écran, il était possible d'identifier quelques-uns des membres, que les *big blockers* considéraient comme des trolls bien connus du camp des *small blockers*, y compris certains modérateurs du subreddit de Bitcoin. Aux yeux des *big blockers*, il s'agissait d'un scandale majeur : cet élément prouvait l'existence d'une coordination du côté des *small blockers*, et établissait un lien entre le subreddit de Bitcoin, Bitcoin Core et une campagne de propagande. Bien sûr, il est probable que les partisans des gros blocs disposaient aussi de canaux de discussion secrets dédiés à la coordination de leurs stratégies de communication. Telle était la nature politique de la situation : le conflit avait évolué à un point tel que des canaux de communication de ce type étaient devenus nécessaires. Pour moi, ce « scandale » n'a eu qu'une seule conséquence : je devais tout bonnement accéder

1. https://www.reddit.com/r/btc/comments/63q68x/joseph_poon_to_greg _maxwel_i_was_especially/dfwebqk/

2. https://telegra.ph/Inside-the-Dragons-Den-Bitcoin-Cores-Troll-Army-04-07

3. https://www.youtube.com/watch?v=aYGoNxoG7yw&t=868s

4. Dragons' Den est une émission de téléréalité britannique dans laquelle des entrepreneurs présentent leurs idées commerciales à un panel d'investisseurs dans l'espoir d'obtenir de leur part un financement. Elle a été adaptée en France sous le nom de Qui veut être mon associé ? (NdT)

au *Dragons' Den*, au Repaire des Dragons. Et quelques semaines après m'être renseigné, j'ai été admis dans le groupe ! J'avais réussi à pénétrer dans les profondeurs du Repaire des Dragons.

Le canal de discussion était très actif et entièrement consacré à la guerre des blocs. La plupart des discussions tournaient autour des réseaux sociaux, de la communication publique et de la meilleure façon de mettre en évidence les faiblesses des discours et des arguments avancés par le camp adverse. De nombreux participants semblaient très impliqués. Les discussions portaient souvent sur la manière de convaincre diverses personnes de rejoindre le camp des petits blocs, sur les personnes susceptibles de changer d'avis et sur les questions les plus percutantes à aborder sur les réseaux sociaux. Les discussions portaient également sur la production de mèmes. En effet, cette guerre était aussi une guerre de mèmes, et les « Dragons », comme les membres du canal se faisaient appeler, étaient très prolifiques en la matière. Beaucoup de ces mèmes étaient humoristiques, et conçus pour donner l'impression que les *big blockers*, dont notamment Roger Ver, Craig Wright et Jihan Wu, avaient une mauvaise compréhension de certaines problématiques techniques de Bitcoin. Une autre stratégie consistait à associer Roger Ver à Craig Wright, ce sur quoi Roger leur a bien facilité la tâche [5].

Ce qui m'a vraiment impressionné à propos du Repaire, c'était l'intensité de la discussion, du moins au début de l'année 2017. Les messages s'enchainaient 24 heures sur 24, sept jours sur sept. Quelle que soit l'heure de la journée, il se passait toujours quelque chose dans la guerre des blocs.

---

5. https://ramonquesada.com/english/i-dont-think-craig-is-a-scammer-roger -ver/

Quant à savoir si les tactiques employées par les Dragons étaient toujours totalement éthiques, c'est sujet à caution. Bien évidemment, les deux camps se sont mutuellement accusés de recourir à des pratiques sournoises. Les accusations portaient généralement sur la toxicité, le secret, la malveillance, la malhonnêteté et la manipulation des participants. Cependant, il convient de remarquer que les méthodes et tactiques utilisées par les deux camps du conflit étaient sensiblement similaires ; on pourrait même dire identiques. Aucun des deux camps ne pouvait prétendre n'avoir rien à se reprocher en matière d'intégrité dans cette guerre, et il était peut-être hypocrite de leur part de se blâmer mutuellement pour leur manque de bienveillance ou d'éthique. Bien que certaines actions à l'intérieur du Repaire aient été un peu taquines, il n'y a jamais rien eu de trop malfaisant. Il n'y avait certainement pas de preuve que quoi que soit d'illégal se soit produit de part ou d'autre du conflit, à l'exception peut-être des attaques DDoS, mais je n'ai pas connaissance d'éléments attestant que celles-ci aient été planifiées dans le Repaire.

16

LITECOIN

L'UNE des stratégies débattue dans le Repaire des Dragons à cette époque était l'activation de SegWit sur Litecoin, une cryptomonnaie alternative, souvent considérée comme un proche cousin de Bitcoin. Cette approche permettrait de montrer aux mineurs que SegWit était fonctionnelle et de démontrer qu'une majeure partie de ses défauts mis en avant par les partisans des gros blocs, tels que les faiblesses en matière de sécurité, étaient en réalité infondés. Le client implémentant le *softfork* SegWit a été publié le 12 janvier 2017[1], dans la version 0.13.2.1 de Litecoin. Contrairement à Bitcoin, qui avait un seuil d'activation de 95 %, Litecoin prévoyait un seuil d'activation fixé à 75 % d'approbation des mineurs. Litecoin utilisait les mêmes fenêtres d'activation glissantes de deux semaines, suivies d'un délai supplémentaire de deux semaines. La plupart des instructions de mise à niveau de ce client avait été rédigées par un développeur de Bitcoin pseudonyme appelé « Shaolinfry », et une grande partie du code de SegWit avait été produite par les développeurs de Bitcoin. Shaolinfry était probablement membre

---

1. https://github.com/litecoin-project/litecoin/blob/v0.13.2.1/doc/release-notes-litecoin.md

du Repaire des Dragons. Cependant, même à l'intérieur du groupe, on ne connaissait pas avec certitude la véritable identité de cette personne. Charlie Lee avait fondé Litecoin et il semblait s'identifier aux partisans des petits blocs. Par ailleurs, la communauté de Litecoin semblait soutenir avec enthousiasme l'activation de SegWit, car c'était une occasion pour elle de mettre en œuvre une innovation technique avant Bitcoin, ce qui était considéré comme très positif.

Le soutien à SegWit parmi les mineurs de Litecoin augmentait progressivement, mais il restait encore faible, et on ne savait pas si l'activation aurait lieu. Aux alentours du 9 avril 2017, une campagne a été lancée en faveur d'un embranchement convergent activé par les utilisateurs, ou *user-activated softfork* (UASF), sur Litecoin afin d'imposer l'activation de SegWit [2]. Cette campagne était motivée par la frustration des utilisateurs face au manque d'avancement de la part des mineurs. L'idée était la suivante : plutôt que de passer par un seuil d'activation dépendant des mineurs, les utilisateurs pourraient faire fonctionner un client qui activerait simplement les nouvelles règles à un moment donné dans le futur, indépendamment de l'état du signalement par les mineurs. À ce stade, la campagne impliquait principalement que les utilisateurs ajoutent un signal indiquant « UASF-Segwit-BIP148 » à l'agent utilisateur de leur client Litecoin, de telle sorte que ce message soit visible sur le réseau. Ce signal n'activait rien, mais indiquait simplement l'intention des utilisateurs.

Bitcoin avait utilisé cette méthode d'activation dans le passé, à l'époque de Satoshi, avant de passer au signalement par les mineurs, afin de réduire les risques de scission de chaîne ou de défaillance lors de l'activation. Il m'a semblé que, si l'utilisation d'une telle méthode

---

2. https://www.reddit.com/r/litecoin/comments/64ftul/supporting_segwit
_on_ltc_by_uasf/

d'activation avec Bitcoin pouvait être risquée, en particulier pour une mise à niveau controversée comme SegWit, cela pourrait être réalisé assez facilement dans Litecoin. Le soutien à SegWit parmi les utilisateurs était presque universel, et Litecoin disposait notamment d'un fondateur qui était actif dans l'écosystème et soutenait la mise à niveau. L'UASF a semblé fonctionner : les mineurs ont compris le message et le signalement en faveur de SegWit sur Litecoin s'est mis à augmenter. L'activation paraissait désormais imminente.

Cependant, aux alentours du 17 avril 2017, le taux de hachage du Litecoin est monté en flèche [3]. Cette nouvelle puissance de calcul ne signalait aucun soutien à SegWit et semblait bloquer l'activation. Cela ressemblait beaucoup à une stratégie délibérée de la part des mineurs. Le taux de hachage provenait des coopératives de minage LTC1BTC et LTC.TOP, contrôlées par Jiang Zhuoer, qui était largement considéré comme étant un mandataire de Jihan Wu. Le 19 avril 2017, Jiang Zhuoer a publié un article expliquant sa position :

> « Bien que j'aie des réserves sur Segwit (je suis un HODLER de Litecoin), si c'est la voie la plus largement acceptée, je ne m'y opposerai pas. Mais je suis fermement opposé aux tactiques utilisées par les partisans de Segwit, à savoir l'UASF (ou le DASF) et la preuve de DDoS, pour faire pression en faveur de son activation. Si les partisans de ces tactiques arrivent à leurs fins sur Litecoin, alors Bitcoin et Litecoin deviendront des systèmes vulnérables, sujets à des manipulations criminelles.
>
> C'est pourquoi j'ai décidé d'ajouter suffisamment de puissance de calcul à ma coopérative de minage afin de garantir ce qui suit:

---

3. https://bitinfocharts.com/comparison/litecoin-hashrate.html

> — *Garantir que Segwit ne s'activera pas grâce à la preuve de DDoS ;*
>
> — *Que la communauté de Litecoin attendra la visite de Charlie Lee en Chine pour prendre cette décision d'un commun accord* [4]. »

Il semblait que la guerre du passage à l'échelle de Bitcoin avait maintenant migré vers Litecoin, reprenant presque les mêmes arguments. Pendant cette période, j'ai parlé directement avec Jiang Zhuoer. Il m'a expliqué qu'il ne voulait pas de SegWit dans Litecoin, sans que Litecoin ne profite également d'une augmentation de la taille des blocs par embranchement divergent. Cependant, cette approche ne semblait pas logique, puisque contrairement à Bitcoin, les blocs produits sur Litecoin étaient loin d'être pleins. Jiang m'a expliqué qu'il s'agissait d'une question de principe : les développeurs de Litecoin devaient « indiquer clairement qu'ils procéderaient à un *hardfork* lorsque les blocs seraient pleins ». Il m'a ensuite expliqué que l'activation de SegWit sur Litecoin était un « coup de Bitcoin Core ». Il s'inquiétait du fait que, si SegWit était activé sur Litecoin, il pourrait également être activé sur Bitcoin. Il était aussi particulièrement irrité par la proposition d'UASF, et par le fait qu'une telle approche puisse ensuite se répéter sur Bitcoin. Selon Jiang, un UASF agissait « contre l'intérêt des mineurs » et représentait « un acte hostile à leur égard ». Il ressortait clairement de cette conversation que Jiang et certains autres mineurs étaient extrêmement préoccupés et presque effrayés par la perspective d'un UASF, qui anéantirait l'idée selon laquelle les mineurs possèdent un certain degré de contrôle sur le protocole.

Bien sûr, il y avait un fond de vérité dans ce que disait Jiang. Je savais, grâce aux conversations dans le Repaire, que les *small blockers* avaient

---

4. https://medium.com/@zhangsanbtc/why-i-am-still-not-voting-for-segwit -37b0970f6919

sans aucun doute l'intention d'utiliser l'activation de SegWit sur le Litecoin pour pousser son activation sur Bitcoin. Les partisans des gros blocs s'en étaient rendus compte et devaient maintenant reporter leurs efforts sur le blocage de SegWit sur Litecoin. D'autre part, il était clair que la communauté de Litecoin supportait très largement la mise à niveau et, de ce fait, les manœuvres des *big blockers* étaient légèrement inappropriées.

Le 21 avril 2017, avec l'idée très claire de copier ce qui s'était fait sur Bitcoin, une table ronde consacrée à Litecoin réunissant la plupart des mineurs a été organisée en Chine, et un accord a été publié :

> *« Nous préconisons que la décision de mise à niveau du protocole Litecoin soit prise en fonction des besoins des utilisateurs, par le biais d'un vote effectué au sein de cette table ronde, et activée par le vote des mineurs.*
>
> *[…]*
>
> *Nous sommes en défaveur du recours à un "UASF" déployé à une date précise qui ne passerait pas par un vote des utilisateurs ou de la communauté. Ce type de mise à niveau forcée sans consensus communautaire confronte Litecoin à un risque de scission.*
>
> *[…]*
>
> *Par le biais de ce vote, les participants acceptent à l'unanimité le plan suivant concernant la mise à niveau du protocole Litecoin :*
>
> *— Mettre en œuvre le softfork Segregated Witness sur Litecoin ;*
>
> *— Lorsque l'utilisation de la capacité de bloc de Litecoin sera supérieure à 50 %, nous amorcerons la conception d'une*

> *solution permettant d'accroître la limite de 1 Mo imposée à la taille des blocs par le biais d'un hardfork ou d'un softfork.*
>
> *Enfin, nous voulons souligner que cette table ronde ne représente que le consensus des participants, et ne peut prendre de décision au nom de la communauté de Litecoin [5]. »*

L'accord s'engageait à activer SegWit, mais convenait également de prévoir à une nouvelle augmentation de la limite de taille des blocs, au moment où ces derniers commenceraient à être remplis à plus de 50 %. Cette manœuvre des mineurs ressemblait à un moyen de sauver la face : ils activeraient SegWit, mais obtenaient au passage la vague promesse d'un éventuel *hardfork*. En réalité, les mineurs ont peut-être été contraints d'activer SegWit en raison de la menace d'un UASF, qui, dans le cas de Litecoin, était bien réelle. L'accord de Hong Kong pour Bitcoin était toujours important pour Jihan, et c'était une façon de dire qu'ils voulaient toujours quelque chose de similaire pour Bitcoin : SegWit et une augmentation de la limite de taille des blocs par embranchement divergent. Étant donné que pour Bitcoin, les blocs étaient déjà remplis à plus de 50 %, ce dernier était désormais nécessaire.

L'accord contenait également plusieurs contradictions apparentes. Il commençait par dire que les décisions relatives au protocole devaient être prises par la table ronde, mais la même déclaration indiquait par ailleurs que le processus de réunion ne pouvait pas aboutir à une décision et que la communauté de Litecoin restait aux commandes. Cela semblait indiquer que tous les participants à la réunion n'avaient pas la même vision de la gouvernance et que ces phrases contradictoires avaient été ajoutées pour apaiser

____

5. https://medium.com/@Litecoinchina/litecoin-global-roundtable-resolution-001-2017-c67b729bc06d

les deux côtés. Aussi, cela indiquait clairement que pour Jihan et quelques autres mineurs, c'étaient bien eux qui contrôlaient les règles du protocole. En discutant avec Jihan et Jiang à cette époque, j'ai eu l'impression qu'ils réalisaient progressivement que les mineurs n'avaient pas autant de pouvoir qu'ils croyaient. Cela s'avérait très frustrant pour eux, et ils tenaient absolument à s'accrocher à cette croyance aussi longtemps que possible.

Litecoin a ensuite activé SegWit en fanfare durant le mois de mai 2017. Le prix du Litecoin s'est alors fortement redressé : en partie grâce à l'enthousiasme suscité par SegWit ; mais aussi en raison d'une stratégie de certains *small blockers*, visant à acheter du Litecoin afin de faire monter le prix et ainsi construire une perception positive de SegWit ; et surtout en raison de l'afflux de fonds supplémentaires dans l'écosystème, alors que la bulle des cryptomonnaies de 2017 commençait. Certains des Dragons ont alors commencé à diffuser des discours positifs à propos de SegWit, comme le fait que le prix du Litecoin ait augmenté suite à son activation, tout en rejetant comme apocalyptiques et fallacieuses les prédictions des partisans des gros blocs.

L'année 2017 commençait bien pour les partisans des petits blocs. Ils avaient remporté trois victoires d'affilée, autour des plateformes d'échange, de l'ASICBoost, et maintenant de Litecoin. À l'été 2017, le score de l'année était de trois pour les *small blockers* et de zéro pour les *big blockers*. Cette guerre était une question de dynamique, et de perception de cette dynamique : la plupart des gens souhaitaient simplement suivre la majorité et soutenir le gagnant. Les effets cumulés de ces victoires étaient déterminants. Les partisans des petits blocs avaient pris l'ascendant.

17

UASF

L'IDÉE de procéder à un UASF sur Bitcoin pour sortir de l'impasse et parvenir ainsi à activer SegWit semble avoir été soumise aussi par le développeur pseudonyme Shaolinfry, dans un email envoyé sur la liste de diffusion de Bitcoin le 25 février 2017 :

> *« Le problème du signalement par la majorité qualifiée de la puissance de hachage est qu'elle attire exagérément l'attention sur les mineurs et leur donne une dimension inutilement politique. À cause de ce qui est déjà interprété à tort comme un vote, les mineurs peuvent se sentir obligés de "prendre une décision" au nom de la communauté : la question de qui signale ou ne signale pas devient une sujet public important, ce qui peut soumettre les mineurs à des pressions auxquelles ils ne sont pas préparés. Certains d'entre eux peuvent ne pas être en mesure d'effectuer la mise à niveau, ou préfèrent ne pas participer au soft fork, et c'est leur droit. Cependant, ces mineurs risquent maintenant de devenir l'unique raison qui empêche l'activation pour tout le monde, alors que l'idée du soft fork est*

d'être optionnel ! Cette situation semble aller à l'encontre de la nature volontaire du système Bitcoin, où la participation à tous les niveaux est libre et reste honnête grâce à des incitations bien équilibrées.

[...]

L'alternative discutée ici est "l'activation liée à une date butoir", où les nœuds commencent à faire respecter de nouvelles règles à un moment prédéterminé dans le futur. Cette méthode nécessite un délai plus long que pour le déclenchement d'une activation basée sur la puissance de hachage, mais elle présente un certain nombre d'avantages et offre peut-être un meilleur compromis [1]. »

Le 12 mars 2017, Shaolinfry a formalisé sa proposition et elle est devenue connue sous le nom de BIP 148. L'idée était de forcer les mineurs à signaler leur soutien à SegWit par l'intermédiaire d'une règle de consensus, ce qui activerait la mise à niveau par la même occasion. En quelque sorte, il s'agissait d'un *softfork* permettant d'activer un autre *softfork*. Le signalement forcé des mineurs devait commencer le 1er août 2017, environ quatre mois et demi plus tard. Cela permettrait alors d'activer le *softfork* SegWit original avant que la fenêtre d'activation n'expire.

« *Motivation*

Segwit augmente la taille des blocs, corrige la malléabilité des transactions et facilite la mise à niveau des scripts, tout en apportant de nombreux autres avantages.

Nous espérons que les mineurs répondront à cette BIP en

---

1. lists.linuxfoundation.org/pipermail/bitcoin-dev/2017-February/013643.html

activant segwit préalablement, avant que cette BIP ne prenne effet. Sans cela, cette BIP provoquera l'activation forcée du présent déploiement de segwit avant le 15 novembre 2017 à minuit.

Spécification

Toutes les heures sont spécifiées selon le temps médian passé. Cette BIP s'activera entre le 1er août 2017 à minuit (heure Unix 1501545600) et le 15 novembre 2017 à minuit (heure Unix 1510704000) si le présent déploiement de segwit n'est pas verrouillé ou activé avant l'heure Unix 1501545600. Cette BIP cessera d'être active lorsque segwit sera verrouillée.

Tant que cette BIP est active, tous les blocs doivent fixer les 3 premiers bits de l'entête nVersion à 001, conjointement avec le champ de bits (1 « 1) (selon le déploiement de segwit existant). Les blocs qui n'effectuent pas ce signalement comme demandé seront rejetés [2]. »

Cette approche était extrêmement controversée et très risquée aux yeux des partisans des petits blocs. Tout d'abord, l'essentiel de leur discours jusqu'à ce stade portait sur la patience et sur la nécessité de ne modifier les règles de consensus que de manière sereine et réfléchie. Cette mise à niveau était dangereuse : elle nécessitait que les mineurs signalent leur soutien et, s'ils ne le faisaient pas, elle était susceptible d'entraîner une scission de la chaîne. Deuxièmement, l'approche était très risquée car si l'UASF de la BIP 148 échouait, ce qui semblait tout à fait possible, cela pourrait redonner l'initiative aux partisans des gros blocs. À ce stade de la guerre, ces derniers s'étaient divisés en plusieurs factions : par exemple, il y avait ceux qui

---

2. https://github.com/bitcoin/bips/blob/master/bip-0148.mediawiki

pensaient que Craig Wright était Satoshi et ceux qui pensaient que c'était un escroc ; il y avait ceux qui pensaient que Bitcoin Unlimited était une idée solide et ceux qui pensaient qu'elle était défectueuse ; et il y avait ceux qui avaient quitté le navire pour lancer de nouvelles offres au public de jetons et ceux qui restaient concentrés sur Bitcoin. Quant aux *small blockers*, il fallait reconnaître qu'ils avaient réussi pour la plupart à rester unis jusqu'à ce stade, ce qui avait été un atout majeur pour leur camp, et les avait aidés à gagner beaucoup de terrain dans la guerre. Ce pari controversé lancé par le camp des petits blocs risquait de les diviser en deux, ce qui aurait pu être dévastateur pour leur cause.

Par exemple, Gregory Maxwell, l'un des penseurs les plus influents du camp des partisans des petits blocs, s'est opposé à l'UASF et a clairement exprimé ce point de vue dans un courriel du 14 avril 2017 :

> « *Je désapprouve l'UASF de la BIP148 en partie pour les mêmes raisons que je soutiens segwit : une partie de la valeur de Bitcoin réside dans le fait qu'il dispose d'une sécurité et d'une stabilité élevées, et segwit a été soigneusement élaborée pour maintenir et amplifier cette intégrité technique sur laquelle les gens peuvent compter, aujourd'hui et demain.*
>
> *Je ne pense pas que l'approche proposée dans la BIP148 soit vraiment à la hauteur du standard établi par segwit elle-même, ou des meilleures pratiques existantes en matière de développement de protocoles dans cette communauté.*
>
> *Le principal défaut de la BIP148 est qu'en forçant l'activation auprès des nœuds existants (segwit non UASF), elle garantit presque un léger niveau de perturbation.*

Segwit a été soigneusement conçue pour que les anciens mineurs non modifiés puissent continuer à fonctionner totalement sans interruption après son activation.

Les anciens nœuds n'incluront pas les transactions de dépense liées à segwit, et donc leurs blocs ne seront pas invalides, même s'ils ne prennent pas en charge segwit. Les nœuds pourront donc se mettre à niveau à leur propre rythme. Le seul risque que prennent les mineurs qui ne participent pas à segwit après son activation est de prolonger la chaîne à partir d'un bloc invalide miné par quelqu'un d'autre, un risque que de nombreux mineurs prennent déjà fréquemment en pratiquant le spy mining.

Je ne pense pas que cette proposition soit affreuse : elle est mieux pensée que beaucoup de choses qui se font sur les cryptomonnaies alternatives, mais elle n'est tout simplement pas à la hauteur de nos standards habituels. Je respecte les motivations des auteurs de la BIP 148. Si l'objectif est d'activer segwit le plus rapidement possible, il est très utile d'exploiter les > 80 % de nœuds existants qui prennent déjà en charge la version originale de segwit.

Mais la prise en charge la plus rapide possible ne devrait pas être notre objectif, en tant que communauté – il y aura toujours une cryptomonnaie alternative ou un système centralisé imprudent qui pourra prendre en charge quelque chose plus rapidement que nous – essayer d'égaler cela ne ferait qu'éroder notre avantage comparatif reposant sur le fait d'être bien conçu et stable.

"D'abord ne pas nuire." Nous devons utiliser les mécanismes les moins perturbateurs possibles, et la proposition BIP148 ne

répond pas à ce critère. À entendre certaines personnes – des non-développeurs sur reddit et autres – quelques-uns voient même l'invalidation des blocs présente dans la proposition 148 comme une vertu, comme une punition légitime des mineurs qui se comportent mal. Je suis en total désaccord avec ce point de vue.

Bien sûr, je ne m'oppose pas au principe général d'un UASF mais, en général, un soft-fork (de n'importe quel type) ne doit pas risquer de perturber le minage, à l'image de l'activation de segwit. L'UASF constitue le modèle originel de soft-fork et était le seul modèle d'embranchement pratiqué par Satoshi. Celui de P2SH a été activé au moyen d'une date butoir, et tous les forks précédents ont été activés sur la base d'un horodatage ou d'une hauteur de bloc. Nous avons introduit l'activation basée sur le signalement des mineurs afin de rendre Bitcoin plus stable dans le cas courant d'un écosystème en harmonie. Il est assez étrange de voir l'UASF être présenté comme une pratique nouvelle.

Il est important que les utilisateurs ne soient pas à la merci d'une partie de l'écosystème, dans la mesure où nous pouvons l'éviter – qu'il s'agisse des développeurs, des plateformes d'échange, des forums de discussion ou des fabricants de matériel de minage. En fin de compte, les règles de Bitcoin fonctionnent parce qu'elles sont appliquées collectivement par les utilisateurs – c'est ce qui fait que Bitcoin est ce qu'il est, et c'est ce sur quoi les gens peuvent compter : le fait que les règles ne sont pas faciles à changer.

Il existe d'autres propositions d'UASF qui empêchent la perturbation forcée du minage – en définissant simplement un nouveau bit témoin et en permettant aux mineurs et aux nœuds ne s'étant pas mis à niveau pour l'UASF de continuer à *participer, et je pense qu'elles sont bien meilleures. Elles seraient plus longues à déployer, mais je ne pense pas que cela pose de problème.*

Nous devons être patients. Bitcoin est un système qui doit pouvoir perdurer à tout jamais et servir l'humanité pour très longtemps – dans dix ans, ces quelques années de conflit sembleront dérisoires. Mais la réputation de stabilité et d'intégrité que nous gagnerons, celle d'être un système monétaire sur lequel les gens peuvent compter, fera toute la différence.

Si ces discussions se représentent, les gens se rappelleront que Bitcoin ne peut pas être modifié sur un coup de tête, même lorsque les modifications sont manifestement bénéfiques. Cela le distingue de tous les systèmes monétaires concurrents utilisés dans le monde par le passé. :)

Il nous faut donc être patients et ne pas prendre de raccourcis. Segwit est une bonne amélioration que nous devons respecter en considérant qu'elle est suffisamment bonne pour qu'on l'attende, et pour qu'elle soit activée de la meilleure façon possible[3]. »

L'un des premiers développeurs Bitcoin bien connus à soutenir l'UASF était Luke Dashjr, le développeur qui avait découvert en premier lieu comment il était possible d'implémenter SegWit au moyen d'un embranchement convergent. Luke prenait vraiment un risque en soutenant des règles de consensus alternatives alors que presque personne d'autre ne le faisait. Toutefois, compte tenu de sa personnalité, cet isolement n'était pas de nature à le déranger, et ne semblait pas le faire. L'un des développeurs les plus respectés dans

---

3. https://lists.linuxfoundation.org/pipermail/bitcoin-dev/2017-April/014152.html

le camp des petits blocs, Pieter Wuille, qui avait écrit une grande partie du code pour le *softfork* SegWit, s'est également opposé à la BIP 148. En mai 2017, lors d'une discussion avec Luke, Pieter a fait les commentaires suivants :

> *« je m'attends à ce que chaque nœud complet économiquement significatif abandonne le code de la bip148 quelques heures après l'échec de son adoption par le taux de hachage*
>
> *[...]*
>
> *luke-jr : je pense que tu es fou* [4] *»*

Il convient de noter que Pieter s'est rapidement excusé d'avoir employé le mot « fou ». Compte tenu des opinions de développeurs tels que Pieter et Gregory, il semblait désormais extrêmement improbable que Bitcoin Core publie un client implémentant la BIP 148. Ironiquement, pour que la méthode de l'UASF réussisse, les partisans des petits blocs se retrouvaient contraints d'utiliser un client alternatif intégrant des règles de consensus différentes, tout comme les partisans des gros blocs l'avaient fait avec Bitcoin XT, Bitcoin Classic et Bitcoin Unlimited.

C'est exactement ce qui s'est passé : Luke a fini par publier un client implémentant la BIP 148, avec l'identifiant d'agent utilisateur « /Satoshi :0.14.2/UASF-Segwit :0.3(BIP148)/ ». Les utilisateurs étaient également encouragés à continuer à faire fonctionner Bitcoin Core et à modifier l'identifiant de l'agent utilisateur pour signaler leur soutien à la BIP 148, ce qui semblait également être une pratique populaire à l'époque. Certains ont fait valoir qu'il s'agissait d'une mauvaise pratique puisque le client ne mettait pas réellement

---

4. https://www.reddit.com/r/Bitcoin/comments/6ef7wb/some_comments_on_the_bip148_uasf_from_the/

en œuvre les règles de la BIP148. D'autres ont répliqué que cela permettait de jauger les intentions de chacun, et que cela permettait d'indiquer que les utilisateurs effectueraient la mise à niveau avant le 1er août. Certains ont souligné que c'était un peu hypocrite, car c'était exactement le type de comportement que les *small blockers* avaient tourné en dérision et critiqué chez les *big blockers*.

Au début du mois de mai 2017, je me suis rendu à Hong Kong pour discuter avec l'un des plus importants partisans de l'UASF qui agissait en coulisses. Le développeur à qui j'ai parlé avait écrit du code pour le client de l'UASF et gérait plusieurs des sites web de la campagne pro-UASF. Je lui ai expliqué que l'UASF était risqué et qu'il était important d'être patient en ce qui concerne les règles du consensus de Bitcoin. Il m'a répondu de manière précise et argumentée. « En temps normal, vous auriez raison, a-t-il affirmé. Cependant, nous ne sommes pas en temps normal, nous sommes en guerre. Bitcoin se trouve dans une situation de crise : Bitmain exploite la vulnérabilité ASICBoost de façon malveillante, SegWit résout cette vulnérabilité et nous devons la corriger de toute urgence. La situation est critique et nous n'avons pas le temps d'adopter une approche calme et tempérée. » Il poursuivait en expliquant que, dans une guerre, on n'avait pas toujours le luxe de choisir le bon moment. Il reconnaissait que l'activation de l'UASF devait se produire seulement quelques mois plus tard, mais il expliquait aussi que les partisans des petits blocs se trouvaient actuellement en position de force, et qu'il n'y avait aucune garantie que cela dure. « C'est maintenant qu'il faut sortir l'artillerie lourde, a-t-il déclaré, tant que nous sommes forts. Nous n'avons pas d'autre choix, nous devons agir maintenant, recourir à la force nucléaire et gagner cette guerre de manière décisive pour l'avenir de Bitcoin. Si nous ne le faisons pas, nous risquons la défaite et Bitcoin en mourra. » Ce développeur semblait avoir réfléchi à tous les scénarios et était convaincu que la BIP 148 fonctionnerait. Dans son esprit, le fait que la BIP 148 était un *softfork*, un sous-ensemble des règles de consensus actuelles, constituait un avantage significatif et allait contribuer à forcer les mineurs à passer à la chaîne de la BIP 148. D'après lui, la BIP 148 était une menace et les mineurs céderaient à la pression en activant SegWit plus tôt que prévu, de sorte que le *softfork* d'août 2017 n'aurait jamais lieu. « La BIP 148 est programmée de telle manière qu'elle ne s'applique pas si SegWit est déjà activée, a-t-il expliqué. »

Si, au départ, l'idée était controversée au sein du camp des petits blocs, en mai 2017, elle avait gagné beaucoup de terrain. Le Repaire des Dragons était désormais passé à la vitesse supérieure et menait une campagne active soutenant la BIP 148 et l'UASF. Samson Mow avait même conçu, vendu et distribué des casquettes avec les lettres UASF brodées sur le devant. Celles-ci arboraient généralement des couleurs militaires et étaient portées par les partisans des petits blocs lors des conférences et des événements autour de Bitcoin, pour indiquer leur soutien à cette initiative communautaire. À ce stade, la discussion sur l'UASF ne s'était répandue qu'au sein de la communauté des *small blockers*, tandis que les *big blockers* et le secteur des cryptomonnaies en général l'ignorait. Ce n'est que vers la fin du mois de mai 2017 que l'idée a été plus largement explorée en dehors du camp des petits blocs.

D'un point de vue tactique, les partisans des gros blocs ont été trop lents à réagir et ont mis trop de temps à comprendre l'UASF. Les *big blockers* auraient dû voir le potentiel de division au sein du camp des petits blocs et tenter de le mettre en évidence, tout comme les *small blockers* l'avaient fait en exploitant les faiblesses du camp des gros blocs. Au lieu de cela, ils ont principalement ignoré l'UASF. Vers la fin du mois de mai, je me suis entretenu avec l'un des *big blockers* les plus influents pour discuter de l'UASF. Il m'a expliqué qu'il ne croyait pas que Gregory Maxwell s'opposait réellement à l'UASF : il s'agissait simplement de ses « mensonges et stratagèmes habituels », a-t-il expliqué. À ce stade, il semblait que le niveau de méfiance était si élevé que, combiné à une compréhension très différente du fonctionnement de Bitcoin, les *big blockers* étaient incapables de déterminer ce que les *small blockers* préparaient. Selon ma propre analyse, les *small blockers* avaient fini par passer à l'action et ils avaient laissé une ouverture. Pour que cette guerre se poursuive, les *big blockers* devaient réagir et exploiter cette ouverture, mais ils ne semblaient pas savoir quoi faire.

Les partisans des gros blocs semblaient également sincèrement préoccupés par l'UASF. Au début de la guerre, ils avaient largement sous-estimé la taille et l'influence du camp des partisans des petits blocs et s'étaient attendus à une victoire facile. Les *big blockers* se moquaient souvent de leurs opposants qu'ils jugeaient sans importance et naïfs. À ce stade, cependant, après trois tentatives de *hardfork* ratées – des défaites qui les ont pris par surprise – la plupart d'entre eux semblaient désormais surestimer le pouvoir et l'influence des partisans des petits blocs. En réalité, ces derniers étaient beaucoup moins puissants qu'ils ne le pensaient ; la principale raison de leur succès face aux *big blockers* jusqu'à ce stade était leur compréhension supérieure de Bitcoin, les erreurs tactiques du camp adverse ainsi que la résistance inhérente de Bitcoin aux changements litigieux des règles du protocole. En raison d'une compréhension incomplète, du moins dans une certaine mesure, les *big blockers* attribuaient plutôt leurs défaites aux manœuvres astucieuses des rusés et puissants *small blockers*. Ils semblaient donc vénérer les partisans des petits blocs et beaucoup d'entre eux redoutaient l'UASF, qu'ils considéraient comme le prochain grand coup de leurs opposants. Ils sont restés aveugles à l'opportunité tactique qui s'offrait à eux, et qu'ils n'ont pas su exploiter.

À ce stade, l'UASF n'avait pratiquement aucun soutien de la part des plateformes d'échange de cryptomonnaies. La plupart des PDG des plateformes avec lesquels j'ai discuté à l'époque s'attendaient à ce que l'UASF échoue ou ne savaient même pas de quoi il s'agissait. Le niveau de soutien économique de l'UASF en dehors du camp des petits blocs était minuscule. Il s'agissait d'une démarche risquée de la part des *small blockers*, et il me semblait probable qu'ils seraient relégués au second plan sur une chaîne de blocs à preuve de travail plus faible, qui ne serait donc plus considérée comme Bitcoin. Ce que les partisans des gros blocs auraient dû envisager, c'était de publier un « contre-*softfork* », qui interdirait le signalement de la BIP 148 dans les blocs. Cette chaîne aurait probablement obtenu la majorité économique et le taux de hachage majoritaire. Ce contre-UASF aurait également garanti une scission nette, la chaîne non-UASF n'étant plus vulnérable à l'effacement par réorganisation. Cependant, ce n'est pas l'approche qu'ont retenu les *big blockers*. Ils voulaient une augmentation de la taille des blocs par embranchement divergent, mais ils n'avaient pas l'expertise ou le désir de mettre en œuvre un contre-*softfork*.

Jihan Wu semblait extrêmement irrité par la campagne en faveur de l'UASF. Pour lui, un UASF sapait l'argumentaire qu'il avait façonné, selon lequel les mineurs avaient une influence considérable sur les règles du protocole. Le 28 mai 2017, Jihan a tweeté le mot-dièse #UASF accompagné d'une photo des victimes du massacre de Jonestown [5]. La colère et la peur qu'il éprouvait à l'égard de l'UASF semblaient fortes.

---

5. https://twitter.com/JihanWu/status/868918286204796928

À la mi-juin, la plateforme ViaBTC, qui était liée à Jihan Wu, a listé des contrats à terme relatifs à la BIP 148 sur sa plateforme [6]. Il s'agissait clairement d'une idée reprise de Bitfinex et de son jeton Bitcoin Unlimited quelques mois plus tôt : elle visait à fragiliser la BIP 148, tout comme les contrats à terme de Bitfinex avaient affaibli Bitcoin Unlimited. Cependant, les termes du contrat étaient assez étranges et quelque peu truqués. Si l'on investissait dans le jeton relatif à la BIP 148, on ne pouvait obtenir un versement que si la chaîne de la BIP 148 et la chaîne appliquant les règles initiales (la chaîne ignorant la BIP 148) continuaient à exister. Ce n'est clairement pas ce que désiraient les soutiens de la BIP 148. Ils pensaient que la chaîne appliquant les règles initiales cesserait d'exister, en particulier parce que celle-ci était vulnérable à l'effacement par réorganisation provoqué par la chaîne de la BIP 148. Par conséquent, investir dans un jeton dépendant du prolongement de la chaîne ignorant la BIP 148 n'avait guère de sens pour les partisans de la BIP 148. Le contrat n'a pas réussi à atteindre un volume d'échange important et n'a pas semblé nuire à la cause de la BIP 148.

Le 14 juin 2017, Bitmain a publié un article qui présentait un plan d'urgence pour répondre à l'UASF :

> « La BIP148 est très dangereuse pour les plateformes d'échange et les autres entreprises. Il n'y a aucun signe de soutien économique important derrière la BIP148 et lorsqu'elle deviendra active, le soutien économique de la chaîne sera très probablement basé uniquement sur la spéculation. L'activité minière derrière une chaîne appliquant l'UASF peut s'arrêter sans prévenir, et les investisseurs qui croient en la propagande de la BIP148 pourraient perdre l'intégralité de leur placement.

---

6. https://www.newsbtc.com/news/bitcoin/viabtc-enables-bip148-futures-trading-recently-launched-exchange/

Toute plateforme qui décide de prendre en charge un jeton relatif à l'UASF après le point d'embranchement doit prendre en compte le risque de stagnation qui y est associé.

[...]

L'existence de la chaîne appliquant l'UASF fait courir le risque d'un effacement de la chaîne initiale. S'il n'y a pas de plan d'urgence, toute activité économique qui se produira sur la chaîne initiale après le point d'embranchement de l'UASF risquera d'être réduite à néant. Cela a des conséquences désastreuses pour l'ensemble de l'écosystème de Bitcoin. L'UASF est une attaque contre les utilisateurs et les entreprises qui ne sont pas d'accord avec l'activation immédiate de SegWit en l'absence d'augmentation de la taille des blocs, clause très importante de l'accord de Hong Kong conclu par la communauté mondiale de Bitcoin en février 2016.

[...]

Ce plan prévoit un embranchement divergent activé par les utilisateurs (User Activated Hard Fork), ou UAHF.

[...]

Bitmain minera la chaîne pendant un minimum de 72 heures après le point d'embranchement de la BIP148 avec un certain pourcentage du taux de hachage fourni par nos propres opérations minières. Bitmain ne publiera probablement pas immédiatement les blocs minés sur le réseau public, sauf si les circonstances l'exigent, ce qui signifie que Bitmain minera d'abord cette chaîne de manière confidentielle. Nous avons l'intention de diffuser les blocs minés au public dans les situations suivantes (liste non exhaustive) :

1. *La chaîne appliquant la BIP148 est activée et obtient ensuite un soutien important de l'industrie du minage, c'est-à-dire après que la BIP148 ait déjà réussi à scinder la chaîne;*

2. *Le sentiment du marché en faveur d'un hard fork à gros blocs est fort, et la logique économique nous pousse à le miner, par exemple, si le taux de change est favorable au Bitcoin à gros blocs;*

3. *S'il y a déjà une quantité importante d'autres mineurs qui minent publiquement une chaîne à gros blocs, alors nous déciderons qu'il est rationnel pour nous de miner cette chaîne. Dans ce cas, nous envisagerons de rejoindre cette chaîne et d'abandonner notre chaîne minée de manière confidentielle afin que la chaîne publique de l'UAHF ne risque pas d'être réorganisée.*

Une fois que Bitmain commencera à miner la chaîne de l'UAHF publiquement, nous la minerons continuellement et nous ignorerons les incitations économiques à court terme. Nous pensons qu'une feuille de route incluant l'option d'ajuster la taille des blocs servira mieux les utilisateurs, et nous nous attendons à ce que cela se traduise par un prix de marché plus élevé à long terme[7]. »

Le plan de Bitmain consistait à activer un embranchement divergent qui augmenterait la taille limite des blocs à peu près au même moment que l'UASF. Le plan du *hardfork* comprenait même un programme d'augmentation de la limite de taille des blocs. Celle-ci serait fixée à 2 Mo en août 2017, puis augmenterait progressivement par paliers prédéterminés pour atteindre 16,8 Mo en août 2019.

---

7. https://blog.bitmain.com/en/uahf-contingency-plan-uasf-bip148/

Ce plan semblait être une sorte de menace dirigée contre les partisans de l'UASF. Les *big blockers* obtiendraient leur nouvelle chaîne divergente, une chose que, selon eux, les *small blockers* cherchaient désespérément à empêcher.

Bien que Jihan n'ait pas semblé s'en rendre compte, ce plan était en fait incroyablement favorable à la cause de l'UASF. En effet, il impliquait que la chaîne de l'UASF aurait plus de chances de devancer la chaîne appliquant les règles initiales en matière de preuve de travail, puisque Bitmain avait indiqué qu'elle avait prévu de se tourner vers une chaîne divergente alternative. De plus, Bitmain prévoyait de miner la nouvelle chaîne divergente en secret, pendant une période de 72 heures. Il s'agissait d'une très mauvaise décision si l'on voulait que la chaîne divergente gagne en popularité, puisque personne ne serait en mesure de voir la chaîne, ni utiliser un client la prenant en charge, et les plateformes d'échange ne pourraient pas proposer le jeton correspondant à leurs clients. On ne sait pas exactement ce qui a motivé cet article. Il semble que Jihan était extrêmement en colère et qu'il a rapidement élaboré un plan destiné à frustrer ses adversaires, mais qu'il n'avait pas du tout réfléchi à la question. Ce que Jihan aurait dû annoncer, bien sûr, c'est qu'en cas d'UASF, il aurait continué à miner la chaîne appliquant les règles initiales et qu'il aurait organisé entretemps un contre-UASF. Mais il se serait retrouvé coincé avec des blocs de 1 Mo, et peut-être a-t-il ainsi estimé qu'il n'avait pas vraiment d'autre option.

Dans le Repaire des Dragons, les partisans des petits blocs ont célébré avec joie l'article de Bitmain car il leur assurait presque une victoire totale. Cependant, certains ont adopté un ton plus circonspect : « Ce n'est pas parce que Jihan dit qu'il va faire quelque chose de stupide qu'il faut en déduire qu'il le fera. » Il m'a semblé que cette position plus prudente était la bonne approche. Au fur et à mesure que le 1er août approchait, Jihan allait très probablement se rendre compte que son plan n'avait aucun sens et changer son fusil d'épaule.

À l'approche de la date butoir de l'UASF, les partisans des gros blocs étaient sur la défensive car ils ne savaient pas comment réagir efficacement. C'était presque comme s'ils n'avaient plus d'options viables à disposition. Les *big blockers* semblaient finalement voués à une défaite humiliante, et ils le savaient. Ils avaient besoin d'une porte de sortie qui leur permettrait de sauver la face.

18

ACCORD À NEW YORK

L E 22 mai 2017, Barry Silbert, le PDG du Digital Currency Group (DCG), a organisé une réunion à New York visant à résoudre le conflit, à laquelle Jihan Wu était présent. Cette réunion a abouti à un énième accord, nommé accord de New York à cette occasion, et résumé par le document suivant :

« *Nous acceptons de soutenir immédiatement les mises à niveau parallèles suivantes du protocole bitcoin, qui seront déployées simultanément et basées sur la proposition originale Segwit2Mb* [1] *:*

— L'activation de Segregated Witness avec un seuil de 80 % et un signalement au niveau du bit 4 ;

— L'activation d'un hardfork d'augmentation à 2 Mo dans les six mois

Nous nous engageons également à étudier et à développer des mécanismes techniques pour améliorer le signalement dans la communauté de bitcoin, ainsi qu'à mettre en place des outils

---

1. https://lists.linuxfoundation.org/pipermail/bitcoin-dev/2017-March/013921.html

de communication, afin de coordonner plus étroitement la conception, l'intégration et le déploiement de solutions sûres permettant d'augmenter la capacité de bitcoin, au sein de l'écosystème.

Nous invitons toutes les entreprises et tous les mineurs, développeurs et utilisateurs à nous rejoindre et à nous aider à préparer bitcoin pour l'avenir.

Le groupe d'entreprises signataires représente, en date du 25 mai, une masse critique de l'écosystème de bitcoin :

— 58 entreprises situées dans 22 pays;

— 83,28 % de la puissance de hachage;

— 5,1 milliards de dollars de volume mensuel de transactions sur la chaîne;

— 20,5 millions de portefeuilles de bitcoin.

Par ailleurs, à compter du 24 mai, les entreprises suivantes se sont engagées à fournir une assistance technique pour tester et prendre en charge le logiciel de mise à niveau, ainsi que pour aider les entreprises à implémenter les modifications :

Abra | BitClub Network | Bitcoin.com | BitFury | BitGo | Bitmain | BitPay | Blockchain | Bloq | BTCC | Circle | Ledger | RSK Labs | Xapo

Si vous souhaitez impliquer une partie de vos effectifs techniques, veuillez nous le faire savoir et nous vous inclurons dans la liste ci-dessus [2]. »

L'accord était basé sur une proposition antérieure de Sergio Lerner, développeur et chercheur dans Bitcoin, datant de mars 2017. L'idée

---

2. dcgco.medium.com/bitcoin-scaling-agreement-at-consensus-2017-133521fe9a77

était de procéder à la fois à SegWit et à une augmentation à 2 Mo de la taille de base des blocs par un embranchement divergent. Selon des personnes proches de Barry, il s'agissait d'un compromis entre les partisans de SegWit et ceux voulant un *hard fork*, dans l'optique de satisfaire tout le monde. J'ai entendu dire que Barry s'inquiétait du fait que le réseau se trouvait dans une impasse et qu'il fallait faire quelque chose pour aller de l'avant. L'accord lui-même aurait été rédigé par une employé du DCG, Meltem Demirors. Ce document permettait à Jihan de sauver la face en constituant un moyen de gérer la menace éventuelle de l'UASF, tout comme il l'avait fait avec l'accord concernant Litecoin un mois plus tôt.

Le nombre et l'importance des signataires de l'accord étaient très impressionnants. Au total, il y avait 58 signataires, dont Gavin Andresen, le site Bitcoin.com de Roger Ver, la société Bitmain de Jihan Wu et la plateforme Coinbase de Brian Armstrong. Bien que beaucoup des signataires (33 d'entre eux) soient des sociétés faisant partie du portefeuille financier du DCG, il y avait un large soutien en dehors de ce groupe, de la part de nombreuses plateformes d'échanges et des coopératives de minage. Par conséquent, bon nombre d'analystes de l'écosystème ont jugé que la question de la taille des blocs était enfin résolue et que la mise en œuvre de l'accord passé était presque inéluctable. Cet accord a constitué un coup d'éclat et une réussite considérable pour les partisans des gros blocs, à un moment où ils étaient en mauvaise posture, et semblait marquer un tournant majeur dans le conflit. Les *big blockers* étaient quasi hors course, mais ils ont soudain repris le dessus.

Malgré cela, ils n'étaient pas totalement satisfaits de l'accord. Le fait qu'il incluait SegWit ne leur plaisait pas trop, mais il semblait accomplir quelque chose qui leur tenait à cœur, à savoir « virer Bitcoin

Core ». C'est ainsi que Roger Ver a justifié son soutien en affirmant que, même s'il n'aimait pas l'accord en soi, ce dernier permettrait au moins de se débarrasser de l'équipe de Bitcoin Core. Certains partisans des gros blocs ont semblé se méfier de l'accord, et les plus extrémistes s'y sont opposés. L'accord engageait ses signataires à activer SegWit avant le *hardfork*, ce dernier devant être activé « dans les six mois ». L'accord stipulait que le *hardfork* et le *softfork* seraient « déployés simultanément », mais que le *softfork* serait activé en premier. Certains partisans des gros blocs craignaient que la première étape se produise et que les signataires renoncent à l'accord avant de passer à la deuxième étape.

Quant aux partisans des petits blocs, ils n'étaient pas représentés à New York et leur point de vue n'était pas du tout reflété dans l'accord. Il n'y avait pas de phrase à double sens ou de déclaration contradictoire : il semblait avoir été entièrement rédigé par le camp des *big blockers*. Surtout, l'accord ne faisait aucune référence à l'idée que les utilisateurs de Bitcoin contrôlaient le protocole ou que le soutien des utilisateurs était nécessaire pour modifier les règles. L'accord de New York n'a même pas évoqué du bout des lèvres l'idée que les utilisateurs devaient avoir leur mot à dire. Il a été présenté comme si les grandes entreprises de l'écosystème imposaient les règles aux utilisateurs de manière top-down. Si Bitcoin devait fonctionner de cette manière, cela saperait la proposition de valeur fondamentale de la monnaie. Les signataires de l'accord de New York ne jugeaient pas important de faire pression sur les utilisateurs et de les persuader d'activer l'embranchement avant de le faire. Au contraire, cela ressemblait à une menace ou un ultimatum.

En plus de saper la proposition de valeur fondamentale de Bitcoin, c'était également une mauvaise tactique. Les utilisateurs de Bitcoin veulent avoir le sentiment de contrôler la situation et n'aiment pas qu'on leur dise ce qu'ils doivent faire. Par conséquent, l'accord de New York ressemblait à une réplique de Bitcoin XT, Bitcoin Classic et Bitcoin Unlimited. Ils avaient refait les mêmes erreurs, sauf que cette fois-ci, ils bénéficiaient d'un soutien beaucoup plus important de l'industrie. Une chose à noter, toutefois, est que plusieurs noms très importants de l'industrie n'avaient pas signé l'accord. L'absence la plus remarquable était celle de Bitfinex, qui était peut-être la société la plus importante sur le plan économique à l'époque. Local Bitcoins (la plus grande plateforme d'échange de pair à pair de l'époque), Poloniex, BitMEX et la coopérative de minage Slush étaient également absents.

La section de l'accord la plus facile à décrypter pour les partisans des petits blocs était celle qui parlait de « l'activation de Segregated Witness avec un seuil de 80 % et un signalement au niveau du bit 4 ». Cela n'avait guère de sens, car SegWit s'activait par le biais du bit 1, et non au moyen du bit 4. Les mineurs pourraient effectuer un signalement en utilisant le bit 4, mais cela n'activerait pas vraiment SegWit. Apparemment, d'après une personne présente à la réunion, Jihan a insisté sur ce point, peut-être parce qu'on lui mettait la pression depuis des mois pour qu'il signale son soutien à SegWit en utilisant le bit 1, et qu'il ne voulait pas céder aux exigences des *small blockers*. Cependant, l'activation de SegWit à l'aide de ce bit n'était pas possible et, par conséquent, on ne savait pas exactement ce qui allait se passer.

Presque immédiatement après la publication de l'accord, le 22 mai 2017, le développeur de logiciels consacrés à Bitcoin et au minage James Hillard a proposé une solution à ce dilemme du bit 4, qu'il a appelée la BIP 91 :

> *« Je voudrais proposer une implémentation qui accomplit la première partie de la proposition de Barry Silbert indépendamment de la seconde :*
>
> *"L'activation de Segregated Witness avec un seuil de 80 % et un signalement au niveau du bit 4."*
>
> *L'objectif ici est de minimiser le risque de scission de chaîne et de perturbation du réseau tout en maximisant la rétrocompatibilité et en permettant une activation rapide de SegWit avec un seuil de 80 % et en utilisant le bit 4.*
>
> *En activant SegWit immédiatement et séparément de tout HF [hardfork], nous pouvons passer à l'échelle rapidement sans risquer une combinaison précipitée SegWit + HF, qui causerait presque certainement des problèmes étendus* [3]*. »*

James proposait que SegWit soit activée en deux phases, avec deux embranchements convergents. Un premier *softfork* serait activé en utilisant le seuil de signalement de 80 % des mineurs mentionné dans l'accord de New York et rendrait obligatoire le signalement de SegWit *via* le bit 1. Il activerait alors le second *softfork*, la modification SegWit elle-même. Ce processus rendait aussi la mise à niveau compatible avec la BIP 148 (l'UASF), car il rendait également obligatoire le signalement de SegWit *via* le bit 1. En réalité, la BIP 91 a été coécrite par James Hillard et Shaolinfry, l'auteur de la BIP 148. Un client, appelé Segsignal, a fini par être publié, et a été intégré par Bitcoin Core pour prendre en charge la BIP 91. La BIP 91 était un mécanisme de mise à niveau assez agressif et rapide, qui s'activait si 269 blocs signalaient un soutien dans une fenêtre de 336 blocs, soit un seuil de 80 %.

______

3. https://lists.linuxfoundation.org/pipermail/bitcoin-dev/2017-May/014380.html

Il est rapidement apparu que le client mettant en œuvre l'accord de New York dans son intégralité s'appellerait BTC1, et que son développeur principal serait le Jeff Garzik qui avait proposé à Satoshi d'augmenter la taille limite des blocs quelques semaines après sa mise en place initiale en 2010. On avait demandé à Jeff de rendre BTC1 compatible avec la BIP 91 et d'activer SegWit *via* le bit 1, arguant que, d'un point de vue technique, l'activation *via* le bit 4 était un non-sens. Dans un premier temps, Jeff a refusé, même si son raisonnement semblait quelque peu confus.

Le 29 mai, un courriel du PDG de BitGo, Mike Belshe, a été divulgué [4]. Il contenait un plan et un calendrier pour la réalisation de l'accord. Il convient de noter que, même si la société BitGo était citée dans l'accord comme l'une des entreprises qui fournirait un support technique pour la mise à niveau, elle n'était pas elle-même signataire de l'accord. L'accord stipulait même tout en bas : « Note : BitGo figurait par erreur dans cette liste publiée initialement. Cela a depuis été corrigé. » Après avoir parlé à certains membres du personnel de BitGo, j'ai cru comprendre qu'ils avaient demandé que la société soit retirée, pensant qu'un dépositaire / processeur de paiement devrait plutôt rester neutre et soutenir les deux côtés de la scission. Quoi qu'il en soit, le courriel ayant fait l'objet d'une fuite contenait une proposition de calendrier, comprenant la version alpha du logiciel, le lancement du réseau de test, puis le début du signalement pour le 21 juillet.

De nombreux membres de la communauté de Bitcoin ont été furieux de découvrir que le développement et les plans du client de l'accord se déroulaient en secret et non sur une liste de diffusion publique. Bitcoin était censé être un système ouvert, soumis à un examen ouvert. Une liste de diffusion secrète pilotant le déploiement d'un

---

4. https://imgur.com/a/a2oPs

changement de consensus était considérée comme contraire à Bitcoin.

Cependant, la raison pour laquelle le processus a été mené en privé était claire : s'il avait été mené en public, les partisans des petits blocs auraient sans aucun doute trouvé des failles dans ce qu'ils faisaient, ce qui aurait donné l'impression que leur proposition n'était pas solide. SegWit était extrêmement compliquée et un groupe alternatif essayait de le déployer en en ayant une compréhension très limitée. Avec le recul, on peut dire que mener une grande partie du processus à huis clos a été une erreur, car l'absence d'examen minutieux semble avoir créé davantage de vulnérabilités.

Fin mai 2017, la pression exercée sur Jeff due à l'activation incompatible de SegWit *via* le bit 4 était immense. Les partisans des petits blocs et les participants du Repaire des Dragons ont réalisé qu'il s'agissait d'une faille majeure dans le client BTC1 et que, s'ils persuadaient Jeff d'effectuer ce changement et d'adopter la BIP 91, SegWit pourrait enfin être activée sur Bitcoin. Une fois l'activation effectuée, les *small blockers* pourraient alors s'efforcer de bloquer la seconde partie de l'accord, le *hardfork*. Les réseaux sociaux regorgeaient de commentaires sur la façon dont Jeff se montrait perturbateur et non coopératif en refusant d'adopter la BIP 91, et sa boîte de réception était vraisemblablement pleine de demandes et d'accusations similaires provenant de toute la communauté technique.

Finalement, le 5 juin 2017, Jeff a cédé sous la pression et a inclus la BIP 91 dans son client BTC1 [5]. Les partisans des petits blocs avaient désormais obtenu gain de cause : le client de l'accord de New York implémentait désormais l'UASF. Des célébrations enthousiastes ont retenti au sein du Repaire des Dragons.

———————————

5. https://github.com/btc1/bitcoin/pull/11

La logique d'activation de l'embranchement divergent a également changé à ce moment-là : le *hardfork* du client BTC1 était maintenant programmé pour être déclenché trois mois après l'activation de SegWit (si SegWit devait un jour être effectivement activée), plutôt que six mois plus tard. Cependant, je n'ai pas été en mesure de comprendre comment le code mettait en œuvre la logique d'activation, et il y avait une confusion considérable autour des spécificités du programme d'activation du *hardfork*. Cette période de trois mois était la moitié de la période de six mois mentionnée dans l'accord qui était à l'origine implémentée dans les premières versions du client BTC1. En parlant à certains initiés de BTC1, j'ai appris que la raison de ce changement était apparemment de donner aux gens le moins de temps possible pour se désengager du *hardfork* une fois que SegWit serait activée, ce qui aiderait à garantir que celui-là ait lieu. Cela m'a semblé être une mauvaise approche qui pourrait en fait rendre la phase d'embranchement divergent plus difficile à réaliser, car ses partisans avaient maintenant une période plus courte pour persuader les utilisateurs de se mettre à niveau (trois mois au lieu de six).

Quant au client BTC1, il paraissait truffé de bugs, même après l'implémentation de la BIP 91. Il se pouvait que Jeff n'ait pas compris SegWit et qu'il ait commis des erreurs avec la modification de la couche pair à pair, ce qui nécessitait un apport supplémentaire pour les corriger. De plus, comme quelqu'un l'a fait remarquer dans un courriel du 14 juin, le client BTC1 ne mettait même pas en œuvre l'augmentation de la limite de taille des blocs par embranchement divergent [6]. Le client conservait la limite de poids de quatre millions d'unités, ce qui aurait empêché un *hardfork* et garanti que la limite de taille des blocs n'augmente jamais. Il semble que Jeff n'ait jamais

---

6. https://lists.linuxfoundation.org/pipermail/bitcoin-segwit2x/2017-June/000006.html

compris la nouvelle limite de SegWit : rappelez-vous qu'il pensait que SegWit avait deux limites. Ce n'est qu'après que ce détail ait été mis en évidence, après la publication de la première version de BTC1, qu'il a effectivement implémenté un *hardfork*. Il s'avérait trop difficile pour les partisans de l'accord de New York de doubler quelque chose qu'ils ne comprenaient pas.

Jeff subissait également une pression considérable pour ajouter une protection contre la rediffusion des transactions au client BTC1, ce à quoi il s'opposait. L'idée n'était pas que BTC1 crée une nouvelle monnaie, mais qu'il n'y ait qu'une seule monnaie après la mise à niveau, et que la chaîne appliquant les règles initiales s'éteigne en quelque sorte à cause du soutien écrasant de la nouvelle chaîne. La scission d'Ethereum de 2016 était maintenant de l'histoire ancienne et la plupart des *big blockers* semblaient l'avoir oubliée. Par conséquent, dans l'esprit des partisans de l'accord, la protection contre la rediffusion n'était pas nécessaire. Cependant, il s'agissait d'une répétition des mêmes arguments qui tournaient en rond depuis des années : certaines personnes pensaient que la chaîne appliquant les règles initiales pouvait prévaloir et que la protection contre la rediffusion était donc nécessaire. Le 14 juin, Sergio Lerner, dont la proposition était à l'origine de l'accord de New York, s'est prononcé en faveur de la protection contre la rediffusion. À ce moment-là, Jeff subissait une pression énorme de toutes parts :

> *« Il existe deux groupes de personnes qui ont deux visions différentes de Bitcoin. Aucune de ces visions n'est "mauvaise". Un groupe accorde davantage de valeur à des aspects tels que la décentralisation, l'absence de gouvernement, la résistance à la censure, l'anonymat. Ce groupe pense que Bitcoin va transformer notre monde d'ici 20 à 30 ans. Pour atteindre*

cet objectif, il est de la plus haute importance de s'en tenir à ces valeurs. Il n'y a pas d'urgence. L'autre groupe accorde plus d'importance à des choses telles que le fait d'atteindre un milliard d'utilisateurs dans les 5 prochaines années, ou de servir de vrais utilisateurs non bancarisés dès aujourd'hui, même si cela nécessite un accord politique maintenant. Les deux visions ont leurs mérites ; mais elles sont incompatibles. La protection contre la rediffusion donne une chance à tous les "bitcoiners" de pousser pleinement leurs propres visions. Les deux visions peuvent coexister[7]. »

Le 16 juin 2017, les mineurs ont tenu une nouvelle table ronde[8]. Presque toutes les principales coopératives de minage étaient présentes. Lors de cette réunion, les mineurs ont accepté de soutenir l'accord de New York.

La première version de BTC1 n'avait pas non plus de protection contre l'effacement par réorganisation et, comme cela a été expliqué plus haut dans ce livre, promouvoir un embranchement divergent litigieux sans une telle protection revenait à partir en guerre en s'étant délibérément attaché les mains dans le dos. En mai 2017, après presque deux ans de lutte pour des *hardforks,* Jihan Wu avait finalement pris conscience de cette réalité et avait fait pression pour obtenir une protection contre l'effacement. Jihan avait soutenu cette mesure dès le 12 mai 2017 :

« Étant donné que c'est un changement de règle de consensus très important qui a été débattu pendant 4 ans, nous pouvons ajouter une autre règle de consensus : à et SEULEMENT à la

---

7. https://lists.linuxfoundation.org/pipermail/bitcoin-segwit2x/2017-June/000010.html

8. https://twitter.com/cnLedger/status/876018850948567043

hauteur de l'embranchement, la taille du bloc DOIT être plus grande que 1 000 000 d'octets. C'est un moyen très simple et direct de se protéger de la ré-org [9]. »

Alors que la pression sur Jeff augmentait, et que le *hardfork* de l'accord de New York paraissait être plus litigieux que ses promoteurs ne le pensaient à l'origine, il a accepté d'ajouter une protection contre l'effacement. Jihan a encouragé Jeff à ajouter cette fonctionnalité à BTC1 et, le 20 juin, Jeff s'est exécuté. Plutôt que de simplement permettre aux blocs d'être plus gros que 1 Mo après le *hardfork*, BTC1 exigeait maintenant que le premier bloc soit plus gros que 1 Mo, ce qui constituait une forme simple de protection contre l'effacement.

« Bitmain et BU ont demandé l'implémentation d'une fonctionnalité anti-effacement ; moi-même et d'autres membres du groupe de travail avons accepté, dans le but plus large de créer une mise à niveau du réseau plus prévisible [10].

[…]

*La procédure de HF traditionnelle veut que l'embranchement du réseau se produise *au moment* du changement de règle par HF ou après, lorsque le mineur crée un premier bloc de taille supérieure à 1 M. Nous proposons de resserrer cette règle de manière à ce que le bloc du HF *doive avoir* une taille supérieure à 1 M à la hauteur de bloc où le changement de règle se produit. Cela rend l'événement plus prévisible en garantissant que l'embranchement se produise spécifiquement au bloc X* [11]. »

---

9. https://bitco.in/forum/threads/buip055-passed-increase-the-block-size-limit-at-a-fixed-block-height.2103/

10. https://github.com/btc1/bitcoin/issues/29

11. https://lists.linuxfoundation.org/pipermail/bitcoin-segwit2x/2017-June/000060.html

Cette fonctionnalité a été mal implémentée et, le 11 juillet 2017, le réseau de test de BTC1 s'est scindé en deux[12]. Il est apparu que quelqu'un a miné des blocs du réseau de test 50 fois plus vite que prévu, activant le *hardfork* de manière précoce. Ensuite, en raison d'un bug dans la façon dont la règle « plus gros que 1 Mo » était implémentée, les nouvelles versions de BTC1, qui exigeaient que le premier bloc ait une taille supérieure à 1 Mo, se sont retrouvées sur une chaîne différente de celle de l'ancien client BTC1. Cela s'explique par le fait que le premier bloc n'avait pas une taille supérieure à 1 Mo car le nombre de transactions était insuffisant. Ce bug et cette scission ont été exploités par les *small blockers* pour indiquer que BTC1 était un client faible et défectueux. L'équipe de BTC1 s'est défendue en indiquant que c'était à cela que servait le réseau de test. Cependant, cet incident a permis d'illustrer un point : BTC1 tentait de modifier les règles de consensus de Bitcoin selon un programme précipité et arbitraire et, dans ce court laps de temps, avait publié plusieurs clients, qui étaient déjà incompatibles entre eux en raison de bugs et d'autres changements de dernière minute.

Début juillet, environ 80 à 95 % des mineurs (selon la puissance de hachage) incluaient les lettres « NYA » (*New York Agreement*) dans les blocs qu'ils minaient, et l'accord semblait être en position de force. Cependant, presque aucun utilisateur n'utilisait BTC1 ou même Segnet (qui implémentait uniquement la première partie de l'accord) ; l'adoption était proche de zéro. Dans le même temps, les principales plateformes d'échange avec lesquelles j'ai discuté n'utilisaient ni BTC1, ni Segnet, ni le client de la BIP 148 ; elles utilisaient uniquement Bitcoin Core. Les perspectives semblaient ainsi très incertaines.

___

12. https://lists.linuxfoundation.org/pipermail/bitcoin-segwit2x/2017-July/000082.html

En réalité, les mineurs et les coopératives de minage avec qui j'ai pu échanger n'utilisaient pas BTC1 non plus, malgré leurs signaux de soutien pour l'accord. À la mi-juillet 2017, j'ai parlé à des personnes de deux des coopératives qui avaient signé à la fois l'accord de New York et le nouvel accord de la table ronde des mineurs en juin 2017. L'explication était que si un mineur faisait fonctionner BTC1, il devait à ce stade signaler par défaut à la fois le bit 4 et le bit 1 ; une fois le premier *softfork* activé, le signalement au bit 1 devenait obligatoire et activait SegWit. Ces mineurs m'ont dit qu'ils ne faisaient pas confiance au client BTC1 et qu'ils utilisaient donc Segnet ou Bitcoin Core. Ceux qui utilisaient Bitcoin Core incluaient manuellement le signal NYA, le bit 4 et / ou le bit 1. On m'a informé qu'il s'agissait d'une information très secrète et qu'elle m'était divulguée en toute confidentialité ; en public, il était vital de montrer son soutien à BTC1 et à l'accord de New York, comme me l'ont expliqué les mineurs.

Le 20 juillet, Jihan a tweeté que Bitmain faisait fonctionner BTC1 ; sauf qu'à ce moment-là, il a également déclaré que Bitmain avait modifié le logiciel pour supprimer le signal du bit 1. Jihan semblait vouloir attendre le dernier moment avant d'activer SegWit, afin de s'assurer que la mise à niveau ne soit pas activée avant que le vote en sa faveur ne devienne obligatoire.

> *« Bitmain exécute le logiciel btc1 mais nous l'avons modifié pour ne voter qu'au niveau du bit 4 à ce stade* [13]. *»*

Le signalement était clairement une pagaille, les mineurs signalaient dans tous les sens, trompant les utilisateurs sur ce qu'ils utilisaient réellement. Des coopératives signalaient leur soutien à l'accord sans faire fonctionner BTC1, par exemple. Bitmain était également l'un

___

13. https://twitter.com/JihanWu/status/888035149073457154

des pires contrevenants en matière de faux signaux. Par exemple, Antpool (la coopérative de minage de Bitmain) a en fait signalé le bit 4 avant la version alpha de BTC1, ce qui indiquait qu'elle utilisait un client qui n'existait pas encore. Même en juillet 2017, Bitmain signalait encore son soutien pour Bitcoin Unlimited, alors que ce nœud n'avait pas implémenté BTC1 ou SegWit, et par conséquent les signaux étaient contradictoires.

Quelques jours plus tard, vers la fin du mois de juillet 2017, Bitmain a finalement signalé le bit 1, à quelques jours de la date butoir. Les partisans des petits blocs étaient aux anges. Après une campagne éreintante, plus de 10 mois après la sortie de SegWit, le plus grand mineur de l'écosystème avait enfin signalé son soutien. La plupart des *small blockers* avaient cru que cela n'arriverait jamais. L'activation de SegWit semblait enfin probable.

Le seuil de 80 % pour la BIP 91 a alors été finalement atteint, et elle a été verrouillée le 21 juillet 2017. Selon cette nouvelle règle temporaire du *softfork*, les mineurs devaient alors signaler leur soutien à SegWit à partir du 26 juillet 2017. À l'approche de cette date, certains *Bitcoiners* se sont inquiétés du risque élevé. Si tous les mineurs ne se conformaient pas, des problèmes de réseau pourraient survenir. Cependant, le jour est arrivé et tous les mineurs se sont conformés, signalant au niveau bit 1. Il n'y a pas eu de scission de chaîne et SegWit a finalement été verrouillée, puis activée sur le réseau Bitcoin. Avec cette confusion et cette complexité insensées de dates butoirs et de mécanismes d'activation imbriqués, il était presque impossible de suivre ce qui se passait. Il semblait que tous les deux ou trois jours, un mécanisme d'activation se déclenchait ou une date butoir était atteinte. Si vous avez lu ce livre jusqu'ici, vous avez peut-être compris que j'étais pour le moins obsédé par ce conflit ; cependant, à ce stade, j'avais moi-même du mal à suivre ce qui se passait.

La BIP 91 s'est activée juste avant la date butoir de la BIP 148, le 1er août 2017, laissant un minuscule écart de cinq jours entre le moment où la BIP 91 a rendu le signalement pour SegWit obligatoire et celui où l'UASF aurait fait de même. Cette proximité semblait indiquer que la menace d'un UASF avait fonctionné. Le fait que cela ait réussi est un exploit miraculeux. Une victoire moderne de David contre Goliath. L'UASF n'a jamais été implémenté dans une version de Bitcoin Core, et certains des développeurs Bitcoin Core les plus influents s'y étaient ouvertement opposés.

Dans le véritable esprit de Bitcoin et de son créateur pseudonyme, Satoshi, l'UASF n'a pas émergé d'une table ronde officielle, à huis clos, entre les grands acteurs. Au lieu de cela, il a été publié au grand jour et promu par un développeur pseudonyme, Shaolinfry. En quelque sorte, un individu anonyme et quelques adeptes inconditionnels de la communauté munis de casquettes commandées par Samson Mow avaient affronté une entreprise de plusieurs milliards de dollars (Bitmain) soutenue par de nombreuses autres entreprises bien capitalisées, et avaient gagné. Je me souviens avoir pensé qu'une telle chose ne pouvait se produire qu'avec Bitcoin. C'est le champ de bataille de Bitcoin qui était unique, et il était ainsi possible d'obtenir des résultats assez particuliers.

La mise à niveau de la BIP 91 était loin d'être parfaite du point de vue des partisans des petits blocs : elle était trop précipitée, les courtes fenêtres de vote de 336 blocs étaient trop petites (seulement 2,33 jours), le signalement obligatoire des mineurs était risqué et, surtout, seuls les mineurs utilisaient la BIP 91, ce qui rendait la mise à niveau incroyablement précaire. Il aurait pu en résulter que les mineurs et les utilisateurs se retrouvent sur des chaînes différentes. Quoi qu'il en soit, aussi désordonné et dangereux qu'ait été le processus, les *small blockers* avaient obtenu gain de cause : SegWit avait été activée, et l'UASF semblait avoir forcé la main de Jihan. Ils pouvaient maintenant se concentrer sur le blocage de la phase deux de l'accord de New York, le *hardfork*.

Les partisans des gros blocs étaient furieux de ces développements. L'un des *big blockers* m'a dit en personne que « les casquettes UASF stupides avaient fonctionné » et qu'elles avaient forcé les mineurs à activer SegWit. Il était particulièrement frustré par le fait que tout cela s'était produit avant le 1er août : si cela s'était produit après cette date, le discours des partisans des gros blocs selon lequel l'accord de New York avait provoqué l'activation de SegWit, et non l'UASF, aurait été plus convaincant. Les *big blockers* avaient le sentiment que les parties les plus extrêmes du mouvement des *small blockers* avaient pris le contrôle de Bitcoin et activé quelque chose qui leur déplaisait fortement. Ils semblaient désabusés par Bitcoin à ce stade, et n'étaient même pas particulièrement préoccupés par la phase deux de l'accord.

Sur ce coup-là, il me semblait que Jihan avait peut-être raté une occasion. Il aurait pu attendre que la date butoir du 1er août soit passée, puis activer SegWit sur Bitcoin. Cela aurait rendu encore plus difficile pour les partisans des petits blocs de soutenir la chaîne de la BIP 148, puisque SegWit aurait de toute façon été activée sur l'autre chaîne. Jihan aurait alors pu affirmer qu'il avait vaincu l'UASF. Cependant, Jihan avait choisi de ne pas le faire et la raison semblait être que l'UASF avait fonctionné. Ayant peur d'une scission de chaîne, il avait peut-être surestimé l'influence de ses adversaires et avait cédé à la pression.

Avec l'activation de SegWit, les *small blockers* étaient tout à fait libres d'aller de l'avant sur leur chaîne, Bitcoin. Cependant, le problème suivant persistait : de nombreuses entreprises importantes de l'écosystème, en particulier celles basées aux États-Unis et financées par des fonds de capital-risque, s'étaient engagées à augmenter la taille des blocs par un *hardfork*. Elles ne voulaient pas qu'il s'agisse d'une nouvelle cryptomonnaie alternative, elles voulaient que ce soit Bitcoin. Il semblait extrêmement difficile de faire reculer ces entreprises. La guerre des blocs s'est donc poursuivie. Cet embranchement divergent devait avoir lieu trois mois plus tard à peine, et le champ de bataille s'animait à nouveau.

19

BITCOIN CASH

LE 30 juin 2017, à Arnhem aux Pays-Bas, s'est tenue une grande conférence des partisans des gros blocs, appelée « *The Future of Bitcoin Conference* 2017 ». Parmi les intervenants figuraient Jihan Wu, Andrew Stone de Bitcoin Unlimited, Craig Wright (qui a fait un discours long et décousu) et un développeur peu connu appelé Amaury Séchet. Amaury a fait un exposé intitulé « Retour aux sources » (*Back to Basics*), dans lequel il a présenté ce qu'il appelait « un petit projet sur lequel [il avait] travaillé[1] ». Il a exposé les plans d'un nouveau *hardfork*, avec une augmentation de la limite de taille des blocs et une protection optionnelle contre la rediffusion des transactions, pour permettre à ceux qui ne voulaient pas d'une augmentation de la taille des blocs de continuer à utiliser leur ancienne chaîne. Amaury a annoncé le lancement d'un nouveau client, Bitcoin ABC, en précisant qu'il s'agissait d'une mise en œuvre du plan que Jihan avait annoncé quelques semaines auparavant, celui de l'UAHF.

Aux alentours du 12 juillet 2017, à quelques semaines de la date butoir de l'UASF du 1er août 2017, le nouveau client, Bitcoin ABC, a été

---

1. https://www.youtube.com/watch?v=Byow43NQdiY

rendu public. Contrairement aux précédents clients implémentant un *hardfork* – Bitcoin XT, Bitcoin Classic, Bitcoin Unlimited et maintenant BTC1 – il intégrait une activation liée à une date butoir fixée au 1er août 2017 et aucun signalement des mineurs. Cela a été délibérément arrangé pour coïncider avec la date de l'UASF. Cette nouvelle chaîne inclurait une protection contre l'effacement, ce qui entraînerait une rupture nette, et procéderait à une augmentation de la limite de taille des blocs par embranchement divergent. La nouvelle cryptomonnaie alternative exclurait également SegWit, qui était très impopulaire auprès des *big blockers*, bien qu'en réalité, lorsque l'on regardait sous le capot, Bitcoin ABC comprît une grande partie de la mise à niveau SegWit, y compris le nouvel algorithme de hachage des transactions qui corrigeait certains bugs liés aux transactions. Cependant, il semblait que l'ASICBoost secret était toujours possible sur cette nouvelle chaîne.

Enfin, les partisans des gros blocs obtiendraient ce qu'ils voulaient : une chaîne ayant une taille limite des blocs importante, sans utiliser les clients publiés par Bitcoin Core et sans l'approche inflexible et prudente de modification des règles de consensus, qu'ils détestaient par-dessus tout. Le 17 juillet 2017, ViaBTC, la coopérative aujourd'hui largement considérée comme mandataire de Jihan qui prenait souvent la température avant que Bitmain elle-même n'annonce une nouvelle politique, a déclaré qu'elle allait lancer un nouveau regroupement minier qui minerait la nouvelle monnaie. Elle a nommé la monnaie Bitcoin Cash, avec le sigle boursier BCC. Ce sigle finirait par être remplacé par BCH.

> *« Nous nommerons le jeton "Bitcoin Cash" (BCC) pour désigner la monnaie issue de l'éventuelle scission entraînée par l'activation de l'UAHF [2]. »*

Bien que de nombreux membres de la communauté des gros blocs aient soutenu Bitcoin Cash, la plupart d'entre eux le considéraient comme un plan de secours ou un plan d'urgence, à utiliser en cas d'échec de la phase deux de l'accord de New York. Le 25 juillet 2017, Roger Ver, le PDG de Bitcoin.com a déclaré ce qui suit :

> *« Si la partie 2X de Segwit2x ne parvient pas à s'activer, Bitcoin.com réorientera immédiatement toutes ses ressources internes pour soutenir exclusivement Bitcoin Cash [3]. »*

Le 23 juillet 2017, à une semaine du lancement de Bitcoin Cash, le cofondateur de l'un des plus grandes plateformes d'échange de cryptomonnaies de l'époque, Ben Delo, a ouvert un ticket sur le dépôt GitHub de Bitcoin ABC [4]. Ben a demandé une protection obligatoire contre la rediffusion, à la place de la protection optionnelle qui avait été mise en œuvre. Ben était préoccupé par son rôle de gestionnaire de fonds vis-à-vis de ses clients, et par le fait qu'il pourrait perdre leurs Bitcoins Cash, ou bien qu'il devrait dépenser des ressources considérables pour protéger sa plateforme des attaques par rediffusion des transactions.

Bien que certains se soient demandés si cela correspondait à l'esprit du plan initial de Jihan, et que la protection obligatoire contre les attaques par rediffusion soit l'une des demandes préférées des

---

2. https://viabtc.medium.com/statement-bnt-on-bitcoin-user-activated-hard
-fork-6e7aebb67e67

3. https://www.reddit.com/r/btc/comments/6peqwr/if_the_2x_portion_of
_segwit2x_fails_to_activate/

4. https://github.com/Bitcoin-ABC/bitcoin-abc/issues/24

partisans des petits blocs, Amaury, qui souhaitait faire plaisir aux plateformes d'échange et les amener à prendre en charge le nouveau jeton, a accepté la demande de Ben. À seulement six jours de la création de la cryptomonnaie, une protection bilatérale et obligatoire contre la rediffusion des transactions a été ajoutée à Bitcoin ABC[5]. Nous allions donc enfin avoir une scission nette, et les deux camps de cette guerre allaient pouvoir se séparer pacifiquement.

Étant donné que Bitcoin Cash s'attendait à être la chaîne au taux de hachage minoritaire, l'une des craintes était que les blocs soient générés trop lentement au début et que la période d'ajustement de difficulté de deux semaines de Bitcoin prenne alors trop de temps pour avoir un effet. Bitcoin Cash a par conséquent réduit le niveau de difficulté requis, ce qui a eu un autre avantage involontaire : les entêtes de blocs de Bitcoin Cash étaient incompatibles avec Bitcoin, de sorte que même les clients légers et les portefeuilles mobiles de Bitcoin savaient à tout moment qu'il ne fallait pas suivre la chaîne de Bitcoin Cash. Il s'agissait d'une autre caractéristique de sécurité essentielle dont les *small blockers* étaient partisans. Toutefois, le nouvel algorithme d'ajustement de la difficulté s'est avéré fondamentalement défectueux, car il incitait les mineurs à quitter le réseau, puis à y revenir lorsque la difficulté s'ajustait et que la rentabilité s'améliorait. En conséquence, la capacité électrique du réseau de Bitcoin Cash a oscillé erratiquement, ce qui s'est avéré être une faiblesse majeure et a affecté la fiabilité de Bitcoin Cash en tant que réseau de paiement. Cela a également entraîné une accélération du minage des blocs, ce qui a fini par donner à Bitcoin Cash environ 10 000 blocs d'avance sur Bitcoin, et créé d'autant plus d'unités provenant de la subvention des blocs. C'était une grave erreur de la part d'Amaury. Il aurait dû se contenter de procéder à

---

5. https://reviews.bitcoinabc.org/D371

un ajustement unique de la difficulté à la baisse lors du lancement de Bitcoin Cash, plutôt que de concevoir un algorithme entièrement nouveau. L'algorithme a fini par être considérablement amélioré, mais au moment de la rédaction de ce livre, le problème n'a toujours pas été entièrement résolu.

À l'approche du mardi 1er août 2017, l'excitation grandissait des deux côtés de la guerre : ce devait être un jour véritablement monumental dans l'écosystème *blockchain*. Le dernier bloc commun entre Bitcoin et Bitcoin Cash était à la hauteur 478 559 [6], miné à 13 heures 16 UTC le 1er août 2017 par la coopérative de minage BTC.com. Le bloc de Bitcoin suivant a été miné sept minutes plus tard par ViaBTC. Le premier bloc de Bitcoin Cash a été miné seulement cinq heures plus tard environ, par ViaBTC également. Le message à l'intérieur de la transaction de récompense se lisait comme suit : « Bienvenue au monde, Shuya Yang ! » (*Welcome to the world, Shuya Yang!*) La taille du bloc était de 1,9 Mo.

La scission entre les monnaies s'était enfin produite, et chaque camp pouvait maintenant poursuivre sa propre vision. Le bloc de Bitcoin Cash suivant a également été miné par ViaBTC. Le troisième bloc de Bitcoin Cash, miné tard dans la nuit, heure de Hong Kong, a été produit par un mineur inconnu et le message de la transaction de récompense était cette fois-ci la phrase suivante : « Genesis Block 269-273 Hennessy Road Wan Chai Hong Kong [7] ».

Tôt le lendemain, lorsque je suis arrivé au travail, j'ai remarqué que l'écrasante majorité des blocs de Bitcoin Cash contenaient ce même message mystérieux. J'ai rapidement cherché l'adresse sur Google Maps et elle semblait se trouver assez proche de mon lieu

---

6. La hauteur du dernier bloc commun à Bitcoin et Bitcoin Cash est en réalité 478 558. (NdT)

7. https://blockchair.com/bitcoin-cash/block/478563

de travail. Comme le ferait tout vrai fanatique de cryptomonnaies, j'ai immédiatement quitté mon bureau pour m'y rendre. Environ 15 minutes plus tard, je suis arrivé sur place et je n'ai rien vu de particulier. Après approximativement cinq minutes d'observation, j'ai remarqué que Ben Delo, le propriétaire de la plateforme d'échange qui avait insisté sur la protection obligatoire contre la rediffusion, se promenait dans la rue et semblait également enquêter sur la situation. En discutant avec lui, il m'a semblé se trouver dans la même situation : il était profondément confus. Nous avons fini par découvrir une porte ouverte menant à des escaliers. Nous avons frappé et crié « bonjour », mais il n'y avait pas de réponse. Pensant qu'il s'agissait d'une sorte de jeu mystérieux lié à Bitcoin, nous avons monté les escaliers sans y être invités, pour trouver ce qui ressemblait à un chantier de construction. Après cinq minutes d'exploration, nous avons finalement trouvé quelqu'un en mesure de nous expliquer la situation. Le bâtiment devait être le site d'un nouvel espace consacré à Bitcoin à Hong Kong, pour les *startups* et les réunions de la communauté. Le message dans les blocs de Bitcoin Cash n'était que du marketing, et le propriétaire de l'organisation, Peter Ng, avait également une ferme de minage qu'il avait allouée à Bitcoin Cash pour aider à commercialiser son nouveau lieu. Mais le site n'était pas encore prêt et nous étions en avance. Déçus de ne pas avoir trouvé de pierre précieuse magique liée à Bitcoin Cash, nous sommes tranquillement repartis et chacun est retourné à son travail.

L'ambiance au sein de la communauté des partisans des gros blocs était alors à l'allégresse pure et simple. Ils s'étaient sentis piégés, intimidés et emprisonnés par les partisans des petits blocs pendant des années, et maintenant ils retrouvaient enfin leur liberté. Ils avaient finalement une monnaie à promouvoir auprès des commerçants et à utiliser librement sans les frais élevés et paralysants qui leur étaient imposés. Cette monnaie était la leur et ils en avaient le contrôle, tout comme ils l'avaient ressenti pour Bitcoin quelques années auparavant. Il y avait aussi un esprit revanchard à ce sujet. C'était l'occasion de montrer aux *small blockers* ce qu'ils pouvaient faire par eux-mêmes avec leur nouvelle monnaie, de prouver que leurs opposants avaient tort.

Dans le camp des partisans des petits blocs, la principale stratégie semblait être de tourner en dérision la nouvelle monnaie en la faisant passer pour une idée stupide. Certains *small blockers* avaient inventé l'expression « *BCash* » comme une sorte de nom d'insulte de trollage pour remplacer Bitcoin Cash, en supprimant le mot Bitcoin du nom et en le dissociant davantage de Bitcoin. Cela a semblé déplaire à certains des *big blockers*, notamment Roger Ver, ce qui n'a fait qu'encourager l'utilisation de ce nom. La scission comportait également un aspect financier : chaque détenteur de Bitcoins avant la scission disposait désormais d'une quantité égale de Bitcoins et de Bitcoins Cash. Les camp opposés pouvaient vendre la monnaie qu'ils ne favorisaient pas et accumuler plus de leur monnaie de leur choix. Pour les partisans des petit blocs, le Bitcoin Cash était sûr de se négocier à un prix bas, peut-être autour de deux pour cent du Bitcoin, indiquant les défauts fondamentaux de la vision des gros blocs, le manque de demande des investisseurs et les erreurs techniques que les *big blockers* ne manqueraient pas de commettre. Certains *small blockers* ont déclaré qu'ils allaient vendre leurs possessions de Bitcoin Cash, ce qui a fait chuter le prix à 2 %.

En privé, au sein de certains cercles de partisans des petits blocs, la perception de Bitcoin Cash par certains des plus gros détenteurs de Bitcoins était très différente de la dérision affichée en public. L'approche était beaucoup plus nuancée et tactique. Je me souviens d'avoir parlé à l'époque à un *small blocker* respecté qui détenait une importante quantité de Bitcoins. En privé, il m'a dit qu'il n'était pas pressé de vendre ses Bitcoins Cash. Il était « vital d'assurer le succès de Bitcoin Cash », a-t-il expliqué, ajoutant que s'ils en vendaient trop, trop rapidement, le prix chuterait et les *big blockers* ne verraient pas leur nouvelle monnaie sous un bon jour. La plupart des *small blockers* souhaitaient que les *big blockers* quittent Bitcoin et cessent de causer des problèmes en promouvant des *hardforks* risqués, en préconisant des augmentations agressives de la limite de taille des blocs et en retardant des mises à niveau importantes telles que SegWit. Il a donc été jugé important de veiller à ce que le Bitcoin Cash ait une « vitesse de satellisation » suffisante pour s'assurer que certains de ces *big blockers* s'en aillent pour de bon. Les partisans des gros blocs semblaient penser que les *small blockers* détesteraient l'idée de Bitcoin Cash, préférant les garder coincés dans Bitcoin. Mais cette perception s'est révélée fausse car presque tous les partisans des petits blocs à qui j'ai parlé étaient ravis de les voir partir.

Bitcoin Cash a été lancé si rapidement (environ un mois après la naissance de l'idée) que Bitfinex n'a même pas eu le temps de lancer un marché de contrats à terme. La monnaie a juste été lancée. La négociation du jeton a commencé presque immédiatement sur plusieurs plateformes d'échange telles que Kraken, où il s'échangeait à environ 10–12 % du prix du Bitcoin. Mais il n'était pas possible d'y déposer du Bitcoin Cash car il n'était pas certain que le minage soit suffisamment sûr pour que les plateformes acceptent les dépôts. Par conséquent, les traders ne pouvaient échanger que les Bitcoins Cash alloués à leurs comptes au moment de la scission. Par exemple, si un utilisateur détenait un Bitcoin sur Kraken avant la scission, il se voyait attribuer un Bitcoin et un Bitcoin Cash. Le lancement de Bitcoin Cash a causé d'énormes problèmes à de nombreuses plateformes qui n'ont pas pu répondre à la demande des utilisateurs souhaitant effectuer des transactions en Bitcoins Cash. Leurs sites web ont été mis hors ligne et le délai entre la soumission et l'exécution des ordres est devenu extrêmement long. Kraken, en particulier, a très mal géré la situation. Certains utilisateurs ont signalé qu'il fallait littéralement des jours pour que les ordres de marché soient exécutés.

C'est à ce stade que la situation s'est quelque peu compliquée. Les places de marché au comptant n'étaient pas les seules concernées ; il y avait aussi les plateformes de trading sur marge avec effet de levier et des plateformes de prêt en Bitcoins, ce qui rendait le choix difficile pour tout le monde. Au cours de l'embranchement de Bitcoin Cash, les différentes plateformes financières ont eu des politiques divergentes. Par exemple, la plateforme de produits dérivés BitMEX a essentiellement ignoré le Bitcoin Cash, et le prix des contrats à terme a simplement suivi celui du Bitcoin. Au contraire, Kraken, par exemple, prenait en charge le Bitcoin Cash, de telle sorte que ceux qui avaient des positions longues en Bitcoin recevaient également des Bitcoins Cash. On pouvait ainsi déposer un Bitcoin, ouvrir une position longue avec un effet de levier de 3x, puis recevoir quatre unités de Bitcoin Cash après la scission. Sur Kraken, en ayant une position courte sur le Bitcoin au moment de la scission, on était automatiquement en position courte sur le Bitcoin Cash.

Ces différentes politiques appliquées par les plateformes pouvaient être exploitées : elles créaient une asymétrie qui, en théorie, pouvait être utilisée pour gagner gratuitement du Bitcoin Cash. On pouvait par exemple vendre à découvert des Bitcoins sur BitMEX et en acheter sur Kraken avant la scission. La plus grande plateforme d'échange de l'époque, Bitfinex, présentait même des incohérences au sein de sa propre politique. Si on avait prêté des Bitcoins au moment de la scission sur Bitfinex, on nous devait également des Bitcoins Cash après la scission. Cependant, si on avait emprunté des Bitcoins au moment de la scission, on n'avait pas de dette en Bitcoins Cash après la scission. Cette asymétrie a créé une pénurie sur la plateforme, et le coefficient de distribution du Bitcoin Cash n'a été que de 0,85 : si on possédait un Bitcoin sur Bitfinex au moment de la scission, on ne recevait que 0,85 Bitcoin Cash. Entretemps, ceux qui ont exploité cette incohérence dans la politique de Bitfinex ont réalisé de beaux profits. On peut penser que cette politique était inappropriée, mais tout était si nouveau à l'époque qu'il était difficile de comprendre ce qui se passait et d'élaborer une politique correcte.

Cette politique se justifiait par le fait que la charge imposée aux clients qui avaient emprunté des Bitcoins pour aller sur le marché et acheter des Bitcoins Cash pouvait être trop élevée, en particulier si la liquidité du Bitcoin Cash était faible.

Après environ une semaine de trading volatil, le 6 août 2017, les principales plateformes d'échange ont finalement commencé à accepter les dépôts en Bitcoin Cash. La première de ces plateformes a été Bittrex. Jusqu'à ce moment, il n'y avait aucun moyen pour les partisans des petits blocs de vendre leurs Bitcoins Cash, à moins qu'ils ne conservent leurs Bitcoins sur une plateforme avant l'embranchement. Cela ne plaisait guère à beaucoup de *Bitcoiners* : ils préféraient éviter le risque de contrepartie et garder leurs propres clés privées. À ce stade, les *small blockers* pouvaient enfin envoyer leurs Bitcoins Cash à une plateforme et les vendre. De nombreux *small blockers* souhaitaient vendre leurs Bitcoins Cash dès que possible, car ils pensaient qu'ils étaient surévalués et que le prix baisserait une fois que les autres auraient l'occasion de vendre. La première étape consistait à dépenser les Bitcoins et à les envoyer vers un autre portefeuille, puis à importer la clé privée dans son nouveau portefeuille de Bitcoin Cash pour dépenser les fonds. De cette façon, les Bitcoins n'étaient jamais menacés par les failles de sécurité des clients de Bitcoin Cash. Les partisans des petits blocs pouvaient alors envoyer leurs Bitcoins Cash à Bittrex et commencer à les vendre. Mais l'attente a été longue. Compte tenu de la volatilité du taux de hachage de Bitcoin Cash qui était induite par le nouvel algorithme d'ajustement de la difficulté, les échanges exigeaient de nombreuses confirmations et il fallait plusieurs heures pour effectuer un dépôt. Ceux qui souhaitaient vendre des Bitcoins Cash entassaient leurs transactions dans les blocs, attendant un nombre suffisant de confirmations pour vendre.

Enfin, lorsque les premiers blocs ont été minés et que les utilisateurs ont pu effectuer des transactions, le prix du Bitcoin Cash a instantanément chuté de près de 20 %. Les traders étaient si désireux de céder leurs Bitcoins Cash qu'ils ont rapidement vendu la monnaie au prix du marché dès que leurs fonds ont été confirmés. Cette situation a duré des heures, le prix du Bitcoin Cash chutant à chaque fois qu'un bloc était miné, et a fait l'objet de moqueries de la part du camp des petits blocs sur les réseaux sociaux. Certains des fonds de négociation de l'écosystème avaient alors commencé à percevoir une tendance : de leur point de vue, les partisans des petits blocs vendaient par idéologie et c'était une opportunité à exploiter. Ces fonds achetaient du Bitcoin Cash lorsque les *small blockers* en vendaient, au moment de la sortie des nouveaux blocs, puis le revendaient dans l'intervalle, en attendant le prochain bloc. Les manipulations de marché provoquées par la scission ont été assez extraordinaires.

Après cette excitation initiale et quelques reprises du Bitcoin Cash, le prix a semblé se stabiliser dans une fourchette de 7 à 15 % du prix du Bitcoin. L'opinion au sein du Repaire des Dragons et de certains groupes Telegram en faveur des petits blocs était assez sophistiquée et prudente. Des messages circulaient pour inciter les gens à ne pas vendre le Bitcoin Cash à moins de 7 % du prix du Bitcoin. Le raisonnement semblait être qu'il s'agissait d'un mécanisme permettant de faire payer les partisans des gros blocs. Par exemple, si le prix de conversion entre le Bitcoin Cash et le Bitcoin était de 1 %, cela signifierait que, si les *big blockers* ne possédaient que 210 000 Bitcoins avant la scission, ils pourraient, en théorie, acheter et s'accaparer la totalité du marché de Bitcoin Cash, soit 21 millions d'unités. Une fois ceci fait, les *big blockers* pourraient alors faire grimper le prix et générer de gros profits, ce qui les rendrait riches et désireux de s'attaquer à Bitcoin depuis une position de force. En revanche, si le taux de change était de 10 %, cela coûterait 10 fois plus de Bitcoins aux *big blockers* pour accumuler du Bitcoin Cash. Certains des *small blockers* étaient conscients de ce problème et c'est pourquoi ils ont encouragé leurs alliés à ne pas vendre, du moins pas en dessous de 7 %. « Faites-les payer », comme le disait l'adage populaire qui se répandait en privé dans certains cercles favorables aux petits blocs à l'époque. J'ai trouvé ces développements absolument fascinants. Ce qui un temps avait été une guerre froide, une bataille se jouant essentiellement au niveau de la communication et de la politique, était désormais devenue une guerre ouverte financiarisée qui concernait les flux d'investissement, les marchés, le commerce et les profits.

Début septembre 2017, j'ai rencontré un groupe de plusieurs *big blockers* de premier plan. L'opinion consensuelle était que l'idée principale de Bitcoin Cash était une menace, et qu'elle forcerait l'écosystème élargi à adopter la phase deux de l'accord de New York. Les gens verraient que les partisans des gros blocs « ne plaisantaient plus », en raison de l'existence de Bitcoin Cash. Le plan était en train de fonctionner, m'ont-ils assuré, car la menace de Bitcoin Cash était bien réelle. Je me souviens avoir pensé qu'ils ne pouvaient pas avoir plus tort. Tout d'abord, Bitcoin Cash était une scission de chaîne : il rappelait aux mineurs et aux plateformes d'échange qu'une scission était presque inévitable si la phase deux de l'accord de New York se produisait. La scission d'Ethereum en juillet 2016 remontait à plus d'un an et s'effaçait des mémoires, et Bitcoin Cash constituait maintenant une piqûre de rappel. Bitcoin Cash avait également fait peser une lourde charge administrative sur les plateformes d'échange et introduit toute une série de complexités, comme la façon de gérer les soldes des comptes sur marge et les marchés de la dette. La dernière chose que les plateformes souhaitaient était de tout recommencer quelques mois plus tard. Dans le même temps, les partisans des petits blocs faisaient valoir que les *big blockers* avaient violé l'accord de New York en soutenant une nouvelle monnaie dérivée, annulant ainsi ledit accord. En effet, si, après avoir signé l'accord, on pouvait soutenir plusieurs branches de la chaîne, quel était l'intérêt de l'accord ? En affirmant que Bitcoin Cash contribuerait à garantir que l'écosystème se conforme à la phase deux de l'accord de New York, les partisans des gros blocs ont fait preuve d'une incompréhension totale de la situation et l'ont en fait comprise à l'envers. Il semble que les *big blockers* se soient tirés une nouvelle fois une balle dans le pied. C'était une autre erreur tactique majeure.

20

SegWit2x

L plupart des partisans des petits blocs étaient restés très discrets quant à leur campagne contre la phase deux de l'accord de New York, espérant que la phase un se déroule avec succès avant de s'engager plus agressivement. En août 2017, alors que SegWit avait été verrouillée en toute sécurité, le moment était venu d'intensifier cette campagne. À ce stade du conflit, en contraste frappant avec le début de la guerre, les *small blockers* avaient une majorité claire et nette d'utilisateurs derrière eux. À tous les égards, les partisans des petits blocs avaient persuadé une grande partie de la communauté et des traders de rejoindre leurs rangs, à la fois par la force de l'argumentation et du raisonnement et par la dynamique et le succès qu'ils avaient obtenus. La plupart des gens voulaient simplement être du côté du gagnant.

Au fur et à mesure que le conflit progressait, les principales figures du camp des gros blocs avaient changé. Lors de la première manche, les partisans des petits blocs avaient battu Gavin Andresen et Mike Hearn. Puis Roger Ver et Jihan Wu lors de la deuxième manche. Enfin, il y avait un troisième groupe de personnes à vaincre : Jeff

Garzik et Mike Belshe. Jeff était le principal développeur du client de SegWit2x et Mike, le PDG de BitGo, avait en quelque sorte pris le relais de l'équipe des gros blocs. Roger Ver et Jihan Wu s'étaient essentiellement retirés de la guerre à ce stade, concentrant plutôt leurs efforts sur la promotion de Bitcoin Cash.

Le 3 août 2017, une demande de modification a été fusionnée dans Bitcoin Core, et le nouveau code a empêché les pairs de BTC1 d'établir des connexions avec les nœuds utilisant Bitcoin Core[1]. Étant donné que les réseaux étaient censés se séparer de toute façon, on pouvait soutenir que c'était une bonne décision pour les deux monnaies, qui permettait d'avoir un appairage plus solide avec les nœuds du même réseau. Cependant, Jeff Garzik n'était pas satisfait de cette décision et a fait le commentaire suivant :

> « *Cela crée des scissions de chaîne même si les nœuds de Bitcoin Core et de segwit2x valident actuellement les mêmes règles à 100 %, à cause d'une présumée future déviation des règles. Le résultat est un tas d'îlots aléatoires. Il s'agit d'un changement très agressif et risqué avant le déploiement de l'embranchement segwit2x.* »

Même si, techniquement, cette modification de l'appairage dans Bitcoin Core était un avantage pour les deux monnaies en cas de scission, son message politique était clair. Bitcoin Core n'implémenterait pas SegWit2x et continuerait à travailler sur la chaîne de Bitcoin existante.

Une autre tactique utilisée par les partisans des petits blocs pour tenter de persuader la communauté de ne pas utiliser BTC1 était de mettre en évidence l'hypocrisie apparente de Jeff Garzik. En 2012,

---

1. https://github.com/bitcoin/bitcoin/pull/10982

Garzik semblait soutenir le discours des *small blockers*, en faisant exactement les mêmes remarques que ces derniers actuellement :

> « *Les 51 % de puissance de hachage, ou même les 90 %, n'ont aucune importance si les clients refusent collectivement d'accepter et de relayer vos blocs* [2]. »

En février 2013, Garzik parlait même de l'importance économique d'un embranchement divergent et des problèmes liés à l'absence de protection obligatoire contre la rediffusion. C'était particulièrement poignant pour moi, car c'est la première fois que j'ai été exposé à beaucoup de ces arguments. Et maintenant, ironiquement, c'était la même personne qui développait et promouvait le client qui implémentait exactement ce contre quoi elle s'était opposée quatre ans plus tôt. Bien sûr, il est tout à fait légitime de changer d'avis au fil du temps, et cela ne signifie en aucun cas que Jeff ait été malveillant ou hypocrite. Mais cette incohérence a effectivement poussé les *small blockers* à accuser Jeff de « se vendre aux gros bonnets ». En février 2013, Jeff écrivait :

> « *Il est crucial de comprendre le concept et, bien entendu, l'effet économique d'un hard fork avant même d'aborder l'analyse économique de la modification de la taille maximale des blocs. Un hard fork est un événement important qui expulse les utilisateurs légitimes du réseau, rend des pièces impossibles à dépenser, ou rend possiblement les mêmes pièces dépensables à deux endroits différents, selon que l'on s'adresse ou non à un nœud mis à jour. Il s'agit, pour choisir un terme dramatique, d'un événement cataclysmique. S'il est mal réalisé, un hard fork pourrait saper la confiance portée par les commerçants*

---

2. https://bitcointalk.org/index.php?topic=93366.msg1031394#msg1031394

raisonnables aux bitcoins qu'ils reçoivent, ce qui est la base même de leur valeur économique.

En outre, un hard fork s'apparente à une convention constitutionnelle : il implique la capacité de réécrire les règles de base de bitcoin, qu'il s'agisse de la taille des blocs, de la limite des 21 M, de la fonction de hachage SHA256 ou d'autres caractéristiques difficiles à modifier. Ainsi, il y a toujours le risque que des mineurs, des utilisateurs et des développeurs imprévisibles changent davantage de choses que la taille des blocs, précisément parce qu'il est plus logique, d'un point de vue technique, de changer d'autres caractéristiques difficiles à modifier au moment du hard-fork. C'est une "option nucléaire" qui a des conséquences économiques étendues pour tous les utilisateurs de bitcoin [3]. »

Une autre tactique des partisans des petits blocs consistait à travailler au corps les partisans de SegWit2x figurant sur la liste officielle incluse dans le document de l'accord de New York. Le plan était d'organiser des réunions et des appels avec les sociétés et d'expliquer les défauts de l'accord ; d'indiquer, en particulier, qu'il causerait une scission dépourvue de protection obligatoire contre la rediffusion (contrairement à Bitcoin Cash), ce qui entraînerait probablement des pertes de fonds. La liste des sociétés était longue, et peut-être que certaines d'entre elles n'avaient pas compris les faiblesses de l'accord. Si l'une d'entre elles faisait défection, cela nuirait grandement à l'accord de New York et montrerait que le plan était en perte de vitesse et qu'il ne faisait même pas l'objet d'un consensus parmi les signataires initiaux, et encore moins au sein la communauté au sens large.

---

3. https://bitcointalk.org/index.php?topic=145809.msg1549003#msg1549003

La première défection a eu lieu le 22 août 2017. Bitwala a annoncé qu'elle ne suivrait pas l'accord :

> « *Nous avons reçu un nombre croissant de demandes d'information concernant le soutien de Bitwala à l'accord de New York (en abrégé "NYA").*
>
> *[…]*
>
> *L'accord a permis de dépasser prématurément les seuils d'activation de Segregated Witness afin que le soft fork nécessaire se déroule sans le moindre problème. À peu près au même moment, un certain nombre de mineurs ont décidé de créer un embranchement de bitcoin, basé sur le même bloc de genèse que bitcoin, en nommant cette monnaie "Bitcoin Cash" ("BCH") — en supprimant Segregated Witness de cette chaîne et en mettant en œuvre des changements qui comprenaient (entre autres) la prise en charge de blocs allant jusqu'à 8 Mo.*
>
> *[…]*
>
> *Bitwala n'emploie ni ne finance les développeurs de bitcoin, nous avons donc peu d'influence sur ce que fait l'équipe de développement de Core. Nous aimerions honorer l'accord auquel nous avons souscrit (en tant que l'un des premiers signataires, sans savoir que la plupart des développeurs n'accepteraient pas). Cependant, nous demeurons aussi une société de services qui a suivi et suivra toujours ce que nos clients utilisent et veulent utiliser.*
>
> *[…]*

> *Nous ne nous éloignerons pas activement de ce que nous considérons comme "bitcoin", c'est-à-dire la chaîne soutenue par l'équipe de développement de Core actuelle [4]. »*

C'était un moment significatif dans la bataille contre la phase deux de l'accord de New York : la première défection. Cependant, cette défection n'était pas parfaite. Bitwala semblait vouloir suivre la chaîne soutenue par « l'équipe de développement de Core actuelle », plutôt que de suivre la chaîne appliquant les règles existantes, à moins qu'il n'y ait un large soutien pour changer les règles. Cette prise de position a contribué à alimenter l'idée fausse selon laquelle cette bataille opposait les développeurs aux mineurs, et que Bitwala avait choisi le camp des développeurs. Malgré cette façon de présenter le conflit venant des *big blockers*, les *small blockers* ont célébré et accepté la victoire.

En dépit de cette défection, Mike Belshe tenait à faire avancer le projet et à rester sur la bonne voie. Le 23 août 2017, il a écrit à la liste de diffusion de SegWit2x et a déclaré :

> *« L'activation de SegWit est l'occasion de vous tenir brièvement informé de l'avancement du projet. Vous avez peut-être remarqué que l'équipe de SegWit2x a été plutôt calme ces derniers temps. C'est bon signe, car cela indique que le code fonctionne comme prévu. L'objectif de SegWit2x est de produire une base de code simple et stable qui soit relativement "ennuyeuse". Si vous n'entendez pas beaucoup parler du développement de SegWit2x dans les semaines à venir, c'est bon signe [5]. »*

---

4. https://web.archive.org/web/20170905013443/https://www.bitwala.com/bitwala-statement-segwit2x/

5. https://lists.linuxfoundation.org/pipermail/bitcoin-segwit2x/2017-August/000265.html

Le 31 août, l'une des coopératives de minage signataires de l'accord, F2Pool, a annoncé son intention de ne pas soutenir SegWit2x. Bien que, à ce moment-là, la coopérative eût toujours le signal NYA dans ses blocs, son opérateur, Wang Chun, a déclaré qu'ils prévoyaient de supprimer le signalement lorsqu'ils redémarreraient leurs serveurs [6]. Il s'agissait là d'une autre défection cruciale de la part d'un signataire de l'accord de New York. Avec une coopérative de minage importante, la chaîne de Bitcoin pouvait s'allonger et, tant que les investisseurs préféraient la chaîne appliquant les règles initiales (ce qui semblait probable à ce stade), davantage de mineurs étaient susceptibles de violer l'accord et de miner cette chaîne pour s'assurer des profits plus élevés.

Le 1er septembre, le PDG et fondateur d'une autre société signataire de l'accord, Wayniloans, a tweeté que son entreprise n'avait jamais accepté l'intégralité de l'accord et que celui-ci avait été modifié après sa signature. Cette information a été confirmée par courrier électronique quelques semaines plus tard, et Barry Silbert a répondu en faisant part d'une certaine déception :

> *« Vous êtes bien sûr autorisé à retirer votre soutien à SegWit2x, mais votre déclaration ci-dessous n'est pas exacte. J'ai reçu un courriel de votre part le dimanche 21 mai à 20h40 (heure de New York) confirmant le soutien de la déclaration finale et complète qui a été publiée le 23 mai. De plus, pour rappel, c'est moi qui ai été approché pour ajouter Wayniloans à l'accord, et non l'inverse, donc je n'ai aucune idée de ce qui vous a été dit [7]. »*

---

6. https://www.coindesk.com/markets/2017/08/31/f2pool-reneges-bitcoin-pool-pulls-segwit2x-support-over-hard-fork/

7. https://lists.linuxfoundation.org/pipermail/bitcoin-segwit2x/2017-September/000304.html

À ce moment-là, le nombre de défections a commencé à augmenter. Le 26 septembre 2017, Vaultoro a fait défection :

> « *Nous avons signé bien avant l'embranchement de Bcash. J'ai signé parce que je voulais aider les deux camps à sortir de l'impasse, ce qui est désormais chose faite avec segwit. Comme tout bon homme d'affaires, je m'en tiens à ma parole / signature et j'aurais continué avec 2x mais je ne peux pas sans protection contre la rediffusion* [8]. »

La plateforme d'échange sud-américaine surBTC s'est également rétractée de son soutien à l'accord de New York :

> « *Néanmoins, nous ne pouvons pas prétendre être des "experts du passage à l'échelle" de bitcoin. Nous ne croyons pas qu'il faille essayer d'imposer un changement avec lequel les développeurs de base de bitcoin se sentent mal à l'aise. L'expérience technique de l'équipe qui collabore actuellement au projet bitcoin de base est d'un niveau sans précédent : nous pensons qu'ils sont, au moins en tant que groupe, des experts impartiaux qui méritent au moins une voix sur le sujet. Même si nous serions heureux d'avoir des blocs modérément plus gros pour répondre à la demande croissante, nous pensons que Bitcoin a besoin du soutien (d'au moins d'une majorité) des développeurs de base de bitcoin pour le faire de manière responsable. Nous n'avons pas vu ce soutien et nous n'aimons pas ce que nous observons actuellement sur le dépôt logiciel de btc1 en matière de vérification technique et de collaboration ouverte* [9]. »

---

8. https://twitter.com/JScigala/status/912603668813434880
9. https://blog.buda.com/our-stance-on-the-segwit2x-hard-fork/

La plateforme d'échange britannique Crypto Facilities a ensuite abandonné l'accord. Le PDG de Kraken, la société qui allait finalement racheter Crypto Facilities, a également indiqué son opposition à SegWit2x en raison de l'absence de protection contre la rediffusion [10]. Un autre signataire, Bitfury, a également indiqué qu'il n'était éventuellement pas disposé à aller au bout de la phase deux de l'accord de New York [11]. Il était désormais presque impossible de suivre toutes les défections, et l'accord semblait se désagréger.

Du côté des partisans des gros blocs, des défections ont aussi été annoncées. Un autre signataire, Yours, a déclaré qu'il passait entièrement à la chaîne de Bitcoin Cash [12]. La principale coopérative de minage interne de Bitmain, Antpool, a également commencé à miner Bitcoin Cash. Bien sûr, il était possible de prendre en charge ou miner Bitcoin Cash sans renier l'accord. On pouvait même dire qu'il était tout à fait légitime pour des entreprises de miner plusieurs monnaies afin de générer des revenus ou de prendre en charge des monnaies sur plusieurs chaînes. C'était, bien sûr, une pratique tout à fait normale et acceptable.

Toutefois, si les signataires pouvaient continuer à soutenir les deux monnaies après la scission et si les mineurs étaient libres de miner des deux côtés, on pouvait également affirmer que l'accord de New York était largement dénué de sens et que les deux chaînes survivraient. C'est pourquoi la protection obligatoire contre la rediffusion était nécessaire selon les *small blockers*, qui estimaient que, sans elle, la proposition SegWit2x avait un caractère éventuellement agressif et ne devait donc pas être soutenue par des entreprises responsables.

---

10. https://twitter.com/TuurDemeester/status/898571708092866560

11. https://twitter.com/BitfuryGeorge/status/893814123917717504

12. https://www.reddit.com/r/btc/comments/6w2467/hi_im_ryan_x_charles
_cofounder_ceo_of_yours_we/

Malgré le fait que les chances de SegWit2x diminuaient rapidement et que les demandes de protection contre la rediffusion s'intensifiaient, le 8 octobre 2017, Mike Belshe est allé de l'avant :

> « *La "protection contre la rediffusion", comme vous l'appelez, scinde la chaîne. Elle n'a tout simplement pas de sens — on désynchroniserait soudain plus de 10 millions de clients SPV qui fonctionnent par ailleurs très bien. L'un des objectifs de segwit2x est d'éviter cette perturbation. Aujourd'hui, nous sommes en bonne voie pour déployer segwit2x avec une grande majorité de mineurs qui la signalent encore. De plus, 99,94 % des nœuds et des clients SPV suivront automatiquement la chaîne la plus longue (segwit2x). Je sais que certains ne veulent pas que Bitcoin fonctionne de cette façon, mais c'est ainsi que les mises à niveau de Bitcoin sont mises en œuvre* [13]. »

Certains partisans de SegWit2x ont alors commencé à faire valoir que c'était la chaîne appliquant les règles initiales qui devrait mettre en œuvre une protection obligatoire contre la rediffusion, car ce devait devenir la chaîne au taux de hachage minoritaire. Cependant, c'était difficilement réalisable, car la protection obligatoire contre la rediffusion était susceptible de constituer un changement incompatible et aurait conduit à la création d'une nouvelle monnaie et à une scission de la chaîne, ce qui aurait donné non pas deux, mais trois monnaies. Les partisans des petits blocs ont rétorqué en soutenant que seul le client incompatible pouvait mettre en œuvre la protection obligatoire contre la rediffusion.

Le 6 octobre 2017, Bitfinex a ajouté à son offre les jetons de scission pour la mise à niveau SegWit2x, comme ils l'avaient fait pour Bitcoin

---

13. https://lists.linuxfoundation.org/pipermail/bitcoin-segwit2x/2017-October/000323.html

Unlimited plus tôt dans l'année. Les monnaies se négociaient dans une fourchette comprise entre 20 % et 4 % du prix du Bitcoin, ce qui indiquait que la majorité de l'économie, ou du moins les investisseurs et les traders, privilégiait les règles initiales de Bitcoin et non celles de SegWit2x.

Bitfinex a également clarifié sa position à l'égard de la scission de la chaîne, en déclarant que, dans un premier temps, elle considérerait la chaîne appliquant les règles existantes, ou ce qu'elle appelait l'« implémentation en vigueur », comme Bitcoin, et la chaîne de SegWit2x comme une cryptomonnaie alternative appelée « B2X ». Cette politique de Bitfinex s'appliquait même si B2X disposait d'une puissance de hachage supérieure. Cependant, Bitfinex laissait la porte ouverte au soutien de l'accord de New York, en déclarant que « les forces du marché pourraient suggérer un autre schéma de désignation ». En cela, Bitfinex indiquait essentiellement que le choix de la monnaie qui serait définie comme Bitcoin revenait en fin de compte aux investisseurs et aux traders, qui devaient déterminer quelle monnaie avait le prix de marché le plus élevé.

> *« Étant donné que le protocole de consensus proposé par le projet Segwit2x semble susceptible d'être activé, nous avons choisi de désigner l'embranchement Segwit2x par B2X, pour le moment. L'implémentation en vigueur (basée sur le protocole de consensus de Bitcoin existant) continuera à se négocier en tant que BTC même si la chaîne B2X a une plus grande puissance de hachage. Nous agissons ainsi pour des raisons pratiques et opérationnelles. Les considérations politiques ne sont pas pertinentes ici. Bien que nous ne puissions pas modifier ou réattribuer les sigles boursiers, nous pouvons modifier la désignation ou la description associée à ce sigle boursier.*

> *Pour l'instant, le BTC continuera d'être appelé "Bitcoin" et le B2X sera appelé "B2X". Cela restera le cas jusqu'à ce que les forces du marché suggèrent un autre schéma de désignation, plus approprié, pour l'une ou l'autre des chaînes, ou pour les deux [14]. »*

Environ une semaine plus tard, le 13 octobre 2017, BitMEX a publié une déclaration encore plus ferme que celle de Bitfinex, indiquant à nouveau qu'elle considérerait B2X comme une cryptomonnaie alternative, même dans le cas où son taux de hachage serait plus élevé que celui de Bitcoin :

> *« La proposition SegWit2x (B2X) visant à augmenter la taille des blocs est prévue pour le mois de novembre 2017. Ce changement est incompatible avec les règles actuelles de Bitcoin et une nouvelle monnaie pourrait donc être créée. Les partisans de cette nouvelle monnaie espèrent qu'elle prendra le nom de Bitcoin, mais ce n'est pas à eux de décider quelle monnaie portera ce nom. Les investisseurs et les traders peuvent décider quelle monnaie a la valeur la plus élevée. Pour que cette procédure se déroule sans heurts, une solide protection bilatérale contre la rediffusion des transactions est nécessaire. Nous croyons savoir que la proposition SegWit2x n'inclut pas un telle protection bilatérale contre la rediffusion des transactions qui serait activée par défaut. Par conséquent, BitMEX ne sera pas en mesure de prendre en charge SegWit2x. En tant que tel, BitMEX ne prendra pas en charge la distribution de B2X, et nous ne serons pas responsables de tout B2X qui nous sera envoyé. Cette politique s'applique même si la chaîne de SegWit2x a le taux de hachage le plus élevé [15]. »*

---

14. https://www.bitfinex.com/posts/223
15. https://blog.bitmex.com/policy-on-bitcoin-hard-forks-update/

Le 23 octobre, le PDG de BitMEX, Arthur Hayes, a publié un billet intitulé « Trading ShitCoin2x [16] ». Le mème « ShitCoin2x » a été applaudi par les partisans des petits blocs, et la situation semblait peu réjouissante pour les derniers partisans de l'accord de New York. S'ils lançaient leur monnaie, il était probable qu'il s'agirait d'une autre cryptomonnaie alternative se négociant à moins de 10 % du prix du Bitcoin.

Le lendemain, Jeff Garzik a annoncé qu'il lançait une nouvelle cryptomonnaie alternative appelée « Metronome ». C'était une nouvelle occasion pour les *small blockers* de s'en prendre au projet SegWit2x, en arguant que le développeur principal s'était détourné de sa mission et travaillait désormais sur d'autres projets. Bloomberg a rapporté l'annonce comme suit :

> *« Jeff Garzik, l'un des quelques développeurs clés qui ont contribué à l'élaboration de la blockchain, le logiciel sous-jacent du Bitcoin, a pu constater par lui-même les lacunes de cette dernière. Il a donc décidé de créer une meilleure monnaie numérique. Il l'a baptisée Metronome et affirme qu'elle sera la première à pouvoir circuler entre différentes chaînes. [...] Cette mobilité signifie que si une chaîne de blocs disparaît à la suite d'une querelle entre développeurs ou d'un ralentissement de son utilisation, les propriétaires de metronomes pourront transférer leurs avoirs ailleurs. Cela devrait favoriser le maintien de la valeur des unités et assurer leur longévité, a déclaré M. Garzik, cofondateur de la startup Bloq qui a créé le métronome, lors d'un entretien téléphonique [17]. »*

---

16. https://blog.bitmex.com/trading-shitcoin2x/

17. https://www.bloomberg.com/news/articles/2017-10-24/bitcoin-pioneer-says
-new-coin-to-work-on-multiple-blockchains

Le 23 octobre 2017, Coinbase a dévoilé sa politique à l'égard de SegWit2x. Coinbase était signataire de l'accord de New York et, à ce stade, n'avait pas renié son soutien en faveur de cet accord. La société avait également l'habitude de soutenir les autres tentatives d'embranchement divergent ; sa politique à l'égard de cette scission était par conséquent largement attendue. Tout comme Bitfinex et BitMEX, Coinbase a indiqué qu'elle avait abandonné l'accord de New York et qu'elle considérerait la monnaie de SegWit2x comme une cryptomonnaie alternative :

> *« Bitcoin Segwit2x — L'embranchement de Bitcoin Segwit2x devrait avoir lieu le 16 novembre et se traduira temporairement par deux chaînes de blocs de bitcoin. Après l'embranchement, Coinbase continuera à se référer à la chaîne de blocs de bitcoin actuelle comme Bitcoin (BTC) et à la chaîne de blocs divergente comme Bitcoin2x (B2X)* [18]*. »*

Les partisans des petits blocs se sont réjouis de cette nouvelle. Le ralliement apparent de Coinbase à leur camp était le coup de grâce pour SegWit2x. Les *small blockers* ont envoyé de nombreux courriels et messages à Brian Armstrong, le PDG de Coinbase, pour le féliciter de cette décision. Dans tous les cas, Coinbase avait la responsabilité fiduciaire de protéger les actifs de ses clients et de prendre potentiellement en charge les deux côtés de la scission : c'est pourquoi certains ont fait valoir qu'il était malvenu pour un dépositaire de signer un accord l'engageant à soutenir un seul des côtés de l'éventuelle scission. Peut-être la société avait-elle désormais compris que la signature de l'accord de New York était inappropriée.

---

18. https://www.coinbase.com/blog/timeline-and-support-bitcoin-segwit2x-and-bitcoin-gold

Et pourtant, étonnamment, deux jours plus tard, Coinbase a publié un autre article contredisant le précédent. Cette fois-ci, la société a déclaré qu'elle considérerait comme Bitcoin la chaîne présentant la plus grande difficulté accumulée :

> « *Dans notre précédent article, nous avons indiqué qu'au moment de l'embranchement, la chaîne existante sera appelée Bitcoin et que l'embranchement Segwit2x sera appelé Bitcoin2x. Cependant, certains clients nous ont demandé de clarifier ce qui se passera après l'embranchement. Nous appellerons "Bitcoin" la chaîne ayant la plus grande difficulté accumulée* [19]. »

Bien entendu, même cette déclaration pouvait être interprétée comme un renoncement à l'accord de New York : l'objectif de l'accord initial était que les signataires soutiennent la nouvelle monnaie en tant que Bitcoin, et non qu'ils adoptent ce qui semblait être une position neutre entre la monnaie initiale et la nouvelle monnaie. Les partisans des petits blocs ont réagi avec perplexité à cette nouvelle politique de Coinbase, qui a également été adoptée par plusieurs autres plateformes d'échange basées aux États-Unis, comme Gemini [20].

La nouvelle politique de Coinbase n'avait guère de sens lorsqu'on examinait la procédure de plus près. Concernant le carnet d'ordres et le sigle boursier, Coinbase ne devrait-elle pas choisir une monnaie qui hérite de la monnaie initiale ? Si ce n'était pas le cas, Coinbase devrait alors suspendre l'activité de la plateforme. Cela semblait être une mauvaise décision commerciale, entraînant une perte de revenus au moment même où la demande spéculative reprendrait.

---

19. https://www.coinbase.com/blog/clarification-on-the-upcoming-segwit2x-fork
20. https://www.gemini.com/blog/upcoming-bitcoin-hard-fork-modified-exchange-operations

En outre, à quel moment Coinbase déterminerait-elle la chaîne ayant le taux de hachage le plus élevé : après une heure, un jour, une semaine, un mois ou un an ? Coinbase ne l'a jamais révélé. Il était bien sûr possible que l'avance de taux de hachage oscille entre les monnaies concurrentes. Les mineurs seraient également susceptibles d'observer les marchés pour déterminer quelle monnaie avait le plus de valeur, ce qui les aiderait à choisir celle à miner. Si les plateformes fermaient, comment les mineurs prendraient-ils cette décision ?

Les deux groupes, les plateformes d'échange et les mineurs, allaient essentiellement s'attendre l'un l'autre. Coinbase ne s'éloignait-elle pas de sa responsabilité d'aider à garantir le bon fonctionnement des marchés en ces temps incertains ? Et sa responsabilité de contribuer à faciliter le processus économique par lequel les investisseurs pourraient exprimer leur point de vue, qui serait ensuite transmis aux mineurs ? Il me semblait que l'approche que Bitfinex et BitMEX avaient choisi d'adopter était bien plus responsable et plus claire que l'approche chaotique et confuse de Coinbase.

À la fin du mois d'octobre, la dynamique contre SegWit2x dans la communauté de Bitcoin était presque inarrêtable. Des groupes locaux du monde entier ont publié des déclarations s'opposant à SegWit2x et confirmant qu'ils considéreraient la chaîne appliquant les règles initiales comme Bitcoin. Les déclarations ont été faites par des communautés locales dans des régions telles que la Corée [21], Hong Kong [22], l'Italie [23], l'Allemagne [24], Israël [25], le Brésil et

---

21. https://medium.com/@seoulbitcoin/statement-on-segwit2x-161db1ad1976
22. https://www.bitcoin.org.hk/segwit2x-statement/
23. https://medium.com/@BHBnetwork/italian-community-no2x-statement-d14cd06fcc6a
24. https://www.reddit.com/r/Bitcoin/comments/765k1a/bitcoin_munich_meetup_official_statement_about_b2x
25. https://bitcoin.org.il/files/IBA_Statement_Segwit2x.pdf

l'Argentine [26]. La déclaration israélienne était la suivante :

> « *Nous pensons qu'un changement du protocole de la monnaie portant le nom de "Bitcoin", et en particulier un changement demandant un hard fork, nécessite un consensus écrasant. Le hard fork SegWit2x ne bénéficie en aucun cas d'un tel consensus, et tant que ce sera le cas, nous ne pourrons pas faire référence à la monnaie résultante sous le nom de "Bitcoin".* »

La communauté de Hong Kong utilisait des termes encore plus forts :

> « *SegWit2x n'inclut pas de protection forte contre la rediffusion des transactions, et ne bénéficie pas d'un large consensus au sein de la communauté. En raison de la combinaison de l'absence de consensus au sein de la communauté et de l'absence d'une protection forte contre la rediffusion, nous considérons que SegWit2x est une entreprise imprudente qui va perturber et nuire à l'écosystème. Nous nous opposons donc fermement à SegWit2x. Ceci reste vrai même dans le cas où la chaîne de SegWit2x aurait le taux de hachage majoritaire ou un prix plus élevé.* »

La dernière conférence sur le passage à l'échelle menée pendant la guerre des blocs, Scaling IV, a eu lieu à l'université de Stanford aux États-Unis le week-end du 4 au 5 novembre 2017. Tout comme pour Scaling I à Montréal, j'étais à court de congés professionnels annuels. J'ai donc décidé de prendre l'avion depuis Hong Kong pour une visite rapide d'un week-end. L'événement s'est déroulé dans le calme et la tranquillité et il était clair que la guerre touchait à sa fin. Quasiment personne à la conférence ne soutenait SegWit2x. Il y avait toutefois

---

26. https://hackernoon.com/why-the-brazilian-and-argentinian-bitcoin -communities-oppose-segwit2x-801edc213af8

une exception notable à cette règle : Bobby Lee, qui présentait un exposé à la fin de la première journée sur « Bitcoin en Chine ». Ce dernier était l'un des rares partisans enthousiastes de SegWit2x, estimant qu'il s'agissait d'un compromis réconciliant les deux camps. À ce stade, Bobby était l'un des derniers à encore penser que SegWit2X pouvait être viable, et ce malgré le fait que sa propre plateforme d'échange, BTCC (signataire de l'accord de New-York), avait mis en place des jetons de scission et que celui de SegWit2X se négociait à environ 10 % du prix du Bitcoin. Bobby avait obstinément refusé de se retirer de l'accord de New York. Cependant, à la fin de son discours à Stanford, juste avant la session de questions, il a annoncé :

> *« Je vais éviter de parler de SegWit2x et de l'accord de New York, nous allons juste rester concentrés sur le marché chin[ois] et tout le reste* [27]. *»*

Bobby semblait savoir que SegWit2x était impopulaire et qu'il serait harcelé par des remarques négatives sur la proposition. Bobby n'a pas eu le courage d'y faire face et d'argumenter en retour. L'idée de persuader la communauté de soutenir SegWit2x n'a pas fait long feu ; à ce stade, ses partisans refusaient d'être interrogés à ce propos.

Alors que nous entrions dans le mois de novembre, l'échéance approchait. SegWit2x devait être activée à la hauteur de bloc 494 784 [28], le 15 novembre 2017. Une rumeur a commencé à circuler dans certains canaux de *big blockers*. Jihan Wu avait soi-disant déclaré qu'il ne minerait SegWit2x à perte que pendant deux jours, après quoi, s'il n'était pas économiquement rentable de continuer à miner SegWit2x, il reviendrait à Bitcoin et à Bitcoin Cash.

---

27. https://www.youtube.com/watch?v=LDF8bOEqXt4&t=18801s
28. https://segwit2x.github.io/segwit2x-announce.html

Bitmain avait déjà dépensé beaucoup d'argent pour miner Bitcoin Cash à perte durant quelques temps et souhaitait apparemment éviter de gaspiller davantage d'argent. Les partisans des gros blocs n'ont jamais vraiment soutenu SegWit2x : leurs pensées allaient à Bitcoin Cash. SegWit2x ne bénéficiait pas du soutien des utilisateurs. Il n'avait pas de réseau de nœuds : puisque presque tout le monde utilisant Bitcoin Core, les plateformes d'échange avaient soit rejeté SegWit2x, soit adopté une position neutre. Désormais, la seule réserve de soutien restante pour SegWit2x, les mineurs, semblait se tarir. C'était la fin de SegWit2x. Les partisans des petits blocs semblaient positionnés pour remporter une victoire sensationnelle. La question n'était plus de savoir s'ils allaient gagner, mais quand.

21

VICTOIRE

UNE semaine avant l'activation de SegWit2x, le mercredi 8 novembre, à 16 heures 58 UTC, un courriel a été envoyé à la liste de diffusion du projet. Il s'agissait d'un message de Mike Belshe, cosigné par d'autres partisans éminents de SegWit2x. Ce courriel constituait essentiellement une capitulation inconditionnelle : la phase deux de l'accord de New York était officiellement abandonnée. Les partisans de SegWit2x n'avaient guère le choix : en persistant dans leur démarche, ils auraient simplement créé une nouvelle cryptomonnaie alternative qui aurait été moins populaire que Bitcoin Cash. Pour moi, c'est à ce moment-là, 816 jours après le début de la guerre, qu'ont pris fin les hostilités.

« L'initiative Segwit2x a été lancée en mai avec un objectif simple : augmenter la taille des blocs et améliorer le passage à l'échelle de Bitcoin. À l'époque, la communauté de Bitcoin était en crise après près de 3 ans de débats intenses, et le consensus sur Segwit semblait être un mirage lointain avec seulement 30 % de soutien parmi les mineurs. Segwit2x a connu son premier succès en août, en débloquant la situation et a rapidement conduit à

l'activation réussie de Segwit. Depuis, l'équipe a concentré ses efforts sur la phase deux du projet, à savoir l'augmentation de la taille des blocs à 2 Mo.

Notre objectif a toujours été de mettre Bitcoin à niveau en douceur. Bien que nous croyons fermement à la nécessité d'avoir une taille des blocs plus grande, il y a une chose que nous croyons encore plus importante : garder la communauté unie. Malheureusement, il est clair que nous n'avons pas recueilli un consensus suffisant à l'heure actuelle pour une modification propre de la taille des blocs. Poursuivre sur la voie actuelle pourrait diviser la communauté et constituer un frein à la croissance de Bitcoin. Cela n'a jamais été l'objectif de Segwit2x.

À mesure que les frais augmentent sur la chaîne de blocs, nous pensons qu'il finira par devenir évident que l'augmentation de la capacité de la chaîne est nécessaire. Lorsque cela se produira, nous espérons que la communauté se réunira et trouvera une solution, éventuellement en augmentant la taille des blocs. En attendant, nous suspendons nos plans pour la prochaine mise à niveau d'augmentation à 2 Mo.

Nous tenons à remercier tous ceux qui ont contribué de manière constructive à Segwit2x, que vous soyez pour ou contre. Vos efforts sont ce qui rend Bitcoin formidable. Bitcoin reste la plus grande forme de monnaie que l'humanité ait jamais connue, et nous restons déterminés à le protéger et à favoriser sa croissance dans le monde entier.

Mike Belshe, Wences Casares, Jihan Wu, Jeff Garzik, Peter Smith et Erik Voorhees [1] *»*

---

1. https://lists.linuxfoundation.org/pipermail/bitcoin-segwit2x/2017-November/000685.html

Après les échecs de Bitcoin XT, de Bitcoin Classic et de Bitcoin Unlimited, et le retrait officiel de BTC1 par ses promoteurs, la guerre était terminée. Les partisans des gros blocs étaient épuisés : ils voyaient bien que leurs méthodes ne fonctionnaient pas et qu'il était inconcevable qu'ils puissent lancer une autre proposition de *hardfork* litigieux. Après plus de deux années de guerre intense, il s'agissait d'une victoire sensationnelle pour les partisans des petits blocs. Ils avaient finalement obtenu ce qu'ils voulaient, non seulement quant à la taille limite des blocs elle-même, mais aussi et surtout en ce qui concerne la manière de modifier les règles du protocole. Il était désormais largement admis que l'organisation de réunions avec les grandes entreprises de l'écosystème pour décider du changement des règles du protocole ne fonctionnait pas. La majorité des mineurs n'avaient pas non plus la possibilité d'assouplir les règles du protocole. Si l'on souhaitait modifier les règles du protocole, il fallait se montrer persuasif et faire campagne pour obtenir le soutien des utilisateurs finaux et des investisseurs, qui devaient choisir activement les nouvelles règles. C'étaient les utilisateurs ordinaires qui avaient le pouvoir de décision final, et c'était cette souveraineté financière qui rendait Bitcoin unique et captivant. Après une victoire stupéfiante, le discours des *small blockers*, selon lequel les utilisateurs finaux devaient consentir aux modifications des règles du protocole, était finalement considéré comme convaincant.

Cependant, tout le monde n'était pas d'accord. Certains, et en particulier les partisans des gros blocs, percevaient la guerre comme une bataille entre Bitcoin Core et les mineurs. À leurs yeux, Bitcoin Core avait gagné et les mineurs avaient perdu, et par conséquent les développeurs de Bitcoin Core contrôlaient désormais Bitcoin, même s'ils n'avaient jamais implémenté l'UASF. Dans l'esprit de quelques-uns, l'idée d'un système contrôlé par les utilisateurs finaux était trop difficile à comprendre. À la place, ils cherchaient plutôt une personne ou une entité qui contrôlerait le système. Certaines personnes ne pouvaient pas concevoir l'idée d'un système qui faisait l'objet d'un consensus mondial, mais qui n'avait pas de meneur à sa tête. Dans leur esprit, en 2015, Gavin était le meneur, puis c'était Jihan et maintenant c'était Bitcoin Core. Quant à savoir si Bitcoin est vraiment le système sans meneur qu'on revendique et s'il en sera toujours ainsi, la question n'a pas encore été tranchée. Cependant, après tout le cinéma et les manigances de la guerre des blocs, une chose est claire : il y a encore de l'espoir que cette revendication soit vraie.

L'annonce de l'abandon de SegWit2x a provoqué une augmentation considérable de la valeur du Bitcoin Cash, qui était désormais la dernière monnaie en lice du point de vue des *big blockers*. Le dimanche 12 novembre 2017, alors que la bulle des cryptomonnaies battait son plein, le Bitcoin Cash a connu une hausse de prix monumentale. Avant le courriel de Mike quelques jours plus tôt, le Bitcoin Cash s'échangeait à environ 8 % du prix du Bitcoin. Cependant, quelques jours plus tard, il a atteint un pic d'environ 48 % du prix du Bitcoin, avant de s'effondrer peu après. Alors que le prix du Bitcoin Cash atteignait son sommet, la plupart des *small blockers* se réjouissaient encore de leur récente victoire et la célébraient. Cependant, il est difficile de croire qu'ils n'ont pas connu quelques instants de frayeur en envisageant la possibilité de perdre leur couronne de monnaie à la plus grande capitalisation boursière. La hausse aurait été conduite par les investisseurs particuliers de Corée du Sud qui, à cette époque, étaient particulièrement déchaînés sur le marché des cryptomonnaies. Toutefois, cette hausse s'est rapidement essoufflée.

Lors de l'envolée du cours de Bitcoin Cash en novembre 2017, les partisans des gros blocs étaient incroyablement enthousiasmés par leurs gains massifs. Certaines des personnes à qui j'ai parlé avaient acheté davantage de Bitcoin Cash au plus fort de la bulle, espérant qu'il dépasserait Bitcoin. Il existait à l'époque un groupe Telegram de *big blockers* appelé « *Chain Death* », qui faisait référence à la mort potentielle de la chaîne de Bitcoin et à la montée de Bitcoin Cash comme monnaie dominante. Je n'ai pas eu accès à ce groupe, mais un de ses membres m'a montré quelques discussions sur son écran. Le groupe comprenait de nombreux *big blockers* de premier plan et, lors de la hausse du prix en novembre 2017, l'activité était intense et l'atmosphère dans le groupe était celle d'une pure jubilation.

L'idée de la « mort de la chaîne » était qu'à un moment donné, le prix du Bitcoin Cash augmenterait, peut-être en raison de son utilité supérieure en tant qu'intermédiaire d'échange. Le minage de Bitcoin Cash deviendrait alors plus rentable, ce qui pousserait les mineurs à délaisser Bitcoin au profit de Bitcoin Cash. À ce stade, la chaîne de Bitcoin s'arrêterait et ne pourrait plus être prolongée. Bitcoin mourrait alors et Bitcoin Cash régnerait en maître. Certes, Bitcoin disposait d'un mécanisme d'ajustement de la difficulté pour s'en prémunir, mais il fallait deux semaines pour l'activer. Dans l'esprit des partisans des gros blocs, il était possible de tuer la chaîne Bitcoin avant que cet ajustement de la difficulté ne se produise. Aux yeux des partisans des petits blocs, cet espoir entretenu par les *big blockers* était pure idiotie. Après tout, les *small blockers* étaient les plus patients : ils attendraient simplement que la difficulté s'ajuste, peu importe le temps que cela prendrait. Il y avait aussi la question de l'ajustement de la difficulté de Bitcoin Cash, qui était beaucoup plus rapide que les deux semaines de Bitcoin. Si le prix du Bitcoin Cash augmentait et que davantage de mineurs le rejoignaient, la difficulté de Bitcoin

Cash augmenterait, ce qui ramènerait les mineurs à Bitcoin avant même que sa difficulté ne s'ajuste à la baisse. Les partisans des gros blocs n'ont jamais semblé comprendre cet aspect de l'ajustement de la difficulté, du moins pas au cours de cette période.

Le 15 novembre, lorsque la date d'activation de SegWit2x a finalement été atteinte, le client s'est avéré être truffé de bugs critiques. L'embranchement divergent devait se produire à la hauteur de bloc 494 784, mais pour une raison inconnue, les clients BTC1 sont restés bloqués deux blocs avant, à la hauteur 494 782 [2]. En raison d'erreurs dans l'implémentation, le client mettait en œuvre certains aspects du *hardfork* deux blocs avant la hauteur prévue. Cela aurait pu être un désastre pour les plateformes d'échange, qui avaient l'intention de figer l'état des soldes des utilisateurs à la hauteur de bloc du *hardfork*. En outre, il y avait d'autres bugs critiques dans BTC1, rendant impossible le minage de la chaîne de SegWit2x [3]. Jeff a d'abord nié le problème [4], avant de le corriger quelques jours plus tard [5]. En raison de ces bugs catastrophiques, la chaîne de SegWit2x n'a jamais été créée et aucun bloc n'a été produit sur cette chaîne. Cependant, le plus important est le fait que SegWit2x a été vaincue par des moyens politiques et économiques, plutôt qu'en raison de défaillances techniques, ce qui en fait une défaite retentissante sur tous les plans.

Le 20 décembre 2017, de nouvelles manipulations ont eu lieu sur la marché du Bitcoin Cash : Coinbase a ajouté le Bitcoin Cash à son offre et, dans la frénésie, la monnaie s'est négociée jusqu'à 8 500 $.

---

2. https://bitcoinmagazine.com/technical/now-segwit2x-hard-fork-has-really-failed-activate

3. https://twitter.com/jfnewbery/status/931553723532406784

4. https://twitter.com/jgarzik/status/931543753654902784

5. https://github.com/btc1/bitcoin/commit/d09f3decfa2806515a0504be927c4384d6241dba

C'était un record de prix en dollars, mais le prix en Bitcoins n'avait pas pour autant atteint son sommet de novembre. Dès que la monnaie a été cotée, Coinbase n'a pas pu gérer la demande et le système a subi d'importants ralentissements. Il s'agissait d'une mise sur le marché bâclée. Certains des partisans des petits blocs, qui n'avaient pas une opinion favorable de Coinbase en raison de son soutien à Bitcoin XT, Bitcoin Classic et même à Bitcoin Unlimited, n'ont pas vu cette situation d'un bon œil. Ils ont accusé la plateforme de délit d'initié, supposant essentiellement qu'elle aurait divulgué l'information aux partisans des gros blocs.

Quant à Roger Ver, qui avait été un promoteur acharné des gros blocs et du *hardfork*, il était maintenant devenu le principal promoteur de Bitcoin Cash, aux côtés de Bitmain. Ils ont organisé des conférences, des événements, des fêtes ; ils ont encouragé l'adoption par les commerçants, distribué des cadeaux promotionnels et des pièces gratuites ; tout cela pour promouvoir Bitcoin Cash. Ils ont dû dépenser des dizaines de millions de dollars pour promouvoir inlassablement la monnaie pendant des années.

Malgré leurs efforts, la cryptomonnaie n'a jamais vraiment gagné en popularité par rapport à Bitcoin. Au cours des années qui ont suivi, le Bitcoin Cash a eu un prix largement en deçà de celui du Bitcoin. Et ce n'est pas tout : le volume de transactions sur sa chaîne a été inférieur à celui de Bitcoin, alors que le débit transactionnel de la chaîne et l'augmentation de la limite de taille des blocs étaient censés être les principaux atouts de la monnaie. Pire encore : en mars 2018, il est apparu que le volume de transactions sur la chaîne de Bitcoin Cash était même inférieur au volume des transactions liées à SegWit sur Bitcoin [6]. SegWit avait augmenté le volume de transactions sur la chaîne plus efficacement que Bitcoin Cash. Le principal argument

____

6. https://thenextweb.com/news/bitcoin-cash-segwit-transaction-volume

derrière Bitcoin Cash – les gros blocs – avait été presque entièrement anéanti. Toutefois, le point essentiel pour les *big blockers* n'était pas le volume de transactions, mais plutôt l'idée de capacité excédentaire, de sorte que, si la demande arrivait, les blocs ne seraient pas pleins.

En août 2018, alors que cette guerre était déjà de l'histoire ancienne, la société Bitmain a tenté de procéder à une introduction en bourse à Hong Kong. Les documents d'inscription indiquaient que Bitmain avait investi plus de 888 millions de dollars américains dans Bitcoin Cash[7], soit la majorité des flux de trésorerie disponibles que l'entreprise avait générés lors du marché haussier des cryptomonnaies de 2017. À ce moment-là, le cours du Bitcoin Cash avait faibli et l'entreprise avait subi de lourdes pertes au niveau de sa valeur sur le marché. Jihan avait été un défenseur passionné des gros blocs et un guerrier implacable dans un combat qui avait duré plus de deux ans. Cependant, il avait laissé son jugement s'obscurcir et pris de mauvaises décisions en matière d'investissement. Bitmain a subi de lourdes pertes avec Bitcoin Cash.

En raison notamment des difficultés liées à la réalisation d'un embranchement divergent sur Bitcoin, la communauté de Bitcoin Cash a opté pour une approche différente en procédant à un *hardfork* tous les six mois, en mai et en novembre de chaque année. En novembre 2018, un peu plus d'un an après le lancement de Bitcoin Cash, des tensions sont apparues au sein de la communauté. Craig Wright (le « faux Satoshi »), qui avait été soutenu par de nombreux membres de la communauté des gros blocs par le passé, a de nouveau fait parler de lui. Craig voulait que l'augmentation de taille limite des blocs ait un rythme encore plus agressif que de nombreux membres de la communauté de Bitcoin Cash, répétant et reprenant de nombreux arguments utilisés par les *big blockers* dans la guerre

---

7. https://imgur.com/a/HYVg6ZJ

des blocs quelques années plus tôt. Profitant du hardfork prévu pour la date du 15 novembre, il a fait en sorte que Bitcoin Cash se scinde en deux monnaies : l'une suivant Bitcoin ABC ; et l'autre suivant Bitcoin Satoshi's Vision, privilégiée par Craig. Le côté de Bitcoin ABC a gardé le nom Bitcoin Cash, tandis que Bitcoin Satoshi's Vision est devenu BSV. En raison de la scission et de l'incertitude qui en a résulté, la valeur du Bitcoin Cash par rapport au Bitcoin a continué à baisser. Comme l'avaient prévu les *small blockers*, certains *big blockers* ont commencé à comprendre le bien-fondé de l'utilisation de l'ensemble de règles initiales comme point de repère essentiel en cas de litige. Si l'on s'écarte de cette philosophie, le risque est que la monnaie continue à se scinder en factions de plus en plus petites. Les partisans des gros blocs en ont fait la douloureuse expérience.

Le 8 novembre 2018, au plus fort de la bataille entre Bitcoin ABC et BSV, Roger Ver, ennemi juré des *small blockers*, a déclaré ce qui suit dans une vidéo révélatrice :

> « *Il y a une chose que j'ai un peu apprise ici, c'est que les membres de [Bitcoin] Core étaient auparavant vraiment vraiment vraiment opposés à toute forme de hardfork litigieux, et que je pense qu'il y a un certain mérite à redouter cette situation, parce que nous voyons en ce moment les dommages qui peuvent être causés par un hardfork litigieux* [8]. »

Au moment de la rédaction de ce livre, début 2021, le Bitcoin Cash se négocie à environ 1 % du prix du Bitcoin et il est largement admis dans l'écosystème que la voie choisie par les partisans des gros blocs à l'été 2017 n'était pas la voie la plus efficace.

---

8. https://www.youtube.com/watch?v=rFU1o-0oU7A&t=1118s

Toutefois, en ce qui concerne la question précise de la taille des blocs, la victoire éclatante des partisans des petits blocs ne prouve pas qu'ils avaient raison. À première vue, Bitcoin a connu un succès retentissant. La valeur du Bitcoin s'est considérablement accrue au fil des ans, et la thèse de l'or numérique s'est avérée toujours plus pertinente. L'approche plus patiente des partisans des petits blocs semble avoir été correcte. Cependant, peut-être qu'une augmentation modérée de la limite de taille des blocs, afin d'acquérir plus de capacité pour quelques années, aurait également pu être une bonne solution. Si cette voie avait été choisie, Bitcoin aurait peut-être connu un succès encore plus grand et aurait été adopté par un plus grand nombre de commerçants. Nous ne le saurons jamais.

Si l'incertitude règne quant à savoir qui avait raison sur la question précise de la taille des blocs, il n'y a plus guère de doute quant à la question plus large de la flexibilité des règles de consensus et de la manière de les modifier : les partisans des petits blocs étaient du bon côté de l'histoire. Pour les plus extrémistes, cela n'a jamais fait de doute : les utilisateurs finaux ont toujours contrôlé Bitcoin, et les partisans des gros blocs n'ont jamais eu la moindre chance de gagner la guerre. Cependant, à la lecture de ce livre, vous parviendrez peut-être à une conclusion différente. Les *big blockers* auraient pu gagner cette guerre, et il s'en est fallu de peu. Au début du conflit, les partisans des gros blocs bénéficiaient d'un soutien important. Ce n'est qu'en raison d'une série extraordinaire d'événements, et de plusieurs erreurs tactiques monumentales de leur part, que la crise a été évitée et que les *small blockers* ont réussi à faire changer d'avis la communauté et ont fini par remporter une victoire retentissante.

En substance, cette histoire montre comment les partisans des petits blocs ont élaboré un discours plus convaincant et plus attrayant que celui des partisans des gros blocs. L'idée d'une nouvelle forme de monnaie dont les utilisateurs fixent les règles est tout simplement plus intéressante qu'un système de paiement mondial à grande capacité et à faibles frais, indépendamment de la véracité de l'une ou l'autre de ces affirmations. La monnaie est en fin de compte un jeu de confiance collective : les partisans des petits blocs se sont révélés être des joueurs très efficaces et ont été récompensés par leur victoire.

Au cours de cette bataille de deux ans, les utilisateurs soutenant les petits blocs ont vaincu les mineurs et les grandes entreprises de l'écosystème et, malgré l'investissement de centaines de millions de dollars de la part de leurs adversaires, les *small blockers* ont remporté une victoire incroyable et retentissante. Bitcoin a démontré qu'il pouvait être une monnaie contrôlée par ses utilisateurs, ce qu'il a toujours été censé être.

Cependant, il n'y a aucune garantie que cette caractéristique de contrôle de la monnaie par les utilisateurs persistera éternellement. La guerre des blocs n'a fait que faire gagner du temps à Bitcoin, pour quelques années de plus. Cette guerre n'est peut-être qu'une répétition générale pour les défis à venir, lorsque les principaux bénéficiaires des systèmes monétaires centralisés se rendront enfin compte du potentiel d'une monnaie gérée par ses utilisateurs, chose qu'ils risquent de ne pas apprécier. Ces futures batailles pourraient avoir pour enjeu la résistance à la censure, plutôt que le passage à l'échelle et la limite de taille des blocs. Cette fois, le système financier et politique en place sera susceptible d'initier le conflit. Il est possible qu'il consacrera des ressources considérables au problème, et la pression sur Bitcoin sera une fois de plus immense. Il ne fait aucun doute que l'histoire se répétera, car le système en place ne parviendra pas à saisir les nuances des incitations, commettant des erreurs en cours de route, offrant aux utilisateurs des avantages tactiques éventuels à exploiter. L'issue de cette affaire est loin d'être certaine.

Cependant, du moins pour l'instant, le rêve d'un monde dans lequel les gens ordinaires ont un contrôle ultime et direct sur les règles qui régissent leur argent perdure.